Vatika B. Jacob • Gerd B. Ziegler

Öffnung für ein befreites Leben

Die moderne Lebens- und Mysterienschule

VISION DER FREUDE

Urania Verlags AG

WIDMUNG

Dieses Buch ist in Dankbarkeit allen Menschen gewidmet,
die sich den Kräften der Freude öffnen,
die den Mut haben, sich von ihnen leiten zu lassen,
und durch ihre eigene Bereitschaft zur Freude
deren Schwingung in dieser Welt erhöhen.

Fotos:
Seite 15 © Image Bank, Zürich
Alle anderen Aufnahmen: Christoph Riek, Köln © VISION DER FREUDE,
mit freundlicher Genehmigung

1. Auflage: 1. - 5. Tausend

ISBN 3-908645-66-2

Umschlaggestaltung: Gerd Aumann, Kreativ Design, Wiesbaden
Satz: GBS, CH-3250 Lyss
Printed in Germany

Inhaltsverzeichnis

LIED DER FREUDE

Freude ist ein Tor zum Licht, ein Zugang zu unserer göttlichen Essenz. Sie ist eine grundlegende Kraft für Transformation im Neuen Zeitalter.

Freude ist der zündende Funke, der Situationen verwandeln und Herzen entflammen kann.

Freude ist die Schwingung, die unserer Kreativität Flügel verleiht und den Zugang zu unseren Talenten und Begabungen eröffnet.

Freude ist das Lachen des Herzens, das sich über den berechnenden Verstand erhebt.

Freude ist der Jubelschrei der Befreiung, dessen Flügel uns über alle Begrenzungen hinaustragen.

Freude ist ein Kind der Liebe, ein Ausdruck der Einen Kraft, die alles durchdringt.

Freude ist unsere Natur, unser Geburtsrecht. Wir brauchen nicht um sie zu kämpfen, sondern können einfach aufhören, sie zu verhindern!

Freude ist ein Ausdruck tiefen Vertrauens in das Leben. Sie ist offen für das Größte und glücklich mit dem Kleinsten, denn sie ist grenzenlos.

Freude verwandelt unser Leben in eine strahlende Manifestation der Liebe und Freiheit. Wenn Freude unser Leben regiert und Dankbarkeit unseren Weg begleitet, sind wir im tiefen Einklang mit unserer essentiellen Wahrheit.

DANK

Dieses Buch ist durch die Erfahrungen einer langjährigen persönlichen Arbeit und Seminartätigkeit entstanden. So richten wir unseren tiefempfundenen Dank an alle Menschen, die sich unserer Arbeit in Liebe verbunden fühlen. Dieser Dank gilt vor allem auch den vielen Gruppen- und Trainingsteilnehmern, die uns durch ihre Offenheit und Bereitschaft, sich selbst kennenzulernen, bei der Erforschung, Entwicklung und Verwirklichung unserer modernen Lebenschule begleitet und unterstützt haben. Einige hundert Menschen gaben bereits der *Vision der Freude* ihr begeistertes Ja und wurden somit Weggefährten, Mitgestalter unseres Energiefeldes.

Einen besonderen Dank richten wir an unsere Co-Leiter sowie die vielen Assistenten, die unsere Arbeit über Jahre hinweg durch ihr begeistertes Engagement unterstützt und bereichert haben. Ihre Namen und Tätigkeiten aufzulisten würde Seiten füllen! Ohne ihren hingebungsvollen Einsatz wäre unser Projekt nicht das, was es heute ist.

Wir danken herzlich dem Wassermann-Zentrum, das seit 1990 für uns und die *Vision der Freude* Hauptquartier und Heimat wurde. Alle Mitarbeiter haben unsere Seminare erlebt und auch direkt mit uns zusammengearbeitet. Ihre Liebe und Unterstützung hat unsere Arbeit ständig begleitet. Insbesondere danken wir Wulf Mirko Weinreich, der zur Entstehung dieses Buches beigetragen hat, indem er unsere Texte auf Computer-Disketten übertrug.

Nicht zuletzt auch ein Dank an die Mitarbeiter des Urania-Verlages für die gute Zusammenarbeit und für ihren Mut, neue Wege zu beschreiten.

AN UNSERE WEGGEFÄHRTEN

Das vorliegende Buch entsprang einem tiefen Bedürfnis, mit möglichst vielen Menschen die Geschenke zu teilen, die wir in den zurückliegenden Jahren während unserer Arbeit mit Hunderten von Teilnehmer/innen empfangen haben. Damit meinen wir die befreiende und lebendige Erfahrung von Bewußtwerdung und Transformation. Diese waren für alle Beteiligten so wertvoll und kostbar, daß es uns drängt, diese Möglichkeit des Wachstums einer breiteren Öffentlichkeit zugänglich zu machen.

Die Erfahrungen und Einsichten, die wir mitteilen, durchliefen in den vielen Jahren unserer Seminartätigkeit einen gründlichen Kristallisationsprozeß. Das Ergebnis war eine zunehmende Einfachheit, jedoch verbunden mit einer wachsenden Intensität und Wirksamkeit. Unser Buch beschreibt die Reise in tiefere Bewußtseinsebenen entlang der sieben «Meilensteine» unserer Lebensschule. Damit bezeichnen wir die sieben Trainingsabschnitte, die sich jeweils existentiellen Lebensthemen widmen. Wir haben in ihnen eine Route entdeckt, die eine tiefgreifende Transformation des Lebens und die Rückkehr zur Essenz unseres Wesens ermöglicht. Dies bedeutet für uns die höchste Ausrichtung, sowohl in unserem persönlichen Leben, als auch in der Arbeit mit Menschen.

Wir haben uns der Herausforderung gestellt, die Intensität und Dichte jener Momente tiefer Liebe und Heilung, in denen die Verhärtungen der Vergangenheit zu schmelzen beginnen und die Geburt eines neuen Erwachens eingeleitet wird, in geschriebene Worte einzufangen. Es war auch für uns oftmals wie eine Geburt und ein Ringen um eine angemessene Sprache, die in der Lage ist, das Wesentliche authentisch auszudrücken. Der Prozeß unserer Erforschung ist niemals abgeschlossen, denn jedes Thema kann immer wieder auf einer noch umfassenderen Ebene erlebt und verstanden werden. Daher erheben wir selbstverständlich keinen Anspruch darauf, jemals die Wahrheit vollständig erfassen zu können, denn dieses Buch entspricht unserem derzeitigen Bewußtsein. Wir wollen nicht bekehren, sondern vielmehr inspirieren, die Weisheit des eigenen Herzens zu entdecken und dadurch der eigenen inneren Wahrheit näherzukommen.

Was wir mit anderen Menschen teilen, haben wir selbst auf unserem eigenen Weg durchlebt und oftmals auch durchlitten. Durch unsere eigenen Höhen und Tiefen reifte in uns das Mitgefühl und die Bereitschaft, auch andere Menschen bei ihren mitunter schmerzhaften Geburtsprozessen zu begleiten und sie zu unterstützen, sich für ein befreites Leben zu öffnen. Die «Öffnung für ein befreites Leben» beginnt mit der tiefen Entscheidung für ein Leben in unmittelbarer Verbindung zu unserem göttlichen Ursprung, unserem göttlichen Wesenskern. Daraus resultiert, daß sich im Leben eines jeden Menschen genau das offenbart, was den Qualitäten seines einzigartigen Seelenplanes entspricht. Dies kann sich auf vielfältige Weise ausdrücken. Allen gemeinsam ist jedoch eine große Hingabe an die eigene essentielle Wahrheit und somit an den Strom des Lebens.

Jeder Mensch trägt ein Urbedürfnis nach Glück, Entwicklung und Vollständigkeit in sich. Die moderne Lebensschule *Vision der Freude* spricht dieses grundlegende Sehnen nach Selbstentfaltung an und lädt Menschen ein, sich freiwillig – ohne Zwang und Druck – in einen Prozeß der Transformation zu begeben. Wird das innere Drängen nach Bewußtseinserweiterung aufgrund von Trägheit oder Angst vor dem Unbekannten unterdrückt, so äußert sich dies im Leben eines Menschen oftmals in Form von Rastlosigkeit, Unzufriedenheit, Unglück oder Krankheit.

Tatsächlich beziehen bis heute die meisten Menschen ihre Wachstums- und Entwicklungsimpulse überwiegend aus negativen, leidvollen Aspekten des Lebens. Das braucht jedoch nicht länger so zu sein. Die Zeit ist reif für einen grundlegenden Wandel. Immer mehr Menschen werden sensibler und nehmen den Prozeß ihrer Bewußtwerdung in die eigenen Hände. Sie machen sich bereit, die Intensität für ihr persönliches Wachstum nicht länger nur aus Existenzangst, Leiden und Schicksalsschlägen zu beziehen, sondern aus ihrer stetig wachsenden Freude am Lebendigsein.

Die alten Wege des Leidens können nur dann überwunden werden, wenn wir eine Lebensweise entwickeln, durch die dauerhaft mehr Energie freigesetzt wird, als dies durch Leiden geschehen könnte. Dies ist in den Momenten möglich, in denen die Schleier der Illusion von Trennung und Dualität zerreißen und wir unmittelbar in der Einheit mit Allem stehen. *Im Lichte dieser Einheit sind wir befreit von Ängsten, Anspannungen und Sorgen. Begrenzungen lösen sich auf, und mit ihnen verschwinden alle für unüberwindbar gehaltenen Probleme.* Hat ein Mensch dies auch nur einmal bewußt erfahren, bekommt sein Leben eine neue Ausrichtung. Es ist das Geburtsrecht eines jeden Menschen, in diesem befreiten Seinszustand dauerhaft zu leben.

Wir haben dieses Buch für Menschen geschrieben, die sich nicht länger mit Halbherzigkeiten begnügen wollen und bereit sind, sich kompromißlos auf das auszurichten, was ihrer eigenen inneren Wahrheit entspricht. Es ermutigt, den Weg der Freude zu gehen, und gibt konkrete Impulse, das alltägliche Leben mit Freude, Bewußtheit und Kreativität zu füllen. Darüber hinaus führt es in die Grundprinzipien ganzheitlicher Transformation ein und vermittelt ein tieferes Verständnis der eigenen inneren Entwicklung. Indem wir unser Bewußtsein für die Gesetzmäßigkeiten von Freude und Glück öffnen, gelangen wir zu unserer eigenen Lebensvision und zur Gewißheit, diese auch in unseren Alltag tragen zu können. Und wenn wir spüren und innerlich nachvollziehen, daß dieser Weg begehbar, d.h. tatsächlich lebbar ist, wächst in uns das Vertrauen, daß wir – jeder einzelne – eingeladen sind, ihn auch wirklich zu beschreiten.

Vision der Freude stellt eingefahrene Vorstellungen der problemorientierten Psychotherapie in Frage und zeigt wirkungsvolle potentialorientierte Alternativen auf. Sie ist somit auch wegweisend für Menschen, die in heilenden, lehrenden und therapeutischen Berufen tätig sind. Die transformatorische, bewußtseinserweiternde Öffnung für Liebe und Freude ist eine Therapieform des Neuen Zeitalters.

Vision der Freude kann für jeden sich öffnenden Menschen zu einem inspirierenden Anstoß, zu einem verheißungsvollen Neubeginn oder zu einer wunderbaren Vertiefung von Erfahrungen beitragen, die dem eigenen Leben und dem unserer Partner und Mitmenschen mehr Sinn und Liebe verleihen. So verhelfen wir gemeinsam der von allen Menschen so innig ersehnten Freude auf unserem Planeten zur Grundschwingung einer neuen Lebenswirklichkeit zu werden. Auf diese Weise im Innersten verbunden, sind wir Freunde und Weggefährten auf dem Weg der Freude.

Wer sein Selbst erkennt, wird sich selbst gegenüber tiefe Achtung und Liebe empfinden. Wer seinem Selbst Liebe entgegenbringt, wird auch seine Umgebung mit Liebe erfüllen. Ein Mensch, der die Erfüllung seiner wesentlichen Wünsche in den Dienst der Selbsterkenntnis und Transformation stellt, macht sein Leben zur Vision der Freude.

Möge dieses Buch und unsere Lebensschule dazu beitragen, daß zahlreiche Menschen die Spur ihrer inneren Wahrheit wiederentdecken und ihre eigene *Vision der Freude* in ihrem Leben verwirklichen.

VORWORT VON VATIKA B. JACOB

Wie nie zuvor bin ich mir heute, da ich dieses Buch zu schreiben beginne, der unschätzbaren Kostbarkeit meines Lebens bewußt. Noch nie fühlte ich so tiefe Dankbarkeit für mein Menschsein mit all den Herausforderungen, Höhen und Tiefen, die es in sich birgt.

Ich habe verstanden, wie zerbrechlich und vergänglich das Leben ist, und daher ist mir täglich bewußt, daß es nicht unendlich lange Zeit gibt, lieben und leben zu lernen. Diese Einsicht macht mich lebendig und wachsam. Sie hilft mir, immer wieder neu und frisch im Moment zu sein und dessen Einzigartigkeit zu schätzen und zu genießen, mit dem zu fließen, was ist.

So hat sich nun nach einer Zeit radikaler Veränderung ein tiefer Friede wie ein warmer, sonnendurchfluteter Mantel um mich gelegt. Dieser Friede wird nur noch für kurze Momente durch vorüberziehende Wolken unterbrochen. Aus dieser Stille, Liebe und Fülle heraus meine Erfahrungen mit vielen Menschen zu teilen, ist ein so großartiges Geschenk, daß ich dafür kaum Worte finden kann. Von Herzen wünsche ich mir, lieber Leser, liebe Leserin, Dich durch diese Buchseiten auf delphinische Art und Weise zu erreichen. Damit meine ich jene Qualitäten verspielter Leichtigkeit, Liebe und Kraft, die mich Delphine als meine inneren Krafttiere gelehrt haben. Mögen diese Buchseiten Dein Herz nähren und Deinen Geist erfrischend inspirieren.

Ich freue mich, auf diese Weise mit Dir in liebevoller Verbindung zu sein. Laß uns gemeinsam in Räume von Weite, Freude und Verbundenheit eintauchen.

Bartenstein, im Februar 1997
Vatika B. Jacob

AUTOBIOGRAPHISCHES

VATIKA B. JACOB

SEHNSUCHT ALS GROSSE LEHRMEISTERIN

Meine Seele fror oft bis in ihre tiefsten Schichten. Mein Herz fühlte sich leer und eng an, und der Durst nach Wahrheit und Leben wurde von Jahr zu Jahr unerträglicher. Häufig sehnte ich mich danach, mein Leben möge doch bald ein Ende finden.

Diese Hoffnungslosigkeit entsprang einer tiefen Ernüchterung über das Leben, so, wie ich es damals mit meinen 18 Jahren vorfand, oder besser gesagt, wie ich es mir kreiert hatte. Da gab es zu wenig Raum für Liebe, Freude und Genießen. Vielmehr herrschte ein ernstes und leistungsorientiertes Klima.

Es schien, als ob mir etwas Wichtiges und Grundlegendes zum Leben fehlte. Da war keine Substanz in mir, keine Verbindung zu meinem innersten Wesen, zu diesem unzerstörbaren und göttlichen Kern, der unabhängig von Gefühlen, Gedanken, Rollen und Leistungen ist. Dieser Aspekt in meinem Innersten, den ich heute als Urquell meines Seins kennengelernt habe, schien mir damals unerreichbar. Ihn wollte ich finden. Ich hatte jedoch keine Ahnung, wie ich diesem inneren Wesenskern näherkommen konnte. Da war nur eine tiefe Sehnsucht in mir, endlich Boden zu spüren, endlich Gott zu finden.

Meine Kindheit erlebte ich, wie wahrscheinlich viele Menschen, mit sehr gemischten Gefühlen. Einerseits versank ich ganz leicht beim Spiel oder in freier Natur in eine heile, helle und freundliche Innenwelt. Da gab es Magie und Zauber, unendliche Weite und Frieden. Andererseits wurde diese heile Welt oft sehr jäh und gewaltsam durch meinen alkoholkranken Vater unterbrochen, der durch seine Tobsuchtsanfälle viele Scherben hinterließ. Es waren sehr prägende Erfahrungen für mich. Diese Welt aus Haß, Gewalt und Streit hinterließ jedesmal einen lähmenden Schock, manchmal sogar Todesangst.

Die zweite Art prägender Erfahrungen fiel in meine Schulzeit, besonders in die Jahre auf dem Gymnasium. Da stand so viel nüchterne Wissensvermittlung und rationales Denken im Vordergrund, daß Herz und Seele auf der Strecke blieben. Ich fühlte mich überhäuft von der sinnlosen Aneignung toten Stoffes. Damit verbanden sich schmerzhafte Gefühle, den Leistungsanforderungen der Schule und damit auch denen des Lebens, nicht gewachsen zu sein. Mein Selbstwertgefühl und Vertrauen hing zu sehr davon ab, gute Noten zu schreiben. Fiel eine Prüfungsarbeit schlecht aus, war ich am Boden zerstört. Diese Überzeugung, nur über gute Leistungen ein wertvoller Mensch zu sein, war erdrückend.

Durch die Prägungen in meiner Kinder- und Jugendzeit bohrten sich drängend die Fragen nach wirklichem Glück und wahrer Erfüllung in mein Herz. Eins war gewiß: So leben wie die meisten Menschen in meinem Umfeld, wollte ich nicht! Leben in so viel Begrenzung und Unwissenheit engte mich zu sehr ein. Eine Instanz in mir glaubte daran, ja wußte es, daß ein Leben in Liebe und Erfüllung möglich ist. Nur wußte ich nicht, wie ich dieses Land meiner Träume erreichen konnte. Es schien mir weit entfernt zu sein.

Heute ist mir bewußt, in welchem Ausmaß die prägenden Erfahrungen meiner Kindheit auch den Grundstein für meine intensive Forschungsreise nach den Gesetzmäßigkeiten von Glück, Freude und Liebe legten. Sie sollten Inhalt meines ganzen späteren Lebens werden. Mein Herz brannte für meine Wahrheitssuche. Später wurde daraus mein Beruf, der heute darin besteht, das an andere Menschen weiterzugeben, was für mich selbst auf meinem Weg zur Orientierungshilfe und Befreiung wurde.

Natürlich gab es in meiner Kinder- und Jugendzeit nebst den schmerzlich prägenden Erfahrungen auch viele Lichtblicke, Momente von tiefer Liebe und Verbundenheit. Dieser Spur wollte ich folgen. Das Glück jedoch erschien mir sehr zerbrechlich, sehr oberflächlich, abhängig von äußeren Umständen.

Waren die Umstände einmal nicht einladend genug oder nahm etwas mir Wichtiges und Liebes Abschied aus meinem Leben, reagierte ich mit depressiven Gefühlen der Verzweiflung und Einsamkeit. Dann suchte und fand ich Verbundenheit und Liebe in der Beziehung zu Männern. Darin lag jedoch oft ein gefährliches Suchen nach dem, was ich in meiner Kindheit vermißt hatte. War eine Liebesbeziehung unglücklich oder ging sie auseinander, war das Gefühl von Getrenntsein noch viel entblößender und schärfer als vorher.

Ich ahnte bald, daß diese verzweifelten Gefühle des Getrenntseins auch aus einer anderen Quelle Heilung finden wollten. Für mich war es eine außerordentlich schwere Lernaufgabe in meiner Sturm- und Drangzeit, die so viele entgegengesetzte Empfindungen und Gefühle beinhaltete, mich innerlich nicht zerreißen zu lassen. Oft glaubte ich, dem Wahnsinn nahe zu sein, hilflos all den in mir wütenden Gefühlen ausgeliefert. Wie ein Schiff, das vom Sturm hin- und her gerissen wird, empfand ich mein Leben: ohne Ausrichtung, ohne Anker. Damit wurde die Sehnsucht nach Meisterung meiner leidenschaftlichen Innenwelt zum Motor meiner Suche nach Frieden. Ich erkannte die Sehnsucht als eine innere Lehrerin, die mir Schritt für Schritt den Weg wies, sobald es in mir ein wenig stiller wurde.

Dieser Lehrerin bin ich von Herzen dankbar. Ihre Stimme vernahm ich oft nur sehr leise, doch lernte ich, ihr immer mehr zu vertrauen. Sie führte mich von Station zu Station, nahm mich liebevoll an die Hand. Es gab vieles zu erkennen und zu lernen. Eine lange und intensive Abenteuerreise begann!

HEILUNG ALTER GEFÜHLE

Mit 18 traf ich meine Berufswahl als Lehrerin. Dies war bereits ein erster Schritt in Richtung Heilung und Bewußtseinserweiterung. Die Auseinandersetzung mit Pädagogik und Psychologie während meiner Studienzeit half mir, mein Leben und meine Gefühlswelt wenigstens auf mentaler Ebene ein wenig zu erforschen und besser verstehen zu lernen. Vor allem aber lernte ich sehr viel im Zusammensein mit meinen Schulkindern in meiner neunjährigen Lehrtätigkeit.

Was heißt es, Kinder in Freiheit und Liebe zu erziehen? Was brauchen sie, um in Leichtigkeit und Freude zu lernen? Wodurch werden ihre Herzen genährt? Wie verbinden sich Körper, Geist und Seele zu einer Ganzheit? Diese Fragen beschäftigten mich. Leider kannte ich aus meiner eigenen Schulzeit keine echten Vorbilder, die mir Antworten auf diese brennenden Fragen gegeben hätten. Ich beschäftigte mich mit Freinet- und Montessoripädagogik und bekam wertvolle Impulse. Oft gelang es mir, eine geborgene und fröhliche Kindergemeinschaft zu kreieren, was mich sehr beglückte. Spiele, Musik, Tanz, Theater, Malen – das war es, was die Kinder und ich sehr liebten. Denn dies bedeutete, kreativ und in Kontakt mit der eigenen Lebendigkeit zu sein, den eigenen Ausdruck zu finden. Diese Arbeit mit den Kindern wirkte sich auch sehr heilsam auf mein «inneres Kind» aus.

Es gab lange Zeiten, da ich meinen Beruf als Lehrerin innig liebte. Ebenso gab es Phasen, in denen es die Hölle war, unterrichten zu müssen, vor allem dann, wenn es mir nicht gutging und ich nicht in Kontakt mit mir selbst war. Meine Gemütsverfassung spiegelte sich vielfach in den Kindern. Eine Horde von sieben- bis elfjährigen wilden und teilweise verwahrlosten Kindern zu bändigen, war fast unmöglich und endete oftmals im Chaos. Mitunter kam es mir beim Eintritt in das Klassenzimmer vor, als beträte ich ein Haifischbecken. Viele der Kinder brachten nicht nur Chaos, sondern auch ein erhebliches Maß an Aggressionen mit.

Nach drei Jahren unterbrach ich meine Lehrertätigkeit und entschied, nun erst einmal für mich selbst zu sorgen. Ich absolvierte eine zweijährige Ausbildung in Theater, Tanz und Musik. Dies war die schönste Studienzeit meines Lebens. Ich liebte die Fächer sehr. Es war mir eine Freude, mich jeden Tag diesen musischen Bereichen widmen zu können. Indem sich meine Gefühle, meine Seele, auf so unterschiedlichen Ebenen frei ausdrücken durften, spürte ich wieder Lebendigkeit und Verbundenheit zu mir und dem Leben.

DAS INNERE GEFÄNGNIS

Im Außen hatte ich alles, was ein junger Mensch von 25 Jahren sich erträumt: einen sinnvollen und kreativen Beruf als Lehrerin und Theaterpädagogin, eine unterstützende Partnerschaft, ein behagliches Haus, genügend Geld und auch ein attraktives Aussehen. Dennoch blieb ich in meinem Innersten instabil und zeitweise unglücklich. Irgendwie fühlte ich mich krank in meiner Seele. Doch das Schlimmste daran war, daß ich mich deswegen sehr schämte. Ich war unglücklich und oft voller Unruhe, wie ein gehetztes Tier, obwohl ich eigentlich so reich beschenkt war. Ich verstand meine «Undankbarkeit» nicht. Mit dieser Scham blieb ich allein; darüber zu sprechen fiel mir schwer. Auch mein damaliger Partner wußte keine Antwort.

Erst Jahre später erkannte ich, daß ich durch den Alkoholismus in meiner Familie, durch die leistungsorientierte Schulzeit, die eher auf Anpassung als auf Förderung des eigenen Potentials ausgerichtet war, in meiner Seele tiefe Verletzungen und unverarbeitete Traumata trug. Außerdem gab es sowohl im Elternhaus als auch in der Schule zu wenig Orientierung an inneren oder ethischen Werten, geschweige denn eine Form von Anbindung an Religiosität oder Glauben.

Ich hatte damit unbewußt viele lebensfeindliche und -verneinende Überzeugungen und Verhaltensmuster in mich aufgenommen, die mich in eine ausweglose und gefährliche Situation hineinmanövrierten. Einige solcher eingefleischten negativen Überzeugungen über mich und das Leben lauteten: «Ich bekomme keine Unterstützung. Das Leben ist hart und schwer. Ich muß für alles kämpfen. Ich schaffe es nicht. Nur durch Leistungen bin ich wertvoll.» Diese Prägungen erstickten immer wieder jeden zart aufkeimenden Lebensmut. Dies hatte zur Folge, daß ich kein verankertes Selbstwertgefühl und auch kein Vertrauen in den Fluß des Lebens fand. Ebenso fehlte mir das Gefühl für meine wahre Identität, denn ich war mir selbst entfremdet.

Ständig suchte ich Anerkennung im Außen, da ich kein Vertrauen in meine eigene Wahrnehmung besaß. Daraus resultierten Opferbewußtsein sowie das Gefühl, dem Leben hilflos ausgeliefert zu sein. All diese Gefühle und Einstellungen verhinderten meine Selbstfindung und Heilung sowie die Entwicklung meines wesensgemäßen Potentials.

Heute weiß ich, daß es für die Heilung solcher inneren Verletzungen unumgänglich ist, diese lebensverneinenden Überzeugungen aufzuspüren. Sie wollen gefühlt, erlebt, angenommen und Schritt für Schritt transformiert und losgelassen werden. Erst dann ist es möglich, wirklich in Freiheit zu leben, dem innersten Wesen entsprechend.

Aufgrund der Erfahrung meines eigenen Selbstheilungsprozesses ist der Umgang mit solchen und ähnlichen Verletzungen zu einer ganz persönlichen Stärke in meiner Arbeit geworden. Die Erfahrung mit vielen unserer Gruppenteilnehmer in den vergangenen Jahren hat gezeigt, daß sehr viele Menschen ähnliche Kindheitsprägungen haben, die nach einem Raum für Heilung verlangen. Wenn ein Mensch sich den – oftmals verdrängten – Aspekten seiner Lebensgeschichte nicht bewußt stellt, kann dies selbstzerstörerische, ja sogar tödliche Folgen haben. Wieviele Menschen greifen zum Beispiel zu Alkohol oder anderen Suchtmitteln, um sich ihrer inneren Leere nicht stellen zu müssen!

Hinter solchen Verhaltensweisen liegt immer ein tiefes Sehnen nach Liebe und Geborgenheit, ein Schrei nach echter Erfüllung und Ganzwerdung. Aus eigener Erfahrung weiß ich nun, daß sich jede Form von Destruktivität in Kreativität und Lebensfreude verwandeln läßt, sobald wir lernen, dem inneren Drängen unserer Seele nach Heilung und Entwicklung Raum zu geben. Indem wir beginnen, aus der Quelle unseres wahren Wesens zu trinken, wird jeder unstillbare Durst gelöscht. Diese im wahrsten Sinne des Wortes befreiende Erfahrung mit den Menschen zu teilen, ist Ziel meiner Arbeit in unserer Lebensschule.

VORBEREITUNGSZEIT

In der Zeit vor der Gründung unserer Lebensschule gab es für mich wichtige Stationen und Lehrer, die mir bei der Vorbereitung auf meine neue Lebensaufgabe halfen.

Meine regelmäßigen Therapiesitzungen während dreier Jahre bei der jungianischen Therapeutin Verena Müller halfen mir, mich in der Symbol- und Traumwelt wiederzufinden. Sie gaben mir die Kraft, Prüfungen und Lebenslektionen anzunehmen und zu erkennen, was ich dabei zu lernen hatte. In dieser Zeit inspirierte mich besonders auch Karlfried Graf Dürckheim durch seine Vorträge, und ich bekam wertvolle Anleitungen zur Meditation. Gleichzeitig befaßte ich mich mit vielen Büchern von Osho, einem indischen Meister, von dem ich auch meinen Namen bekam. Besonders faszinierte es mich, auf welch poetische Art und Weise er Wahrheiten über das Leben auszudrücken vermochte. Um meine intuitiven Fähigkeiten zu schulen und Vertrauen in sie zu finden, machte ich in Zürich bei Manuel Schoch eine Ausbildung zur Medialtherapeutin. Ich bekam den Mut, zu meinen medialen Fähigkeiten zu stehen. Orgodynamik- und Tantratrainings bei Gabrielle St. Clair und Michael Plesse weckten in mir das Feuer, lebendig und ganzheitlich mit Menschen zu arbeiten. Gegenwärtig ist ein sehr wichtiger Lehrer für mich der tibetanische Lama Sogyal Rinpoche. Ich liebe seinen bodenständigen Humor und seine brillante Art zu lehren. Durch ihn hat sich meine Ausrichtung auf mein wahres Wesen sehr gefestigt.

Ich bin aus tiefstem Herzen dankbar, so gute und unterschiedliche Lehrer getroffen und von jedem eine Perle geschenkt bekommen zu haben. Mein «Freigeist» wollte nie bei einem Lehrer stehenbleiben, immer waren Menschen da, von denen ich neue Impulse erhielt.

Erst Jahre später erkannte ich, wie perfekt meine Vorbereitungszeit für die Gründung und Leitung des Transformationstrainings *Vision der Freude* gewesen war. Puzzle für Puzzle fügte sich langsam zu einem Ganzen zusammen, und meine innere Weisheit führte mich zu den richtigen Menschen und Stationen. Meine Interessen waren sehr breit gefächert:

Psychologie, Spiritualität, Kunst und kreativer Selbstausdruck waren Brennpunkte meiner Aufmerksamkeit, doch gelang es mir lange Zeit nicht, sie miteinander zu verbinden. Dies sollte erst sehr viel später geschehen.

Dazu war es zunächst erforderlich, die mir vertraute Welt in Zürich zurückzulassen. Ich verabschiedete mich von meinem Beruf, meiner damaligen Partnerschaft, meinem mir vertrauten Freundeskreis und auch von dem Land, in dem ich aufgewachsen war. Das war für mich etwas vom Einschneidendsten und Radikalsten in meinem bisherigen Leben. Dieser umfassende Prozeß des Loslassens war wie ein inneres Sterben.

AUFBRUCH IN EIN NEUES LEBEN

Meine Welt in Zürich hatte ich mir interessant und scheinbar sicher eingerichtet. Ich unterrichtete halbtags als Lehrerin in einem fortschrittlichen Schulprojekt. Außerdem gab ich Einzelsitzungen in Massage. Die verbleibende Zeit nutzte ich für kreativen Ausdruck in Tanz und Gesang sowie für Selbsterfahrungsgruppen.

Indem ich mich damals eingehend mit Tai Chi und Taoismus befaßte, wurde mein Sehnen nach einem spirituellen Weg immer brennender. Ich ahnte, daß für wirkliche Heilung in der Tiefe meines Seins ein solcher Weg unumgänglich war. Obwohl ich bereits einiges von meinem selbstgeschaffenen inneren Gefängnis erkannt und verstanden hatte, war dies doch nur ein kleiner Schritt zu meiner Genesung. Ich hätte noch tausend Therapiestunden und Workshops besuchen können, ohne daß an der Wurzel eine tiefgreifende Umwandlung eingetreten wäre.

Herkömmliche Therapie, die den spirituellen Aspekt nicht einbezieht, ist nach meiner Erfahrung sehr begrenzt. Sie beschäftigt sich problemorientiert mit Symptomen, ohne ein tieferes Verständnis für die Voraussetzungen wahrer Transformation zu haben. Probleme auf der Ebene ihrer Erscheinungen lösen zu wollen, gleicht dem Versuch, sich an den eigenen Haaren aus dem Sumpf zu ziehen.

Durch die Begegnung und Zusammenarbeit mit Gerd B. Ziegler folgte eine Zeit fundamentaler Veränderungen. Das Jahr 1988 und die darauf folgenden Jahre waren eine Zeit des Aufbruchs in unbekanntes Neuland. Es waren Jahre großer Herausforderungen, schmerzhaften Loslassens und auch Jahre intensiven Lernens und Lehrens. Ich erlebte die Ereignisse wie einen heftigen Orkan, der mit Höchstgeschwindigkeit durch mein Leben fegte und fast alles mit sich riß, was nicht zu mir und meiner Bestimmung gehörte. Harte Lehrjahre schliffen meine Kanten und Ecken rund, Schicht für Schicht schälte sich ab, um meinen inneren Diamanten mehr und mehr zum Vorschein kommen zu lassen.

Zurückblickend kann ich sehen, daß dieser turbulenter Geburtsprozeß wie eine innere Kristallisation meines wirklichen Potentials war, die einherging mit einem Zuwachs an Kraft und Klarheit. Es war eine Initiation in tiefere Ebenen meiner Wahrheit.

Heute verspüre ich viel Dankbarkeit für mein neues Leben. Als ich jedoch mitten in den Geburtswehen steckte, konnte ich keinen höheren Sinn darin entdecken, identifizierte mich meistens mit der Angst vor dem Unbekannten. Altes mußte ich loslassen, das Neue lag noch im Nebel der Ungewißheit.

Solange ich mich mit Problemen identifizierte und mit ihnen kämpfte, verlor ich den Kontakt zu meinem essentiellen Wesen, das immer heil und vollständig ist und von allen schmerzhaften Gefühlen unberührt bleibt. Dieses Vergessen meines wahren Wesens durch übersteigerte Identifikation bedeutete schmerzliche Trennung von meinem Ursprung. Besonders in Situationen großer Veränderungen riß die Verbindung zu meiner inneren Quelle leicht ab. Als sich zum Beispiel nach sechs Jahren meine Partnerschaft zu Gerd B. Ziegler wieder auflöste, verlor ich für eine gewisse Zeit den Kontakt zu meiner Kraft und Ausstrahlung. Für einen Moment schienen all meine starken Qualitäten erloschen, und ich brauchte einige Zeit, um mich erneut mit meiner Essenz zu verbinden.

Auf dem Hintergrund dieser schmerzhaften Erfahrung habe ich den inneren Entschluß gefaßt, die Ausrichtung auf meinen Wesenskern in Ritualen und Meditation so zu stärken und zu pflegen, daß ich den Kontakt zu dieser inneren Quelle in keiner auch noch so dramatischen Situation verliere. Dies beinhaltet täglich neues Lernen, Üben und Rückbesinnen. Hierin finde ich die wahre Freiheit und Unabhängigkeit, nach der ich lange gesucht habe. Dieses innere Geschenk bedeutet mir so viel, daß es mir sehr am Herzen liegt, es mit anderen Menschen zu teilen und sie darin zu unterstützen, für sich entsprechende Erfahrungen zu machen.

Es würde den Rahmen dieses Buches sprengen, würde ich hier weiter auf einzelne Begebenheiten dieses Lebensabschnittes eingehen. Wichtig blieb für mich bis heute die folgende Einsicht: Ohne die unmittelbare Erfahrung unseres göttlichen Wesenskerns, in der wir unserer wahren Größe und Kraft begegnen, kann Heilung und Problemlösung nur teilweise und unvollständig geschehen. In Verbindung mit unserer inneren Quelle, unserem wahren Selbst, ist es viel leichter, den neurotischen und krankhaften Aspekt unseres Menschseins nach und nach schmelzen zu lassen. Neuer Raum kann entstehen für eine erweiterte und liebevollere Sichtweise über uns und das Leben. Unser Blick bleibt nicht nur auf Mangel und Begrenzung fokussiert, sondern richtet sich mehr und mehr auf das Gesunde, Kraftvolle und sich Entfaltende in uns und unserem Leben. Ein solcher Wechsel der Sichtweise bewirkt ganz natürlich auch eine Heilung und Stärkung unseres Menschseins und unseres Selbstwertgefühls. Dieser Erfahrung habe ich seither mein eigenes Leben und meine Arbeit mit Menschen gewidmet. Wir werden im Verlauf dieses Buches immer wieder darauf zurückkommen, wie wir die Verbindung zu unserem wahren Wesen vertiefen können.

Meine Wiedergeburt erfolgte mit der Gründung und Arbeit im Projekt *Vision der Freude*. Das war eine Aufgabe und Neuausrichtung, auf die ich mich mit ganzem Herzen einließ. Die Hingabe an die wunderbare und auch herausfordernde Arbeit mit Menschen wurde bald für mich eine neue Lebensaufgabe. Das, was ich mit anderen Menschen teilte, entsprach meiner tiefsten inneren Vision und bedeutete für mich gleichzeitig Wachstum und Heilung. Das Einlassen auf die Lebensthemen unseres Transformationstrainings beschleunigte meine Selbstfindung und die Alchemie meines Herzens. Wie in einer Spiralbewegung entdeckte ich Jahr für Jahr bei jedem Thema neue Dimensionen meiner Wirklichkeit und erfuhr mich selbst auf immer neuen Stufen meines Weges.

Daraus ergab sich auch eine ständige Vertiefung und Weiterentwicklung meiner Arbeit. Es war mir ein besonderes Anliegen, die Prozesse von Heilung und Transformation sinnlich erlebbar werden zu lassen. So entwickelte sich eine Arbeit, die auf vielen Ebenen stattfindet. Das Verstehen auf mentaler Ebene verbindet sich mit Herz und Gefühl. Ich kreierte die unterschiedlichsten Möglichkeiten, um Erfahrungsräume für unsere Teilnehmer zu öffnen. In diesen Erfahrungsräumen kann jeder Mensch seine Weisheit und Antworten auf seine Lebensfragen selbst finden. Es ist ein Wiedererinnern an die eigene innere Wahrheit!

In meiner Arbeit fühle ich mich immer getragen und inspiriert von einer großen Liebeskraft. Manchmal spüre ich förmlich, wie sie mich und die Teilnehmer einhüllt und durchdringt. Es ist die Dimension, die wahre Heilung und Transformation auslöst. Hier liegt für mich der wichtigste Schlüssel für wirkliche Befreiung.

MAGIE DER LIEBE

«Du hast sie ein Leben lang gesucht, die Liebe, überall, mit allen Mitteln, in den Beziehungen, im Sex, in der Sucht, in der Arbeit. Geh dorthin, wo du verletzt bist, wo deine Sehnsucht sitzt, wo du Schmerz spürst. Bleib damit, mach keine Bewegung davon weg. Geh nicht in die Gedanken, bis es zu einem totalen Stillstand in dir kommt. Dann findet dort eine neue Bewegung statt.

Laß den Schmerz, die Sehnsucht, das Verletztsein sich ausweiten in dir, bis alles Platz hat. Du kannst nichts tun, alles was du tust, behindert den Prozeß nur. Geh dorthin, wo du hilflos bist, wo du ohnmächtig bist, laß dich tragen, habe Vertrauen.

Wenn es ganz ausgeweitet ist, wenn alles Platz hat, ist die Liebe da.»

(Samuel Widmer)

Oft schon hat mich dieser einfache Text von Samuel Widmer sehr berührt und an das Annehmen erinnert, gerade dann, wenn es mir besonders schwer oder gar unmöglich erschien.

In den verletzlichen Phasen eines Umbruchs oder einer herausfordernden «Lebensprüfung» zeigten sich zunächst einmal innere Anteile in mir, die ich ablehnte oder gar überwunden glaubte: Ohnmacht, Haß, Angst, Eifersucht und Mißtrauen. Jedesmal war ich erschüttert, die vermeintlich längst zurückgelassenen Schatten erneut in mir vorzufinden. Mein Aufbäumen gegen diese dunklen, unangenehmen Aspekte meines Menschseins machte die Situation jedesmal noch unerträglicher, denn mein Widerstand brachte unweigerlich Leiden mit sich. Ich erinnere mich an Begebenheiten, in denen mir das Leben etwas Wichtiges scheinbar vorenthielt. Dies stürzte mich oft in tiefe Zustände innerer Verlassenheit und Ungeborgenheit.

Langsam verstand ich, daß der Weg der Selbstfindung eine Bewegung von der Peripherie des Überlebenskampfes hinein in das Zentrum des Seins darstellte. Mir war, als hörte ich den Ruf meiner Seele, die mich einlud, den langen, mitunter mühsamen Weg durch viele verschiedene Schichten hindurch zu meinem Kern anzutreten. Dieses Zentrum meiner Lebenskraft war bei mir – wie bei den meisten Menschen – zugedeckt von dicken Schichten der Selbst- und Lebensverneinung. Das innere Sehnen, das mich machtvoll aufforderte, meine oberflächliche Lebensart zu verlassen, um in die Tiefe meines Seins vorzudringen, brachte mich unweigerlich mit meinen inneren Verletzungen in Berührung.

Der Weg zum Licht führte oftmals durch Dunkelheit, in die «dunkle Nacht der Seele», in der das Alte zurückgelassen wurde und das Neue noch nicht in Sicht ist. So lehrte mich meine innere Führung in größter Geduld die Hingabe an das, was mir unmöglich anzunehmen erschien. Das Kämpfen fand mehr und mehr ein Ende, und meine Bereitschaft, fühlend innezuhalten, öffnete Tore zu Mitgefühl und vertiefter Liebesfähigkeit.

Daraus ergab sich einer meiner wichtigsten Schlüssel in der Arbeit mit Menschen. Sich auf den Ruf des eigenen Inneren einzulassen braucht Mut, denn das Feuer der Liebe brennt alles hinweg, was der eigenen tiefsten Wahrheit im Wege steht.

Die Voraussetzung dazu ist die Bereitschaft, sich auf alles, was auftaucht – und sei es auch noch so schmerzhaft –, einzulassen. Die neue Qualität der daraus erwachsenen Liebe wird dann zum Schlüssel für Heilung und Transformation. Denn in der Liebe nehmen wir an, was ist, sind wir in Frieden, sind wir glücklich.

Wenn die Liebe dir winkt

Wenn die Liebe dir winkt, folge ihr,
Sind ihre Wege auch schwer und steil.
Und wenn ihre Flügel dich umhüllen, gib dich ihr hin,
Auch wenn das unterm Gefieder versteckte Schwert
dich verwunden kann.
Und wenn sie zu dir spricht, glaube an sie,
Auch wenn ihre Stimme deine Träume zerschmettern
kann wie der Nordwind den Garten verwüstet.
So wie sie emporsteigt zu deinen Höhen und die zartesten
Zweige liebkost, die in der Sonne zittern,
Steigt sie hinab zu deinen Wurzeln und erschüttert
sie in ihrer Erdgebundenheit.

(...)

All dies wird die Liebe mit dir machen, damit du die
Geheimnisse deines Herzens kennenlernst und in diesem
Wissen ein Teil vom Herzen des Lebens wirst.

(Khahil Gibran)

EINSICHTEN AUF MEINEM WEG

Autobiographie in fünf Kapiteln

1. *Ich gehe die Straße entlang.*
   Da ist ein tiefes Loch im Gehsteig.
   Ich falle hinein.
   Ich bin verloren... Ich bin ohne Hoffnung.
   Es ist nicht meine Schuld.
   Es dauert endlos, wieder herauszukommen.

2. *Ich gehe dieselbe Straße entlang.*
   Da ist ein tiefes Loch im Gehsteig.
   Ich tue so, als sähe ich es nicht.
   Ich falle wieder hinein.
   Ich kann nicht glauben, schon wieder am gleichen Ort zu sein.
   Aber es ist nicht meine Schuld.
   Immer noch dauert es sehr lange, herauszukommen.

3. *Ich gehe dieselbe Straße entlang.*
   Da ist ein tiefes Loch im Gehsteig.
   Ich sehe es.
   Ich falle immer noch hinein... aus Gewohnheit.
   Meine Augen sind offen.
   Ich weiß wo, ich bin.
   Es ist meine eigene Schuld.
   Ich komme sofort heraus.

4. *Ich gehe dieselbe Straße entlang.*
   Da ist ein tiefes Loch im Gehsteig.
   Ich gehe darum herum.

5. *Ich gehe eine andere Straße.*

(Portia Nelson)

Diese kurze, humorvolle Aufzeichnung einer «Lebensgeschichte» berührt mich in ihrer Einfachheit und Prägnanz sehr. Sie ließ mich schon oft innerlich schmunzeln, denn ich erkannte mich in den einzelnen Kapiteln und fühlte mich oft ertappt. Dies war jedoch völlig anders, als ich mich zum wiederholten Male, meist plötzlich und unverhofft, in einem Loch wiederfand und mich mit meiner alten Lebensstrategie völlig identifizierte. Wie hartnäckig ließ ich mich doch immer wieder von alten Gewohnheiten und eingefahrenen Verhaltensmustern beherrschen! Diese unbewußten Mechanismen zu erkennen und aufzudecken war für mich oftmals ein erschütternder, letztendlich jedoch sehr befreiender Prozeß.

Eines meiner «Lieblingslöcher» drückte sich in dem Glaubenssatz aus: «Ich erhalte keine Unterstützung.» Aufgrund des geistigen Gesetzes, das besagt, daß Überzeugungen entsprechende Erfahrungen nach sich ziehen, fand ich diese Prägung in meinem Leben natürlich in vielen Variationen schmerzhaft bestätigt. Die Erkenntnis, daß ich aufgrund meiner unbewußten Glaubensmuster diese Erfahrungen selbst erschaffe, war ein erster Schritt in meine Selbstverantwortung.

Jetzt konnte ich die nötige Wachheit entwickeln, um nicht länger automatisch in dieses Loch zu fallen. Ich begann, mich nach einem Ausweg zu sehnen. Ich lernte, dem «Loch im Gehsteig» auszuweichen und schließlich eine andere Straße zu gehen.

Dabei fand ich sieben wichtige Schlüssel heraus, die für mich bis heute als Orientierungshilfe dienen. Deshalb möchte ich sie im Folgenden kurz ausführen. Im Verlaufe dieses Buches werde ich auf die einzelnen Schlüssel noch tiefer eingehen. Es handelt sich dabei um Schritte, die mir halfen, altgewohntes Leiden mehr und mehr zu verabschieden und mich für ein Leben in innerer Freiheit zu öffnen.

Schlüssel 1: Erkennen und Loslassen negativer Überzeugungen

Dies befreite mich zunehmend von unbewußten Verhaltensweisen, einer zu starken Außenorientiertheit und der damit verbundenen Abhängigkeit. Es half mir, Schritte in meine Selbstverantwortung und Schöpferkraft zu gehen.

Schlüssel 2: Verbindung zur inneren Quelle

Als innere Quelle bezeichne ich den Ort meiner tiefsten Wahrheit. Die meditative Ausrichtung auf diese wissende und führende Instanz ließ mich immer mehr erkennen, wer ich in Wirklichkeit bin. Mein essentielles Sein durchstrahlt immer kraftvoller alle Situationen meines täglichen Lebens, wodurch ich mehr und mehr in die Lage versetzt werde, auftauchende Probleme und Herausforderungen von höherer Warte zu betrachten. Indem ich begrenzte Sichtweisen und falsche Identifikationen losließ, wurde es mir möglich, mich für eine neue, höhere Kraft und Klarheit zu öffnen.

Schlüssel 3: Liebevoll-nährender Umgang mit sich selbst

Die Liebe zu uns selbst ist die Grundlage für jede Form von Liebesfähigkeit. Indem ich mich meinen inneren Verletzungen liebevoll zuwandte und diese bereitwillig annahm, begannen sie zu heilen. Vor allem mein inneres Kind brauchte immer wieder den Raum, von mir liebend angehört, verstanden und umsorgt zu werden. Ich konnte Abhängigkeit und Schuld immer mehr zurücklassen und dadurch zu meiner eigenen Stärke finden.

Schlüssel 4: Unterstützung durch Freunde und Weggefährten

Ein Ausdruck meiner Liebe zu mir selbst bestand auch in der bewußten Wahl derer, mit denen ich näheren Umgang pflegte. Nach dem Gesetz der Resonanz lösten sich alte Verbindungen auf, und neue Menschen traten in mein Leben. Ich suchte immer wieder intuitiv den Kontakt zu Menschen, die meine Entwicklung unterstützen und denen auch ich Anstöße zu ihrem eigenen Wachstum geben konnte. Solche Freunde und Weggefährten hatten eine sehr wichtige Funktion für meine Selbstfindung. Wir inspirierten uns, erinnerten uns gegenseitig an unsere eigene Wahrheit und ermutigten uns, dieser auch zu folgen. Gerade in Zeiten der Unsicherheit, Orientierungslosigkeit und des Zweifelns ist es sehr wertvoll, gute Freunde zu haben.

Schlüssel 5: Offenheit für Veränderungen

Das einzig Konstante in dieser Welt sind Veränderungen. Solange ich mich gegen notwendige Veränderungen in meinem Leben wehrte, verursachte ich leidvolle Erfahrungen. Es war, als wollte ich gegen die Lebenskraft selbst ankämpfen. Indem ich mich meiner inneren Führung anvertraute, öffnete ich mich erneut dem Fluß des Lebens und erfuhr ungeahnte Unterstützung auf unterschiedlichsten Ebenen. Indem ich mich dem Lebensstrom hingab, offenbarte sich mir ein viel weiteres Spektrum des Seins.

Schlüssel 6: Teilen mit der Welt

Indem ich meine Liebe und meinen inneren Reichtum mit anderen Menschen zu teilen begann, trat ich aus meiner Selbstbezogenheit heraus. Damit war ich in der Lage, meine egozentrisch begrenzte Welt zurückzulassen. Der Fluß von Geben und Nehmen vermehrte sich spürbar. Ich erfuhr: Je mehr ich bereit bin zu geben, desto größere Segnungen fließen in mein Leben. Der Ausdruck meines ureigenen Wesenskerns war für mich gleichzeitig die Erinnerung und Rückbindung an meine höchste Wahrheit.

Schlüssel 7: Loslassen von Bewertungen

Es war für mich erschütternd zu entdecken, in welchem Ausmaß mein Leben von Bewertungen bestimmt war. Ich bewertete nicht nur mich, sondern auch andere Menschen und Situationen, die mir begegneten. Ich erkannte, daß ich mich dadurch ständig vom Leben abtrennte, denn indem ich etwas bewertete, verschloß ich mich für die Offenheit und Unbegrenztheit möglicher Erfahrungen. In dem Maße, in dem ich auf die üblichen Bewertungen verzichtete, erschloß sich mir das Leben in seiner ganzen Vielfalt und Fülle.

In diesem Zusammenhang möchte ich eine Zen-Geschichte wiedergeben, die mich viele Jahre lang begleitet und inspiriert hat: Ich habe sie vor Jahren im Rajneesh-Neo-Tarot gelesen und seither schon viele Male in meinen Gruppen erzählt. Ich finde sie sehr kostbar und unterstützend, besonders in den herausfordernden Situationen, in denen Annehmen sehr schwer fällt.

Diese Geschichte handelt von einem alten, armen Manne, der ein wunderschönes weißes Pferd besaß. Es war ein selten schönes Tier, so daß Könige und Fürsten eine beachtliche Summe Geld anboten, um es zu besitzen. Obwohl der Mann arm war, verkaufte er sein Pferd um keinen Preis. Es war für ihn wie ein Freund. Eines Tages nun geschah es, daß sein Pferd aus dem Stall ausbrach. Die Leute des Dorfes versammelten sich und urteilten über den alten Mann: «Wenn Du Dein Pferd damals verkauft hättest, wärst Du jetzt ein reicher Mann. Wie dumm Du bist! Wir haben ja gewußt, daß man Dir das Pferd eines Tages stehlen würde. So ein Unglück!»

Der Mann jedoch entgegnete: «Ob es ein Unglück ist oder ein Segen, wird sich erst erweisen. Wir kennen nur ein kleines Bruchstück eines größeren Geschehens. Mein Pferd befindet sich nicht mehr im Stall. Soviel ist Tatsache, alles andere ist Urteil. Was weiter geschehen wird, wissen wir nicht.»

Die Leute lachten über den alten verrückten Mann. Aber nach vielen Tagen kehrte eines Abends ganz unverhofft das Pferd in seinen Stall zurück. Es war in die Wildnis ausgebrochen und brachte jetzt auch noch viele wilde, herrliche Pferde mit.

Wiederum versammelten sich die Dorfbewohner und staunten: «Du hattest recht. Es war kein Unglück. Auf wunderbare Weise hat es sich als ein Segen erwiesen, daß Dein Pferd ausgebrochen war.»

Daraufhin entgegnete der Alte: «Wer weiß, ob das ein Segen ist oder nicht! Mein Pferd ist einfach zusammen mit anderen zurückgekehrt. Nicht mehr und nicht weniger. Es ist nur ein kleines Bruchstück eines größeren Geschehens, das wir nicht in seiner Ganzheit erfassen können.

Die Zeit kam, daß diese kräftigen Wildpferde trainiert und eingeritten werden sollten. Der alte Mann hatte einen einzigen Sohn, der diese Aufgabe übernehmen mußte. Doch schon eine Woche später stürzte er von einem der Pferde und brach sich seine Beine.

Schnell waren wieder die Dorfbewohner versammelt, um den Mann abermals zu urteilen: «Dein Sohn ist jetzt so schwer verletzt, daß er nicht einmal mehr gehen kann. Er war die einzige Stütze Deines Alters, und jetzt bist Du noch viel ärmer als je zuvor.»

Daraufhin erwiderte der Alte: «Ständig urteilt Ihr, ja Ihr seid sogar besessen davon. Tatsache ist nur, daß mein Sohn verletzt ist. Ob dies ein Unglück oder ein Segen ist, weiß niemand. Diese Ereignisse sind lediglich Fragmente eines größeren Zusammenhanges. Mehr können wir nicht sehen.»

Nach ein paar Wochen herrschte plötzlich Krieg im Lande, und alle jungen Männer des Dorfes wurden zwangsweise zur Armee einberufen. Weil der Sohn des alten Mannes verkrüppelt war, blieb er als einziger zurück. Jedermann wußte, daß der Krieg nicht zu gewinnen war und die meisten der jungen Männer nicht nach Hause zurückkehren würden. Es herrschte deswegen viel Leid und Schmerz im ganzen Lande. Die Leute des Dorfes trafen sich beim alten Mann und jammerten: Dein Sohn ist zwar verkrüppelt, doch ist er noch bei Dir. Welch ein Segen! Unsere Söhne werden niemals wiederkehren, sie sind für immer fort.»

Und der alte Mann antwortete: «Ihr hört ja nicht auf zu bewerten! Niemand weiß, ob ein Ereignis Segen oder Unglück ist. Nur Gott weiß, wozu uns dies alles dient.

MEINE VISION

Frieden

Ich ruhe in meinem Sein,
erfüllt von Leichtigkeit und Liebe.
Und die Sonne meines Herzens, warm und umhüllend,
spendet Licht in der Dunkelheit.
Bald ist es soweit – eine Ahnung und Freude
einfach zu sein.
Verströmende Liebe, die nichts mehr trennt,
weil sie in der Tiefe erkennt und Altes verbrennt,
in Dir und in mir,
die Fülle des Seins.
Zauberhaftes Spiel – für das höchste Ziel,
in der Einheit zu sein und befreit zu erwachen
im endlosen Lachen...

Es ist Sommer 1993. Wie jedes Jahr verbringen wir viele Tage des Feierns und des Seins gemeinsam mit unseren Teilnehmern in Oberitalien, im wunderschönen Centro d'Ompio. Dieses Seminarzentrum liegt romantisch eingebettet in einem wilden Kastanienwald mit Wiesen, Terrassen und einem herrlichen Ausblick auf den Orta-See. Die Leichtigkeit des italienischen Ambientes sowie die kraftvolle und urwüchsige Natur dieser Umgebung unterstützen uns, den Alltag hinter uns zu lassen und das Jetzt auszukosten. In diesen Tagen befassen wir uns mit den Urkräften der Elemente, um von ihnen zu lernen.

Heute morgen haben wir uns mit dem Erdelement verbunden; berührend, tastend und riechend die uns umgebende Natur erkundet. Dankbarkeit und Liebe erfüllen uns für all die vielfältigen Erscheinungsformen der Mutter Erde.

Ich sitze oben auf der Terrasse für mich allein, nachspürend, nachsinnend. Ich notiere in mein Tagebuch: «Das Wichtigste im Leben ist die Liebe, denn sie läßt das innere Licht in uns erstrahlen.» Mir wird bewußt, daß die Bilder eines viele Jahre zurückliegenden Traumes Wirklichkeit geworden sind. Damals, in jenem Traum, tanzte und sang ich mit vielen Menschen auf einem hohen Dach. Diese Szene war für mich Sinnbild von Freiheit, Liebe und tiefer Freude. Jetzt, da ich von weitem die vielen Menschen im unmittelbaren Ausdruck ihres Seins wahrnehme, spüre ich für einen Moment das ureigene Wesen eines jeden einzelnen. Jeder ist in Kontakt mit sich selbst und strahlt aus seiner Mitte. Jede Situation hat ihre eigene Schönheit, sei es im Lachen oder im Weinen, sei es in Stille oder in Ausgelassenheit. Ich fühle überall vibrierende Lebendigkeit, ein freies Fließen der Energien. Wenn Menschen sich in ihrer Essenz begegnen, voller Achtsamkeit und Wertschätzung, berührt mich dies zutiefst.

Alte Erinnerungen tauchen auf: vergangene Situationen von Getrenntsein und Einsamkeit, in denen ich echten und nahen Kontakt schmerzlich vermißte. Und staunend erkenne ich, daß meine innere Führung mich an diesen Ort gebracht hat, an dem sich ein tiefes inneres Sehnen vor meinen Augen erfüllt. Mir ist, als sei ich einem uralten Wissen um eine besondere Qualität im Zusammensein von Menschen tief in mir gefolgt.

In dieser Vision sehe ich, wie Menschen Wesentliches miteinander teilen: gemeinsame Meditationen, feierliche Rituale und heilige Tänze und Gesänge. Ich sehe Frauen und Männer im spielerisch-sinnlichen Austausch, in kreativen Projekten und in einfachem Sein. Die gemeinsame Ausrichtung, die alle Herzen miteinander verbindet, ist das Erkennen und Sichtbarmachen des Göttlichen im Menschsein. Die Grundlage dafür ist eine Öffnung des Bewußtseins zu einer unbegrenzten Weite, in der sich Illusionen wie Angst, Trennung, Haß, Schuldzuweisung, Konkurrenz und Mangelbewußtsein auflösen, da ihnen der Nährboden einer einengenden Weltsicht fehlt. In meiner Vision bilden sich Gemeinschaften von Weggefährten, von einem erleuchteten Bewußtsein zusammengeführt und geleitet.

Es werden immer mehr kreative Lebensräume entstehen, in denen Menschen wahren Frieden, uneingeschränkte Freiheit und unbegrenzte Freude als Ausdruck ihrer überströmenden Liebe offenbaren. Voraussetzung für die Realisierung einer solchen Vision, von der ich weiß, daß sie bereits als Ahnung in vielen Menschen lebt, ist die kompromißlose Befreiungsarbeit an sich selbst. Ihr gemeinsames, höchstes Ziel ist es, sich in ihrer Göttlichkeit zu erkennen und sich ihrer wahren Kraft, Größe, Schönheit und Weisheit bewußt zu werden. In diesem Bewußtsein gibt es keine Resonanz für Konkurrenz, Machtkämpfe und Eifersucht. Auf diese Weise wird es immer leichter, die delphinischen Qualitäten von Friedfertigkeit, Leichtigkeit, Liebe und Lebensfreude in unserem Menschsein zu verwirklichen.

Diese Vision auf vielen Ebenen zu realisieren, ist eines der wichtigsten Ziele meines Lebens. Ich vertraue darauf, daß mir Schritt für Schritt gezeigt wird, wie sich dies ganz konkret in den einzelnen Lebensbereichen manifestiert und vervollständigt. Ich fühle mich gemeinsam mit vielen Freunden wie in einer Vorbereitungszeit – voller Vorfreude und Aufregung auf das Neue – wie wenn sich die einzelnen Puzzlesteine nun bald zusammenfügen möchten, um ein Ganzes zu bilden. Ich bin aus tiefstem Herzen dafür dankbar, dies bereits jetzt in unserer modernen Lebensschule «Vision der Freude» zu einem großen Teil erfahren zu können.

Mögen sich die Menschen, die ähnliches in ihrem Leben verwirklichen wollen, finden und ihre Kräfte vereinen.

BEGEGNUNG

Es ist die Leichtigkeit des Seins,
die uns im reinen Moment des Jetzt
spielen und begegnen läßt:
voller Liebe und Respekt
als die Wesen, die wir sind.
In der Begegnung zu erkennen –
unsere innerste Essenz,
nach der wir uns so sehr sehnen,
in der wir zu Hause sind
in unermeßlichem Frieden
und grundlosem Glück
einer Sonne gleich.

GERD B. ZIEGLER

Freude ist ein Ausdruck tiefen Vertrauens in das Leben. Sie ist offen für das Größte und glücklich mit dem Kleinsten – denn sie ist grenzenlos.

Es gibt viele Wege, um das Ziel – uns selbst – zu erreichen. Ich habe den Weg der Freude gewählt und ihn so bezeichnet, weil ich ein Mensch bin, dem es leichtfällt, dankbar zu sein und sich an den Geschenken des Lebens zu erfreuen. Immer wieder machte ich in meinem Leben die Erfahrung, daß ich mich dann am schnellsten weiterentwickelte, wenn ich eine Unternehmung, eine Aufgabe, ein Projekt nicht nur aus einer Notwendigkeit heraus oder aufgrund von äußerem Druck in Angriff nahm, sondern in erster Linie, weil es mich anzog, mich interessierte. Ich sah in seiner Verwirklichung die Möglichkeit der Erweiterung meines Lebens, meines Bewußtseins, meines Seins.

Immer, wenn das Leben mir eine solche Gelegenheit anbot, wurde ich mit einer Reihe grundlegender Erfahrungen konfrontiert. Erst im Rückblick konnte ich erkennen, daß diese Prozesse Analogien zu einem Geburtsvorgang aufwiesen. Sie führten mich regelmäßig an eine Schwelle, an der es notwendig war, eine wohlvertraute und sichere Welt zu verlassen, um unbekanntes Territorium zu betreten. An dieser Schwelle begegnete ich ebenso regelmäßig der Angst vor dem Unbekannten, und viele Male zögerte ich lange, bevor ich sie überschritt.

Doch bei allen wesentlichen Entscheidungen und Veränderungen meines Lebens, sei es in Liebesbeziehungen oder im Beruf, gab es immer eine andere, mächtig vorwärts drängende Kraft, die ich als die «Stimme des Herzens» oder die «Stimme der inneren Führung» bezeichnen möchte. Diese zeigte mir unmißverständlich, daß ich nur dann frei sein und mir selbst treu bleiben könnte, wenn ich darauf verzichtete, weiterhin in beengenden und begrenzenden Lebenssituationen zu verharren. Nur im Loslassen des Alten und Überlebten wurde es mir möglich, mich dem hinzugeben, was meinem größten Sehnen und meinem tiefsten Verlangen entsprach.

Im Folgenden schildere ich einige Stationen meines Lebens, die auf die eine oder andere Weise einen Bezug haben zu meiner heutigen Arbeit mit Menschen.

ERINNERUNGEN AN MEINE KINDHEIT

Soweit ich mich in meine frühe Kindheit zurückversetzen kann, war mein Leben von dem Streben nach Freude und Liebe bestimmt. Etwas in mir rebellierte immer, wenn die Erwachsenen mir suggerieren wollten, das Leben bestünde einzig und allein aus den nackten Tatsachen, die mich gerade umgaben.

Diese unmittelbare Umgebung war zweckmäßig für das Überleben eingerichtet. Als Kriegsvertriebene und später aus der damaligen DDR Geflohene waren meine Eltern heimat- und mittellos, finanziell und sozial auf dem untersten Rang der gesellschaftlichen Leiter. Sie gaben einfach ihr Bestes, um meinen Geschwistern und mir eine in ihrem Sinne optimale Erziehung zu gewähren. Den äußeren Lebensumständen entsprechend, war meine frühe Kindheit geprägt von der Sorge ums tägliche Brot, von den Bemühungen meiner Familie, sich in einer fremden, unbekannten Umgebung zurechtzufinden und erneut Wurzeln zu schlagen. So lernte ich schon sehr früh, mein Glück nicht allein von äußeren Bedingungen abhängig zu machen.

Die materiellen Gegebenheiten meiner Jugend waren für meine Seele eine einzige Ent-täuschung. Wir waren damals von meinem dritten bis fünften Lebensjahr in einer Notunterkunft in Norddeutschland untergebracht. Ich erkannte: Dort draußen werde ich nie die Harmonie und Glückseligkeit finden, die mir aus dem Erleben meiner inneren Räume so vertraut ist.

Woher stammten diese «inneren Räume», und warum waren mir diese so vertraut? Diese Frage stellte ich mir damals nicht.

Ich nahm es einfach als gegeben hin, daß die Welt da draußen kalt, grau, fremd und unwirtlich war – und daß es im Kontrast dazu in mir ganze Landschaften und Räume gab, die voller Licht, Wärme, Geborgenheit, Schönheit, Harmonie und Liebe waren.

Damals erschien es mir unmöglich, zwischen diesen gegensätzlichen Polen meines Daseins eine Verbindung herzustellen. Ich stellte nur immer wieder fest: Diese Welt da draußen ist nicht meine Welt. Ich weigerte mich, sie als meine Heimat, als mein Zuhause anzuerkennen. So bewahrte ich mir die Realität meiner Innenwelt und nährte die Hoffnung, diese doch irgendwann einmal im Außen wiederfinden zu können. Diese Hoffnung wurde durch meine Mutter bestärkt, die uns Kindern oft von der glücklichen Heimat ihrer eigenen Kindheitstage in Schlesien erzählte und uns immer wieder eine «neue Heimat» in Aussicht stellte.

Diese «neue Heimat» malte ich mir in paradiesischen Farben aus. Sie erhielt alle Attribute meiner lichten Innenwelt. Sie war in meiner Vorstellung ein Land voller Schönheit, Frieden, Einklang und Harmonie. Ich freute mich sehr auf unsere «neue Heimat». Etwas in mir ging wie selbstverständlich davon aus, daß es diese Welt gibt und daß ich in einer solchen Umgebung zu Hause sein müsse. Als wir dann schließlich umzogen, wurde das Ankommen in der «neuen Heimat» zu einer weiteren Enttäuschung. Der Königspalast im Paradies entpuppte sich als untere Etage eines kleinen Zweifamilienhauses, das noch im Rohbau stand. Gerade diese uneingerichtete Wohnung machte mir damals zu schaffen. Meine Innenwelten waren immer fertig und vollkommen. Warum nur mußten wir uns jedesmal im Außen mit Unfertigem und Unvollkommenem arrangieren?

In den darauffolgenden Jahren lernte ich, «Realist» zu werden. Die neue Umgebung war in meiner kindlichen Vorstellung eine Endstation. Schule und Elternhaus boten einen zwar engen, jedoch sicher abgegrenzten Rahmen. Ich lernte, mich mit den geringen materiellen Mitteln, die uns als Arbeiterfamilie zur Verfügung standen, zu begnügen. Aus unmittelbarer Erfahrung lernte ich, daß Glück eine Qualität des Erlebens ist, die ihren eigenen inneren Gesetzen folgt und in gewissem Umfang unabhängig von äußeren Gegebenheiten in Erscheinung tritt.

Die glücklichsten Momente erlebte ich, wenn ich allein draußen in der Natur sein konnte, zu der ich im Laufe der Jahre eine tiefe, liebende Verbindung entwickelte. Unser Haus stand allein am Rand eines Waldes, umgeben von der rauhen Schönheit einer noch relativ unberührten Naturlandschaft. Diese Welt war voller Mysterien, voller abenteuerlicher Geheimnisse, die es zu entdecken und zu verstehen galt. Stundenlang verweilte ich an meinen Lieblingsplätzen, untersuchte, beobachtete, lauschte und kommunizierte. In der Natur fand ich wieder ein Stück Vollkommenheit, eine nährende und heilende Ebene dieser Realität, zu der ich eine tiefe Freundschaft entwickelte. Das Leben richtete sich hier nach ureigenen Gesetzmäßigkeiten, die meinem eigenen Sinn für Wahrheit, Gerechtigkeit und Harmonie entsprach.

Aufgrund meines heutigen Verständnisses weiß ich, daß ich in diesen innigen Begegnungen mit der Natur meine ersten bewußten *Seinsfühlungen* hatte, meditative Momente der Verbundenheit und höchsten Glücks in vollkommenem Einklang mit mir selbst und meiner Umgebung. Die Außenwelt, die ich so oft als hart, rauh und unwirklich empfand, verwandelte sich in einen Raum voller Geborgenheit, Harmonie und grenzenloser Freude.

Solche Zustände kamen und gingen. Sie wurden abgelöst von Phasen schmerzvoller Sehnsucht. Stets war ich mit diesem inneren Erleben allein. Ich vermochte es mit keinem anderen Menschen zu teilen. Meine Erfahrungen paßten nicht in die «reale Welt». Die «Realität» war die Welt des Überlebens. Sie hatte andere Gesetze, andere Regeln und Erfordernisse. Sie lies keinen Platz für «sentimentale Gefühlsregungen».

Ich lernte also, auf unterschiedlichen Ebenen zu leben. Die innere und äußere Welt klaffte weit auseinander. Immer wieder versuchte ich, Brücken zu bauen, Verbindungen herzustellen. Dies gelang mir sehr selten, und so entwickelte ich mit der Zeit eine Art Doppelleben, das aufgeteilt war zwischen den äußeren Notwendigkeiten einerseits und dem eigentlichen Leben, in dem ich meinen persönlichen Neigungen und Interessen nachging, andererseits.

Ich war damals viel allein. Mit Menschen, so schien es, konnte ich in der Regel nur die oberflächlichen Aspekte meines Lebens teilen. Doch sobald ich in Verbindung zu meinem Inneren trat, erlebte ich sehr intensiv und fühlte mich erfüllt und zufrieden.

Es kam eine Zeit, in der dies jedoch zunehmend selten gelang. Oftmals wurde mein selbstgenügsames Alleinsein zur Einsamkeit, die wie ein Dämon in meinen Eingeweiden wühlte, mich unruhig und rastlos wandern und suchen ließ. Ich fühlte mich unvollständig, isoliert und fremd, auch und gerade dann, wenn ich in Schule und Familie von Menschen umgeben war. Die Verbindung nach Innen wurde von meiner Umgebung nicht wirklich unterstützt und gefördert, und so driftete mein Bewußtsein mehr und mehr in die Illusion der Getrenntheit, der Dualität. Ich fühlte mich aus dem Paradies vertrieben und begann, nach dem verlorenen Glück zu suchen.

Schon einige Jahre vor meiner Pubertät, etwa im Alter von sieben oder acht Jahren, begann ich mich zu verlieben. Ich war entzückt von einigen Mädchen in meiner dörflichen Umgebung und schwärmte ekstatisch von ihnen. In meiner Vorstellung verwandelten sie sich in Prinzessinnen und Göttinnen, mit denen ich in sonnendurchfluteten Landschaften zärtlich umschlungen schwebte. Diese ersten Romanzen erlebte ich wiederum ganz für mich allein. Keine dieser frühen Angebetenen erfuhr jemals etwas von meiner Verehrung. Sie wurden zu Bildern meiner inneren Geliebten.

Erst viel später begann ich zu verstehen, daß tatsächlich alles, was im Außen eine so magische Anziehungskraft ausübt, nichts anderes ist, als eine Spiegelung unserer inneren Aspekte, die nach Entfaltung drängen. Die Schönheit und die Qualitäten, die wir in anderen Menschen wahrnehmen, sind in uns selbst angelegt und warten darauf, anerkannt und ins Bewußtsein gehoben zu werden.

Beides blieb für mich auch im späteren Leben als Zugang zur Transzendenz bedeutsam: Die Liebe und Verbundenheit mit der Natur und die Begegnungen mit Frauen, die mir einen fremden und gleichzeitig tief vertrauten Aspekt meiner Selbst zu spiegeln vermochten. Sie wurden für mich Quellen der Inspiration, der Transformation und Heilung. Beides lehrte mich Hingabe und Ekstase: die Natur durch Stille und Lebenskraft; Eros durch das Feuer der Sinnlichkeit, das Einswerden in der magischen Verschmelzung der Gegenpole. Beide Erfahrungen eröffneten hin und wieder einen Zutritt zu Räumen erweiterter Wahrnehmung, zu einem umfassenden Gefühl ozeanischer Einheit. Doch ebenso habe ich die Gegenpole kennengelernt: Verlassenheit, Einsamkeit, Frustration, Zurückweisung, Langeweile...

Erst viel später lernte ich noch eine dritte Art von Glück kennen, für die kein bestimmter äußerer Stimulus nötig war: Ich lernte meine Aufmerksamkeit nach innen zu lenken, zu beobachten und zu warten. Ich mobilisierte mein volles Interesse, meine ganze Liebe und Intensität für mich selbst, richtete sie nach innen und schenkte sie dem Unbekannten und doch so vertrauten Wesen, das in mir wohnt, oder besser – das *ich bin*. Anfangs war die bewußte Wahrnehmung meiner Innenwelt nicht nur angenehm. Immer dann, wenn mir meine unterdrückten und ungelebten Bedürfnisse als Schatten und Dämonen gegenübertraten, brauchte es oft erhebliche Überwindung, um den Prozeß der Selbsterforschung fortzusetzen. Ich erinnere mich deutlich an Zeiten, in denen ich mich am Rande von Resignation und Verzweiflung befand. Doch wann immer es mir gelang, mich bedingungslos mit allem, was auftauchte, zu verbinden, geschah so etwas wie Heilung und Befreiung. Ich kam mir selbst endlich wieder näher, wurde selbst Liebender und Geliebter. Je weiter ich in diese Räume der Verbundenheit und Einheit vorstieß, desto größer wurde meine Verehrung gegenüber dem Göttlichen im mir.

Am eigenen Leibe habe ich erfahren, welche Herausforderung es sein kann, alle Bewertungen, alle Ängste, alle Anklage und Schuld beiseite zu lassen und durch die Lagen von Selbstverneinung hindurchzustoßen zu jenen Ebenen von Transparenz und Offenheit, in denen ich einer Seinsqualität begegnete, die mit Worten nur unzureichend zu beschreiben ist. Doch in den Momenten, in denen ich etwas von meiner Essenz berührte, wußte ich: Dorthin sehnt sich und strebt mein ganzes Wesen! Alles Glück, das ich im Außen gesucht habe, ist wie Kinderspielzeug im Vergleich zu dem, was hier immer und beständig auf mich wartet.

MEIN KINDHEITSGLAUBE

In meiner Kindheit besaß ich etwas, das meinem Leben einen Sinn verlieh und mein existentielles Bedürfnisse befriedigte, obwohl ich mich nie frei von Druck selbständig dafür entschieden hatte. Es war mein religiöser Glaube, den ich, mit einigen persönlichen Änderungen versehen, von meinem Großvater und meinen Eltern – vor allem von meiner Mutter – übernommen hatte. Es handelte sich dabei nicht etwa um einen abstrakten, toten, auf Rituale und Vorschriften beschränkten Glauben, nein, er hatte Bezug zu meiner realen Existenz und nahm Einfluß auf das tägliche Leben.

So gehörten Gott und der «Herr Jesus» real zu meiner Kindheit und bestimmten meine Phantasien und Verhaltensweisen. Gott, von dem man sich eigentlich keine Vorstellung machen sollte, war für mich als Kind jedoch durch Darstellungen aus der Bilderbibel recht konkret als ehrwürdiger, strenger alter Mann, meinem Großvater, der mit in unserer Familie lebte, sehr ähnlich. Seine unbestechlichen Augen verfolgten mich überall hin. Er konnte sogar in mein Herz sehen.

Es gab aber zum Glück auch das Gegenstück zu diesem strengen, bedrohlichen, wachsamen Gott: der «Liebe Heiland» oder «Herr Jesus». Durch ihn hatte ich eine Chance, vor dem Urteilsspruch Gottes zu bestehen, denn er hatte ja sein Leben, sich selbst, geopfert. Ich hatte die Geschichte von «Jesu Kreuzestod» sehr oft und bis in die Details ausgemalt gehört. Diese Tatsache, aber vor allem die Realität vom Weiterleben nach dem Tod in Himmel oder Hölle, in ewiger Freude oder totaler, nie endender Qual, zwangen mich dazu, den «Herrn Jesus» in «mein Herz aufzunehmen», was die totale Inbesitznahme meiner psychischen Existenz beinhaltete.

Die nachhaltige Wirkung dieses «Kinderglaubens» ist durch einige wesentliche äußere Umstände verstärkt worden. Dieser Glaube war für meinen Großvater und für meine Eltern, die aufgrund von Armut, Krieg und Flucht über keine nennenswerte Schul- und Berufsausbildung verfügten, wirklicher Lebensinhalt und wurde von ihnen sehr konsequent und – soweit das Urteilsvermögen eines Kindes ausreichte – glaubwürdig gelebt. Dazu gehörte eine strenge und «gerechte» Kindererziehung, die nichts, vor allem keinen Ungehorsam und keine (bewußten) Unehrlichkeiten durchgehen ließ. Andererseits war sie aber auch bestimmt von echter Emotionalität und Wärme, ebenso wie durch Selbstlosigkeit, Verzicht und Bescheidenheit.

In dieser festgefügten Welt hätte ich niemals überleben können, wenn ich nicht die Vorstellungen, Regeln und Grundsätze übernommen hätte, und das nicht etwa oberflächlich, sondern «von Herzen». Dies gelang mir auch recht gut. Ich klammerte mich an die vergebende Liebe und war damit vor der ewigen Verdammnis, vor der ich in der Tat furchtbare Angst hatte, gerettet.

Ich wuchs auf dem Lande in relativer Isolation auf. Gleichaltrige Freunde und Bezugspersonen hatte ich fast ausschließlich im Kreis einer christlichen Gemeinschaft. Dort hatte ich später in der Jugendgruppe eine anerkannte Position. Hier erlebte ich Gemeinschaft, Offenheit, Intimität; ich bekam Anerkennung von den anderen Jugendlichen.

Hier war der Ort, an dem ich meine allmählich immer stärker auftretenden Zweifel bearbeiten konnte, an dem ich aber auch Einfluß ausübte und Widersprüche, die ich erkannte, rücksichtslos aufdeckte. Diese bezogen sich zunächst auf die Sexualmoral in jenen Kreisen, deren verlogene Auswirkungen ich selbst erfuhr und zunächst durch Worte, dann auch zunehmend durch mein Verhalten, in Frage stellte. Später waren es zahlreiche Unstimmigkeiten, die ich sah, und mein durch mein Elternhaus geschärfter Sinn für Ehrlichkeit, Offenheit und Wahrheit zwang mich geradezu, diese auch offen auszusprechen.

Dies brachte mir von verschiedener Seite Opposition und Gegnerschaft ein. Andere wiederum waren beeindruckt und teilweise fasziniert von meinen «progressiven»hinterfragenden Gedanken und Verhalten. Mit diesen Jugendlichen intensivierte sich die Gemeinschaft, und wir unterstützten uns gegenseitig. Wir begannen, eine eigene und lebensnähere Variante dieser Frömmigkeit zu entwickeln, ohne jedoch in irgendeiner Weise fundamentale «Grundwerte» zu verwerfen. Wir hatten intensive Gespräche, ließen uns die Haare wachsen, gründeten eine Band, in der wir christliche Texte mit moderner Musik scheinbar aktualisierten. Wir waren plötzlich moderne, weltoffene Gläubige, und unser Einfluß reichte durch unsere (musikalischen) Aktivitäten weit bis in zahlreiche andere Jugendkreise der Umgebung.

Aber die gemeinsame Arbeit brachte auch viele Schwierigkeiten innerhalb der Gruppe mit sich, und die Inhalte, die wir weitergeben wollten, mußten immer wieder neu in Frage gestellt und bewußt gemacht werden. In jener Zeit gelang uns dies (noch), und mein Glaube gewann gerade dadurch an Substanz. Er wurde immer mehr zum wesentlichen Teil meines Lebensinhaltes und beantwortete auch die Sinnfrage meines Lebens.

Was mich auf diese Weise existentiell berührte, wollte ich auch in meiner späteren Berufspraxis weitergeben. Deshalb entschloß ich mich für das Lehrerstudium und wählte Theologie als Wahlfach. Ich wollte ein «guter» (Religions-)lehrer werden, der nicht nur Fakten und Kopfwissen vermittelt, sondern auch Werte und Einstellungen, die das Leben in viel umfassenderer Weise beeinflussen. Diese Motivation entsprang meiner unmittelbaren Erfahrung.

Alles Entscheidende spielte sich für mich während meiner ersten Studiensemester, innerhalb meines Wahlfaches Theologie ab. Hier mußte sich mein Glaube in der Konfrontation und Auseinandersetzung mit den verschiedenen theologischen Strömungen und Ergebnissen wissenschaftlicher Forschung bewähren. Ich war mir dessen von Anfang an bewußt, fühlte mich jedoch sicher genug, um davor bestehen zu können.

Im zweiten Studiensemester kam ich in Kontakt mit einem Professor, der sich u.a. die Aufgabe gestellt hatte, die Zwanghaftigkeit und Irrationalität der Lebenseinstellung, die durch eine religiöse Indoktrination hervorgebracht wird, wissenschaftlich aufzudecken und damit deren Notwendigkeit für den einzelnen überflüssig zu machen.

Was mich in der ersten Veranstaltung, die ich bei ihm besuchte, sehr beeindruckte, war die Beschäftigung mit dem jungen *Friedrich Engels*, den wir anhand seiner Briefe an *Wilhelm Graeber*, die er als 19jähriger aus seinem Heimatort Wuppertal schrieb, kennenlernten. Sie zeigen sehr anschaulich und eindrucksvoll seine Auseinandersetzung mit seiner strenggläubigen Umgebung. In welchem Umfang der junge Engels die Werte, Vorstellungen und die Terminologie seines Elternhauses übernommen hatte, geht aus einem Gedicht hervor, das er als 17jähriger schrieb:

Herr Jesu Christe, Gottes Sohn,
o steig herab von Deinem Thron,
und rette meine Seele!
O komm mit Deiner Seligkeit,
Du Glanz der Vaterherrlichkeit
gib, daß ich Dich nur wähle!
Lieblich, herrlich, ohne Leide
ist die Freude, wenn dort oben
wir Dich, unsern Heiland loben!

Gib, daß dereinst zu seiner Zeit,
wenn mich erfaßt des Todes Leid,
ich fest an Dir mich halte;
daß ich, wenn mir das Aug' vergeht,
des Herzens Pulsschlag stille steht,
ich froh in Dir erkalte!
Fortan wird dann Dich dort oben
mein Geist loben, ohne Ende,
denn er ist in Deinen Händen.

(Friedrich Engels)

Zwei Jahre später finden wir einen Engels, der vor den Widersprüchen seiner Umgebung nicht mehr die Augen verschließen kann und leidenschaftlich um persönliche Klarheit ringt.

«...Ich habe geglaubt, weil ich einsah, so nicht mehr in den Tag hineinleben zu können, weil mich meine Sünden reuten, weil ich der Gemeinschaft mit Gott bedurfte. (...) Du weißt selbst, daß es mir Ernst war, heiliger Ernst. (...) Ich bete täglich, ja fast den ganzen Tag um Wahrheit, habe es getan, sobald ich anfing zu zweifeln und komme doch nicht zu Eurem Glauben zurück. (...) Ich forsche nach Wahrheit, wo ich nur Hoffnung habe, einen Schatten von ihr zu finden.»

(Auszug aus F. Engels' Briefen an F. Graeber)

In diesem Ringen um Wahrheit und Erkenntnis fand ich mich wieder. Die Beschreibung seiner Umgebung in Wuppertal, die Darstellung der Mechanismen, mit denen die frommen Prediger die Menschen moralisch unter Druck setzten, das Drohen mit der «ewigen Verdammnis», das die Menschen daran hinderte, ihre Bedürfnisse in der Gegenwart zu erfüllen, dies alles glich in vielen Punkten meiner eigenen Erfahrung so sehr, daß es mich einfach nicht unberührt lassen konnte. In dem Seminar vollzogen wir die stufenweise Entwicklung Engels nach, und die Identifikation mit seinem Suchen nach Wahrheit zwang mich trotz großer innerer Widerstände dazu, die Schritte seiner Infragestellung und Verwerfung alter heiliger Glaubensgrundsätze nachzuvollziehen.

Dem Gebäude meines Glaubens, meinem Lebensinhalt und -ziel, wurde Stück für Stück das Fundament entrissen. Die Grundlagen meines Glaubens waren nicht in meinen Erfahrungen und eigenen Bedürfnissen verankert, sondern stammten überwiegend aus fremdbestimmten, von außen an mich herangetragenen und aufgezwungenen Forderungen. Ihre Infragestellung machte auch meine darauf aufbauenden Erfahrungen (zumindest vorläufig) sehr zweifelhaft.

Ich befand mich damals in einer schweren Identitätskrise. Unter mir wankte der Boden, und ich drohte in ein Vakuum zu fallen. In meiner Verzweiflung klammerte ich mich an jede Möglichkeit, die sich mir bot, mich an den morschen Balken meiner bisherigen Glaubens- und Lebenseinstellung doch noch festzuhalten. Ich blieb allein und wurde zunehmend einsamer, da mir die Ratschläge, die Phrasen und Gebetsformulierungen derjenigen, mit denen ich bislang meinen Glauben teilte, zunehmend hohl und unglaubwürdig vorkamen.

Zum endgültigen Zusammenbruch meines ins Wanken geratenen Glaubensgebäudes führte im darauffolgenden Semester die Beschäftigung mit Ludwig Feuerbach. Nun konnte ich es zusammenfallen lassen, weil ich bei Feuerbach Ansätze fand, die die Grundlage für ein neues Gebäude bilden konnten, allerdings zunächst nur theoretisch.

Ich spürte, daß ich meine bisherige Vorstellung von Gott und die Art meines bisherigen Glaubens verwerfen mußte, um mein eigenes Selbst, mein Menschsein erhalten zu können. Bei Feuerbach las ich:

«Mein Zweck war, zu beweisen, daß die Mächte, vor denen sich der Mensch in der Religion beugt und fürchtet, (...) nur Geschöpfe seines eigenen unfreien, furchtsamen Gemütes und unwissenden, ungebildeten Verstandes sind, zu beweisen, daß überhaupt das Wesen, welches der Mensch als ein anderes, von ihm unterschiedliches Wesen in der Religion und Theologie sich gegenübersetzt, sein eigenes Wesen ist, damit der Mensch, da er doch unbewußt immer nur von seinem eigenen Wesen beherrscht und bestimmt wird, in Zukunft mit Bewußtsein sein eigenes, das menschliche Wesen zum Gesetz und Maßstab seiner Moral und Politik mache. (...) Ich verneine nur das phantastische Scheinwesen der Theologie und Religion, um das wirkliche Wesen des Menschen zu bejahen.»

(Feuerbach, L.: Vorlesungen über das Wesen der Religion)

Dies traf mich unmittelbar, weil ich erkannte, in welchem Ausmaß das Festhalten an meinem Glauben und den damit verbundenen irrationalen Vorstellungen und dem moralischen

Druck mich an einem selbstbestimmten Leben hinderten. Feuerbachs Ausführungen nahmen mir vor allem die tief verwurzelte Angst vor dem Jenseits, dem Leben nach dem Tode. Mit dem Wegfallen dieser Angst fiel auch der Zwang weg, Teile meiner selbst abzuspalten und meine innere Wahrheit zu negieren.

Der neue Weg, fern von dem Glauben meiner Eltern und der Gemeinschaft meiner Jugendfreunde, machte mich sehr einsam. In meinem Beziehungs- und Freundeskreis wirkte sich der Verlust der alten Identität am schmerzhaftesten aus. Mich verlangte nach Tiefe und Wahrheit, und ich konnte und wollte mich nicht länger mit Oberflächlichkeiten begnügen.

Was mich in jener Zeit ebenso in Anspruch nahm und prägte, war die Beziehung zu meiner damaligen Partnerin. Wir hatten ein sehr enges und ausschließliches Verhältnis und lebten gemeinsam in einer 1-Zimmer-Wohnung. Damals begannen wir zu spüren, daß irgend etwas in der Art unserer Beziehung nicht stimmte, daß es Mechanismen gab, die unsere gegenseitige Zuneigung störten, mit denen wir uns unterdrückten. Wir fühlten uns jedoch nicht in der Lage, uns von ihnen zu befreien. Je mehr ich mit gutem Willen gegen sie ankämpfte, desto ohnmächtiger fühlte ich mich. Es war wie ein Kampf gegen unsichtbare Mächte, die sehr langsam, aber stetig an unserer Liebesbeziehung nagten. Auch mit diesen «privaten» Schwierigkeiten blieb ich allein. In der Hochschule schien für diesen Bereich kein Platz zu sein.

In dieser Zeit trat ich in Briefkontakt mit meinem Cousin in Berlin. Er lebte dort mit seiner Frau in einer sehr ähnlichen Situation. Aus den Briefen, die er mir schrieb, wurde deutlich, daß auch er entsprechende Erfahrungen machte, und sehr bald wurde der Wunsch nach praktischer Lebensgemeinschaft und gegenseitiger Unterstützung geäußert. Sein Vorschlag, nach Berlin zu kommen, wurde von meiner Partnerin und mir begeistert aufgenommen.

Mein Verhalten und meine ersten Erfahrungen in Berlin waren stark bestimmt durch mein Suchen nach Gemeinschaft mit Menschen, mit denen mich gemeinsame Erfahrungen, Ziele und Interessen verbanden. Dieses authentische Bedürfnis vermischte sich mit einem damals sehr abstrakten und aufgesetzten Anspruch, nämlich politisch zu arbeiten. Mein Sinn für Gerechtigkeit und verschiedene persönliche Erfahrungen mit der gesellschaftlichen Realität (z.B. Wohnungssuche) machten mir klar, daß diese Gesellschaft gründlich verändert werden müsse, um mehr Gerechtigkeit und mehr Möglichkeiten der persönlichen Entfaltung für alle Menschen zu erreichen. Es war für mich ein schmerzhafter Erkenntnisprozeß, als ich nach einiger Zeit merkte, daß ich mich in der politischen Arbeit nicht verwirklichen, nicht wiederfinden konnte. Ich fühlte deutlich, daß die politischen Ziele und Forderungen nichts oder zu wenig mit meinen existentiellen, aktuellen Bedürfnissen zu tun hatten, und begab mich auf die Suche nach neuen Impulsen für meine Selbstfindung.

ERSTE THERAPIE-ERFAHRUNGEN

Ich kam mit körperorientierter Selbsterfahrung in Kontakt, nicht etwa mit der Absicht, mich einer Therapie zu unterziehen. Zunächst erwartete ich nur eine weitere Möglichkeit einer intensiven Selbsterforschung. Jedoch merkte ich schon nach wenigen Wochen, daß diese Begegnung mit mir selbst für mich zur Therapie *wurde*. Die Arbeit an und mit meinem Körper begann diesen zu verändern, und dadurch wurden gleichzeitig viele meiner üblichen Verhaltensweisen im Umgang mit mir und meinen Mitmenschen in Frage gestellt.

Ich reagierte u.a. mit Angst und Abwehr und kam bald zu dem Punkt, an dem ich die bioenergetische Arbeit abbrechen wollte. Wenn nicht ein persönlicher Kontakt zu einer Therapeutin mich davon abgehalten hätte, wäre ich sicher auch sehr bald weggeblieben. Sie lud mich in der Phase meiner stärksten Abwehr zu einem Intensivwochenende ein, zu dem ich trotz gewisser Vorbehalte kam. Am letzten Tag hatte ich ein für mich entscheidendes Erlebnis, das mir bewußt werden ließ, wovor ich Angst hatte und wie verständlich meine Abwehr gewesen war.

Ich möchte die verschiedenen Phasen, die zu diesem Erlebnis führten, nicht im einzelnen schildern. Das Ergebnis war ein in dem Augenblick des Erlebens totaler Zusammenbruch meiner selbst und damit auch meiner gewöhnlich praktizierten Verhaltensweisen, mit denen ich bei meinen Mitmenschen erfolgreich um Zuwendung und Anerkennung geworben hatte. Ich erkannte plötzlich, daß ich zwar mit diesen schon sehr früh entwickelten Strategien Liebe und Zuwendung erhielt, dies aber um den Preis einer Selbstaufgabe sowie der Abspaltung eines Teils meiner Gefühle und Bedürfnisse.

Ich verlor an diesem Wochenende buchstäblich meine Fassung, die Fassung, die mich schützte und gleichzeitig gefangenhielt. Ich hatte das körperliche Gefühl des Zerfließens, als ich nach langer Zeit wieder weinte, als die Tränen strömten und mein Körper von heftigem Schluchzen geschüttelt wurde. In diesem Augenblick hatte ich zum ersten Mal seit langer Zeit aufgehört, mich und mein Leben unter einer angstmotivierten Kontrolle zu halten. Ich erlebte diesen Moment als eine riesige Erleichterung. Ein Punkt war überschritten, bis zu dem ich «stark» sein konnte, bis zu dem ich in der Lage war, meine Verhaltensstrategien aufrecht zu erhalten. Gleichzeitig befürchtete ich, als ich gänzlich ohne Fassade buchstäblich am Boden lag, ich könne nun nicht mehr vor den anderen bestehen, weil sie alle Zeugen meiner vollständigen Kapitulation waren. Mir wurde in diesem Augenblick bewußt, wie weitgehend meine Verhaltensweisen von dieser «Fassung» bestimmt waren, die ich nun verloren hatte und auch loswerden wollte.

Zum Glück wurde ich mit diesen Gefühlen nicht allein gelassen. Die Therapeutin verstand, was in mir vorging und bestand darauf, daß ich in der Gruppe blieb und allmählich die anderen ansah. Der Gedanke daran war im ersten Augenblick für mich unvorstellbar. Ich fühlte mich vollkommen entblößt und voller Scham. Nach einer Weile versuchte ich es aber doch. Als es mir dann nach einiger Zeit gelang, machte ich die zweite tiefgehende Erfahrung: Ich erlebte staunend, daß es möglich war, anderen ohne «Fassung», ohne Fassade offen in die Augen zu sehen. Ich fühlte mich dabei plötzlich so entspannt, gelöst, befreit, als hätte ich einen anderen Zustand erreicht und wäre neu geboren. Ich erfuhr den Blickkontakt zu den anderen in einer veränderten, befreiten Weise; ich hatte nichts mehr zu verbergen.

In der darauffolgenden Zeit fing für mich die eigentliche Arbeit erst an, vor allem im alltäglichen Umgang mit meinen Bekannten, in der Wohngemeinschaft, an der Hochschule, in neuen Gruppen. Sie bestand in erster Linie darin, mir der unbewußten Strategien bewußt zu werden, mit denen ich echte Beziehungen zu meinen Mitmenschen verhinderte und meine eigenen Bedürfnisse verleugnete. Allmählich lernte ich, stark genug zu sein, um schwach sein zu dürfen – ich begann, meine wirkliche Stärke mehr und mehr in Besitz zu nehmen.

Das beschriebene Erlebnis an jenem Wochenende war für mich ein Wendepunkt in meinem damaligen Leben. Es folgten verschiedene entsprechende Erlebnisse in Encounter-, Bioenergetik-, Psychodrama- und Gestaltgruppen, und jedes hat mich ein Stück weiter zu mir selbst geführt. Nach der Erforschung meiner Persönlichkeit führte mich der Weg auch bald zur Meditation und in die spirituellen Räume meines Seins. Dies vervollständigte die Arbeit mit den verschiedenen therapeutischen Methoden, welche sehr rasch an ihre Grenzen stoßen, wenn sie sich ausschließlich auf die Lösung von Problemen konzentrieren. Wirkliche Transformation öffnet sich auch für eine transpersonale Dimension, die zu den Wurzeln unseres wahren Wesens und damit zu echter Selbsterkenntnis führt. Erst in der Rückverbindung zum spirituellen Ursprung unseres Seins können wir Probleme transzendieren und eine neue Art von Freiheit erfahren: Die Freiheit, ganz wir selbst zu sein. Davon wird in diesem Buch noch des öfteren die Rede sein.

Die Erfahrungen mit therapeutischen Verfahren führten mich zur Erkundung spiritueller Bewußtseinsräume. Sie haben mich auf einen langen Weg der Selbsterforschung geführt, der eine ganzheitliche Entfaltung sowohl meiner Persönlichkeit, als auch die Freisetzung meines Wesenskerns mit sich brachte. Ihn nenne ich «den Weg der eigenen Suche». Andere Menschen darin zu unterstützen, sich auf ihren eigenen Weg zu begeben, wurde später zum Hauptanliegen meiner Arbeit.

Schon damals in Berlin nutzte ich jede Gelegenheit, meine persönlichen Erfahrungen mit anderen zu teilen, um sie daran teilhaben zu lassen und ihnen den Raum für entsprechende eigene Erfahrungen zu ermöglichen. Daraus entwickelte sich im Laufe der Jahre mein Beruf, der, wie ich heute weiß, meine Berufung für dieses Leben ist. Es ist mir eine unendliche Freude, mich ihr ganz zu öffnen und hinzugeben. Es bedeutet Glück und Erfüllung, Menschen in Liebe, Klarheit und Freiheit auf ihrem Weg zu begleiten, Anstöße zu geben und Wesentliches zu teilen.

TOD UND WIEDERGEBURT

«Du wirst alles verlieren und daraus mit einem neuen Strahlen hervorgehen,» sagte mir im Januar 1988 eine bekannte Handleserin, als ich sie auf einen Sprung in der Lebenslinie meiner rechten Hand hinwies. Zu diesem Zeitpunkt erschien mir dies unvorstellbar. Ich lebte damals bei München und widmete mich fast hundertprozentig meinem Trainingsprojekt *«Innerlich und äußerlich reich.»*

Alles in meinem Leben war so perfekt strukturiert und durchorganisiert. Alles schien seinen festen, unverrückbaren Platz einzunehmen.

Anderthalb Jahre später, im September 1989, wachte ich nachts in panischer Angst auf. Ich brauchte einige Momente, um mich zu orientieren. Ja, ich lag immer noch im Bett meiner Wohnung. Doch in Sekundenschnelle wurde mir bewußt, daß das in Kürze nicht mehr der Fall sein würde. Meine gesamte Welt war im Begriff, sich aufzulösen. Bereits einige Monate vorher hatte ich mich aus meinem damaligen Arbeitsfeld zurückgezogen. Der äußere Rahmen war für meine Arbeit zu eng geworden und stimmte nicht mehr. Und ich empfing eine ganz neue, vielversprechende Vision, die mir deutlich und unverkennbar sich erweiternde Dimensionen und Entwicklungsmöglichkeiten meines Lebens und meiner Arbeit zeigte. Seit langem ahnte ich, daß darin eine Kraft lag, die mein ganzes

Leben transformieren würde. Jetzt aber, als der eigentliche Geburtsvorgang tatsächlich einsetzte mit dem totalen Verlust der alten, vertrauten Welt, schlugen meine Emotionen nochmals Alarm. Alle äußeren Bereiche meines Lebens lösten sich auf. Nichts, aber auch gar nichts konnte und wollte ich festhalten.

Wehrlos wie ein Fötus, dessen Geburt eingeleitet wird, erlebte ich, wie die mächtigen Wogen der einsetzenden Wehen mich dem engen Kanal, dem Durchgang ohne Ende entgegentrieben. Das Leben forderte mich auf, sämtliche äußere Strukturen meiner damaligen Welt Stück für Stück loszulassen: meine gewohnten Arbeitsinhalte, meinen vertrauten Arbeitsplatz, meine unterstützenden Mitarbeiter, meine Beziehung, meine Wohnung, meine Ersparnisse sowie den größten Teil meiner damaligen Bekannten und Trainingsteilnehmer. Mir schien, als ob sich die Erde unter mir öffnen und ich ins Bodenlose fallen würde.

Ich tauchte wohl in jener Nacht aus den mit heller Panik reagierenden Tiefenbereichen meines Unbewußten auf. Dieser Zustand war mir glücklicherweise aus früheren Zeiten umwälzender Veränderungen meines Leben durchaus vertraut. Der Teil in mir, den ich als «Beobachter» oder als «Zeugen» in all den vergangenen Jahren geschult hatte, erkannte sofort, was ich in diesem Augenblick existentiell durchlebte. Er, dieser «Zeuge», erinnerte mich daran, weich und tief zu atmen, mich ins Hier und Jetzt, in die Angst hinein zu entspannen und innerlich ganz loszulassen.

In diesem Moment erschien – ganz plötzlich und unvermittelt – in meiner Erinnerung das Echo der eingangs erwähnten Worte der Handleserin: «Du wirst alles verlieren...» Schlagartig wußte ich, daß dieser Zeitpunkt jetzt gekommen war. Der Zeiger meiner Lebensuhr war soeben zur kritischen Phase vorgerückt. Diese plötzliche Einsicht half mir, meinen Fall ins Bodenlose zu akzeptieren. Ich fiel, wie es mir schien, endlos und endgültig ins Ungewisse. Ich stürzte in die Tiefe und mußte dabei alles Äußerliche loslassen. Ich konnte und wollte nichts mitnehmen, nichts gehörte mir wirklich. Das Fallen schien ohne Ende.

Nach und nach verwandelte sich der bedrohliche Absturz in einen Schwebezustand in einem neuen unbegrenzten Raum. Plötzlich vermißte ich den festen Halt nicht mehr, denn ich war von unermeßlicher Weite, von strahlendem Licht und von unendlicher Liebe umgeben. Ich fühlte mich aufgehoben und getragen. Mir war, als sei ich buchstäblich in Gottes Hände gefallen. Die Starrheit der Angst war vollkommen aus meinem Körper gewichen, der jetzt in helles Licht eingehüllt zu sein schien. Ich atmete Licht und Weite. Mit jedem Atemzug schien ich mich ins Unendliche auszudehnen. Ich wußte mit jeder Faser meines Seins, daß alles in Vergangenheit, Gegenwart und Zukunft gut war, ist und sein wird. Ich hatte meinen Tod akzeptiert und wurde neu geboren. Ich konnte sehen, daß aus den Trümmern meines alten Lebens etwas Neues, Größeres und Schöneres entstehen würde.

Es waren Ausblicke, in denen eine tiefe innere Wahrheit auftauchte. Leser, die mein Buch *Vision der Freude* kennen, haben sich vielleicht an diese Aufzeichnungen erinnern können. Inzwischen sind beinahe acht Jahre vergangen, und die *Vision der Freude* hat sich zu einer modernen Lebensschule entwickelt. Es entstanden Räume für ganzheitliches Lernen und tiefgehende Transformation, die bereits von vielen Menschen aus dem gesamten deutschsprachigen Raum für die Verwandlung ihres Lebens genutzt wurden.

Vatika B. Jacob war von Anfang an dabei, und so konnte unsere gemeinsame Liebe zu der Arbeit und zu den TrainingsteilnehmerInnen in die sieben Trainingsabschnitte unseres Jahrestrainings einfließen. Diese stellen so etwas wie sieben «Meilensteine» auf dem Weg zu sich selbst dar, geboren aus den intensiven und vielfältigen Erfahrungen unserer eigenen Suche.

Die Begegnung und Verbindung mit Vatika hatte einen zutiefst karmischen Charakter. Von Anfang an hatten wir den Eindruck, daß uns mächtige Kräfte zueinander geführt und miteinander auf mehreren Ebenen gleichzeitig verbunden hatten. Damit einher gingen zahlreiche, sehr tiefgreifende und zum Teil auch schmerzhafte persönliche Lebenslektionen. Wir haben miteinander gelernt und gestritten, uns heiß geliebt und kräftig bekämpft. Uns war, als wolle das Leben unsere Beziehung benutzen, um uns zu schleifen und zu trainieren. Und bei allen Höhen und Tiefen fühlten wir tief innen, welch wichtige Lehrmeister wir füreinander waren und immer wieder sind.

Viele unserer Vorstellungen von Liebe zwischen Mann und Frau lösten sich auf oder wurden zutiefst geprüft und geläutert. Ich fühlte mich immer mehr als Lernender, zunehmend erfüllt von Demut gegenüber dem Leben, von Dankbarkeit und einer neuen, befreiten Qualität von Liebe. Die Suche nach meinem persönlichen Glück wandelte sich allmählich in die Hingabe an die unendliche Weisheit meiner inneren Führung, meines wahren Wesens.

Unsere Beziehungsform hat sich im Laufe der Jahre auf allen Ebenen geändert. Waren wir anfangs das viel bewunderte «königliche Paar», so sehen wir uns heute eher als ebenbürtige Weggefährten, die sich gegenseitig unterstützen und sich – ohne Worte, allein durch ihr Dasein – still an das Wesentliche erinnern. Wir erleben alles, was uns im äußeren Leben begegnet und widerfährt, als die Reflektion dessen, was sich in unserem Inneren entfaltet. Es ruft entweder nach Heilung, Erkenntnis und Befreiung oder ist Ausdruck entdeckter Schätze, entwickelter Gaben, entfalteter Potentiale inneren Reichtums. So bewegt sich unsere eigene Entwicklung stetig in Richtung eines widerstandsfreien und selbstverantwortlichen Daseins sowie einer Hingabe an das Leben, an das Große Eine, mit dem wir untrennbar verbunden sind.

Jede Stufe unseres persönlichen Lernens hat sich gleichzeitig auf die Art und Qualität unserer Arbeit mit Menschen ausgewirkt. Eine zunehmende Nähe, Natürlichkeit und Einfachheit ist die Folge. Inzwischen hat Vatika die Hauptleitung des Jahrestrainings übernommen, und ich selbst erscheine zu bestimmten, ausgewählten Prozessen. Dies hat sich seit 1996 sehr bewährt. Aus meiner Stille heraus ist es mir noch besser möglich, die Arbeit energetisch zu begleiten und gezielt einige «Perlen» zu teilen. Meine physische Präsenz wird ersetzt durch Nachwuchskräfte, die den ursprünglichen Geist dieses Energiefeldes verinnerlicht haben und ihn auf ihre einzigartige Weise mit anderen Menschen teilen.

Als mein «Kind», das ich mit Vatika B. Jacob ins Leben gerufen habe, liegt mir die *Vision der Freude* sehr am Herzen. Bei allen natürlichen Veränderungen bleibt sie ein Energiefeld für unvergleichliche Transformation durch die Kräfte der Liebe, Freude, Heilung und Bewußtwerdung. Sie ist ein geschützter Rahmen, in dem Hingabe und Grenzüberschreitung, Selbstfindung und Rückverbindung an den eigenen göttlichen Ursprung zur erfahrenen und gelebten Realität gehört.

Mögen alle Menschen, die den Ruf ihrer inneren Führung vernehmen, dieses Feld des Wachstums für sich nutzen, zum Wohle ihres eigenen Lebens und der ganzen Erde. Mögen wir gemeinsam unseren Beitrag schenken für das Erblühen von Liebe und Freude in unseren Herzen, unserem Leben, unserer Welt.

DIE SUCHE NACH GLÜCK UND ERFÜLLUNG

DIE SIEBEN EBENEN VON GLÜCK UND LEBENDIGKEIT

«Worin besteht der Weg der Freude? Es existieren viele Lebenswege, zwischen denen man auswählen kann, genauso wie es viele Möglichkeiten gibt, auf planetarischer Ebene zu dienen.

Es gibt den Weg des Willens, den Weg des Kämpfens, aber auch den Weg der Freude und des Mitgefühls.

Wahre Freude entsteht, indem wir unserer inneren Führung gemäß handeln und erkennen, wer wir sind.»

(Sanaya Roman)

Alles Wesentliche in unserem Leben steht in einem direkten Zusammenhang mit der Erfahrung von Glück und Freude. Wie oft schon fühlten wir in uns Probleme brennen wie: «Das, was ich bisher kennengelernt, gelebt und verwirklicht habe kann doch nicht alles sein! Das Leben muß doch noch mehr mit mir vorhaben! Es muß doch etwas geben, wofür sich jeder Einsatz lohnt!» Und ein inneres Aufbegehren schloß sich an: «Ich will und kann mich nicht einfach zufriedengeben mit meiner derzeitigen Lebenssituation! Ich will mehr, ich will weiter, ich will etwas entdecken und erreichen, das weit über die Welt meines jetzigen Lebens hinausführt!»

Obwohl wir nicht sicher sein können, daß es dieses ganz andere tatsächlich gibt, sehnt sich doch ein essentieller Teil in uns unaufhörlich danach. Wir haben es bereits in besonderen Augenblicken erfahren und kennen Momente der Erfüllung und vollkommener Freude. Trotz der vielen Zweifel, die sich immer wieder aufs neue melden mögen, weiß etwas in uns, daß es unser Geburtsrecht ist, immer öfter und länger an diesem freudevollen Sein teilzuhaben und in Zuständen von Glück und Erfüllung zu verweilen.

Immer mehr Menschen können in ihrem Inneren diese Gefühle und Gedanken wahrnehmen, wie eine innere Stimme, die unüberhörbar lauter und deutlicher wird. Wir sind nicht immer begeistert, sie zu hören, denn sie strebt nach neuen, unbekannten Welten. Sie entspringt stets einer inneren Unruhe, einer gewissen Unzufriedenheit mit dem, was ist. Sie stellt in unbequemer Weise Althergebrachtes in Frage und nimmt unseren Gewohnheiten ihre Selbstverständlichkeit.

Wenn wir unser Leben mit der Frage untersuchen, welche Momente, welche Erfahrungen von Bedeutung waren, so werden wir bei genauer Betrachtung feststellen, daß sie alle etwas mit Liebe, Dankbarkeit, Hingabe und Freude zu tun haben. Das schließt auch schmerzhafte oder mühevolle Erlebnisse und Lernprozesse mit ein. Denn Mühe und Schmerz lohnen sich nur in einem Kontext von etwas, das uns Freude macht, von etwas, wofür es sich lohnt, sich hinzugeben.

Der Weg eines jeden Menschen zu Glück und Erfüllung ist absolut einzigartig und kann mit keinem anderen verglichen werden. Je offener ein Weg ist für die Erfordernisse des Lernens, je flexibler er auf die persönlichen Bedürfnisse der Menschen eingeht, je weiter das Spektrum der Erfahrungsmöglichkeiten gespannt ist, desto zahlreicher werden Menschen ihn für bestimmte Entwicklungsschritte in Anspruch nehmen.

Der Weg der Freude knüpft an angenehme, schöne, beglükkende Erfahrungen an, die jeder Mensch in der einen oder anderen Weise aus seinem Leben kennt. Solche Momente sind unverzichtbare Nahrung für die Seele. Ohne solche Erlebnisse könnte kein Mensch existieren. Durch sie erst spüren wir, daß es sich lohnt zu leben. Sie sind ein unersetzliches Lebenselixier. Mangelt es an Augenblicken des Glücks, der Zufriedenheit, wird ein Mensch krank, depressiv und beginnt zu sterben. Unglückliche Menschen altern nachweislich wesentlich schneller als solche, die häufig Gefühle des Glücks empfinden. Warum? Weil jeder Augenblick von Lebendigkeit untrennbar mit Freude verknüpft ist. Je größer, kraftvoller und umfassender unsere Lebendigkeit, desto unmittelbarer unsere Bereitschaft zur Freude. Freude ist ein Ausdruck überschäumender Lebendigkeit.

Ist es nicht bemerkenswert, daß es so etwas wie eine Steigerung von Lebendigsein gibt? Nach unserem üblichen Sprachgebrauch ist jemand entweder lebendig oder tot. Doch wenn wir tiefer hinsehen, erkennen wir, daß unser Menschsein eben nicht darauf beschränkt ist, lediglich in einem Körper zu existieren. Dies wäre nur eine sehr rudimentäre Form des Lebendigseins. Bloß zu überleben, zu vegetieren, bedeutet noch nicht, wirklich zu *leben*. Daher sagen die Mystiker aller Zeiten, daß es für den Menschen, – will er zu seinem vollen Potential erblühen – nicht ausreicht, einmal aus dem Mutterschoß geboren worden zu sein. Erst wenn wir viele Male emotional und mental sterben und geistig-spirituell wiedergeboren werden, *leben* wir wirklich und vollständig.

Leben ist als Freude gedacht! Lebendigkeit und Freude gehen Hand in Hand. Dieses Urgesetz des Lebens sollte verstanden und anerkannt werden, um das Mysterium unserer Existenz zu ergründen. Viele Versuche der Vergangenheit, auf lebens- und freudeverneinenden Wegen Befreiung zu erreichen, sind gescheitert. Sie waren bestenfalls vielleicht notwendige Erfahrungen, um Sackgassen kennenzulernen. Wer mit Hilfe von Askese, Angst und Gier das Himmelreich erzwingen will, muß schließlich einsehen, wie sich trotz aller Bemühungen Leid, Unglück und Unterdrückung immer wieder durchsetzen.

Keine noch so einleuchtende Ideologie kann je befreien, wenn sie sich gegen universelle Gesetzmäßigkeiten stellt. Diese allgegenwärtigen Gesetze können nicht von uns intellektuell konstruiert werden. Der einzige Weg, sie kennenzulernen, besteht im fortgesetzten Erforschen der Räume und Dimensionen, die wir nur in jenen Momenten in uns vorfinden, in denen das andauernde Geplapper unseres Verstandes zur Ruhe kommt. Nicht alles, was wir dabei erfahren, kann auch in Worte gefaßt werden, denn Sprache eignet sich vorwiegend dazu, die Oberfläche des Seins, die äußere Welt zu beschreiben. Doch was immer aus meditativer Stille in Begriffe unseres Tagesbewußtseins übertragen werden kann, trägt in sich die Autorität einer übergeordneten Wahrheit.

WO SUCHE ICH MEIN GLÜCK?

Richten wir unsere Aufmerksamkeit auf unsere ganz konkreten Lebenserfahrungen: Ist uns eigentlich bewußt, wo und auf welche Weise wir überwiegend Glück anstreben und wie wir dabei entweder Erfüllung oder Ent-täuschung erfahren?

Die folgenden Ausführungen sind dazu da, die Selbstbeobachtung zu schärfen. Die grundlegenden Fragen, die wir uns dabei selbst beantworten sollten, lauten:

1.) Wobei und auf welche Weise habe ich in meinem bisherigen Leben Glück erfahren?
2.) In welchen Lebensbereichen strebe ich gegenwärtig nach Glück und Erfüllung?
3.) Auf welcher Ebene möchte ich von jetzt an mehr als bisher suchen?

1. MATERIE

Wer könnte sich nicht an jene Momente des Glücks erinnern, in denen wir als Kinder anläßlich eines besonderen Ereignisses wie Geburtstag oder Weihnachten ein Geschenk erhielten, das uns in besonderer Weise entzückte und uns mit Besitzerstolz erfüllte. Oder wir besaßen Schätze in Form von Geldbeträgen – aus heutiger Sicht unbedeutende Summen –, die uns damals heißen Wünschen näher brachten. Farbige Muscheln, die wir am Strand sammelten, oder besonders schön geformte Steine, die wir nach Hause brachten, Spielsachen und andere «Wertgegenstände», die wir geschenkt bekamen oder uns aneigneten: Alles wurde zu unserem persönlichen Besitz, Teil von uns, dem wir selbst eine ganz persönliche Hierarchie auf unserer

Werteskala gaben. Später kamen dann größere Anschaffungen hinzu wie besondere Kleidung und Schmuck, Autos, Wohnungseinrichtungen, Häuser, Einkommen aus gelungenen Geschäften usw. Ganz gleich, in welchem Rahmen wir uns dabei bewegten: Wir erfuhren jenes Gefühl der Befriedigung und Genugtuung, das Menschen mitunter süchtig werden läßt, wenn sie ihre Wünsche auf materieller Ebene erfüllen.

Doch bei aller Freude über die kleinen und größeren Spielsachen der materiellen Ebene wird uns hier sehr deutlich die Kehrseite bewußt: Die Tränen und Enttäuschungen der Kindheit, wenn wir nicht das bekamen, was wir uns eigentlich wünschten. Und später als Erwachsene jenes schale Gefühl, wenn wir uns vielleicht alles leisten können und uns dennoch leer und unzufrieden fühlen. Hinzu kommen Erfahrungen, bei denen uns Materie nicht befreit, sondern belastet und einengt.

Es lohnt sich, einmal zu prüfen, in welchem Umfang und mit welchem Erfolg wir auf der materiellen Ebene nach Glück gesucht haben oder immer noch suchen. Haben diese Bereiche einen angemessenen Raum in unserem Leben? Weichen wir den materiellen Aspekten unseres Lebens aus, oder lassen wir uns von ihnen gefangennehmen? Wieviel Zeit und Energie nehmen sie im alltäglichen Leben in Anspruch?

Ob das Materielle unsere Freude am Leben erhöht oder uns eher herunterzieht und unfrei macht, hängt von der Entwicklung und Pflege anderer Ebenen ab, auf die wir im Folgenden näher eingehen werden.

2. SEXUALITÄT, EROTIK, LEIDENSCHAFT

Die zweite Ebene, auf der ein Mensch nach Glück und Erfüllung suchen kann, ist die Ebene von Eros, Sexualität und Leidenschaft. Die körperliche Nähe eines anderen Menschen, die Berührung, das Begehren, die zärtliche oder leidenschaftlich-stürmische Umarmung des Partners entflammen die Welt unserer Sinne. Wir sind verliebt, träumen, schwärmen nur noch für den einen Menschen und sehen die Erfüllung aller unserer

Sehnsüchte und Wünsche in der Vereinigung mit dem begehrten Geliebten.

Solche Begegnungen können zu den beglückendsten und intensivsten Erfahrungen unseres Lebens gehören. Die ganze Welt erscheint als Ozean von Glück und Ekstase, wir vibrieren voller Vitalität und überschwenglicher Freude. Immer wieder aufs neue vermag der heißgeliebte Partner das Feuer der Sinnlichkeit in uns zu entfachen. Wir sind sozusagen «ein Leib und ein Fleisch».

Diese Erfahrungen können Tore öffnen zu einer erweiterten Wahrnehmung und zu Gefühlen eines ekstatischen, allumfassenden Verbundenseins, zu Empfindungen, die den Ebenen 4 bis 7 zugeordnet sind, die wir später noch besprechen werden. Bleiben wir jedoch auf die Bereiche körperlicher Anziehung fixiert, so erleben wir früher oder später die bekannte Ernüchterung oder gar Frustration nach den sogenannten Flitterwochen. Nachdem das Feuer wieder erloschen ist, bleibt häufig das schale Gefühl von Leere und Sinnlosigkeit zurück. Der noch vor kurzer Zeit umschwärmte und umworbene Partner entpuppt sich als ganz gewöhnlicher Mensch, als langweilig und ohne besonderen Reiz.

Sehr viele Menschen sehnen sich nach dem «richtigen Partner», jeder will geliebt und umsorgt werden, und doch berichten vergleichsweise wenige von einem glücklichen und erfüllten Liebesleben. Viele verdrängen und vermeiden diesen Bereich lieber, als das Risiko einzugehen, erneut enttäuscht und verletzt zu werden. Es scheint den idealen Partner nicht zu geben, oder man ist unfähig, ihn zu finden, zu halten, zu binden, zu «besitzen». Und um wenigstens nicht ganz allein zu bleiben, heiratet man mitunter und arrangiert sich in einer Art Zusammenleben, das sich vorrangig auf Existenzsicherung konzentriert. Ein gemeinsamer Haushalt, die Kinder und der Besitz, also die vorher beschriebene materielle Ebene ist das, worauf man sich einigt. Obwohl Ausnahmen die Regel bestätigen, scheinen Glück und Lebendigkeit sich allzuoft in illusorische Träume zu verwandeln, die mit der Zeit in weite Ferne rücken. Diese Ebene braucht in der Regel viel Heilung, Bewußtwerdung und Befreiung.

3. ERFOLG, MACHT, ANSEHEN

Auf der dritten Ebene konzentriert sich die Suche nach Glück und Erfüllung auf das Streben nach persönlichem Erfolg. Man versucht, sich durch besondere Leistungen oder hervorragende Eigenschaften und Fähigkeiten von der breiten Masse abzuheben. Für einen Menschen auf der dritten Ebene liegt die größte Freude im Siegen, im Überflügeln anderer, im Erreichen hochgesteckter Ziele. Einfluß, Macht und Ansehen erheben ihn über die kleinen, gewöhnlichen Sorgen und Nöte des Alltags. Für Anerkennung und Bewunderung ist er bereit, alles zu opfern.

Persönlicher Besitz (Ebene 1) ist nicht mehr nur dazu da, die eigene Existenz zu sichern, sondern wird aus Prestigegründen angeschafft und vorgezeigt. Sexualität und Erotik (Ebene 2) dienen nicht in erster Linie dem Lustgewinn, sondern das Spiel von Verführung und Eroberung hat den größten Reiz, solange der Partner erobert wird. Partner werden nach ihrem Vorzeigewert beurteilt und je nach «Marktlage» ausgetauscht.

Doch was geschieht, wenn wir an der Spitze der Leiter angekommen sind, wenn alle Erfolge und persönlichen Ziele im Außen erreicht sind? Sind wir wirklich glücklich und rundum zufrieden? Zahlreiche Beispiele von überdurchschnittlich erfolgreichen Menschen zeigen uns, daß sie am scheinbaren Ziel ihrer Wünsche ihr Leben in Verzweiflung, Hoffnungslosigkeit und innerer Leere beendeten. Warum? Was fehlte? Wir werden es besser verstehen, wenn wir Ebene 4 kennengelernt haben.

4. LIEBE, MEDITATION, INNERER FRIEDEN

Auf der vierten Ebene verändert sich die Qualität unseres Strebens nach Glück und Freude. Wir werden uns bewußt, daß alles, was wir im Außen angestrebt haben, um glücklich zu sein, uns letztendlich nur auf Seinsqualitäten hinweisen wollte, die in uns, nicht außerhalb von uns existieren. Auf den ersten drei Ebenen ist die Suche nach Freude ausschließlich auf die

Außenwelt gerichtet; auf der vierten Ebene beginnt die Reise nach innen. Je sensibler und intelligenter ein Mensch ist, desto früher entdeckt er, daß es besondere Zustände des Seins sind, die das Ausmaß von Glück in unserem Leben bestimmen. Der Grundfokus unserer Wahrnehmung, unseres Erlebens, wendet sich um 180 Grad. Wir erkennen das Äußere als den Spiegel, der unser Inneres reflektiert.

Auf der vierten Ebene entfaltet sich jene Herzensschwingung, die wir zu Recht als Liebe bezeichnen. Hier wird nicht mehr um Sicherheit, Zuwendung oder Anerkennung gekämpft. Ein innerer Frieden kehrt ein und mit ihm das tiefe Gefühl der Verbundenheit mit allem, was uns umgibt. In Dankbarkeit empfangen und feiern wir die Geschenke des Lebens. Das Streben nach Sicherheit weicht einer Geborgenheit, in der wir uns eingebunden fühlen in eine wunderbare göttliche Ordnung.

In Beziehungen erwarten wir nicht, daß unser Partner uns glücklich macht. Wir lieben und verströmen unsere Wärme von ganzem Herzen, ohne Forderungen und Bedingungen. Wir sind mit unserem Partner zusammen, nicht weil wir die Einsamkeit fürchten und den Partner für unsere Defizite brauchen, sondern weil der Ausdruck von Freundschaft, Intimität und Nähe unsere Daseinsfreude erhöht. Wir machen nicht mehr den anderen für unser Wohlergehen verantwortlich, sondern teilen, was immer wir haben, in Freiheit und Selbstverantwortung. Wir erleben Freude beim Anblick von Schönheit, im Empfinden von Harmonie, in der Natur, in freundlichen Gesten der Wärme und Unterstützung.

Leiden auf dieser Ebene ist eher ein Mitleiden, ist Traurigkeit und Schmerz beim Anblick von Umweltzerstörung, Haß und Lieblosigkeit. Weil man die innere Heimat kennt, ist der Umgang mit Menschen, die ausschließlich auf die Ebenen 1 bis 3 fixiert sind, befremdend und unbefriedigend. Das Herz sehnt sich nach einer Gemeinschaft, in der diese zarten inneren Räume gelebt und ausgedrückt werden können.

5. KREATIVITÄT

Nachdem wir auf der vierten Ebene die inneren Räume von Geborgenheit und Liebe kennengelernt und aufgesucht haben, drängt es uns auf der fünften Ebene danach, diese Erfahrungen zu kommunizieren, ihnen kreativen Ausdruck zu verleihen. Die Kreativität hat auf dieser Ebene den Charakter von Einzigartigkeit und Authentizität. Während ein Mensch auf der dritten Ebene in Aktion tritt, um bewundert zu werden, also in erster Linie etwas leistet, um Erfolg und Anerkennung zu bekommen, ist er auf der fünften Ebene aktiv, weil das Schöpferische ihm einfach Freude macht und ihn beflügelt.

Der Mensch der fünften Ebene erkennt seine ganz persönliche Lebensaufgabe und gibt sich ihr entschlossen und bedingungslos hin. Er geht vollständig in seiner schöpferischen Tätigkeit auf und ist immer weniger imstande, faule Kompromisse einzugehen. Sein höchstes Glück besteht darin, Kanal sein zu können für die universellen Energien, die durch ihn zum Ausdruck kommen wollen. Ja, sein Bewußtsein öffnet sich mehr und mehr für die Tatsache, daß die Quellen seines inneren Reichtums nicht auf das Ego begrenzt sind. Ihm wird zunehmend deutlich, daß in den ekstatischen Momenten des Einsseins mit der schöpferischen Tätigkeit sich die «Schleusen des Himmels» öffnen und eine ganz andere Dimension durch ihn tätig wird.

Wenn dies geschieht ist der Tänzer eins mit dem Tanz, der Sänger eins mit dem Gesang, der Redner eins mit dem Gesagten... Jeder, der dies bewußt erfahren hat, weiß in seinem Innersten, daß die Anerkennung, die andere Menschen seinem Werk zollen, nicht seiner beschränkten Persönlichkeit gelten kann. Er wird den Applaus innerlich weiterleiten, hin zu der göttlichen Quelle, ohne deren Mitwirkung er nichts hätte tun können. So ist es zu erklären, daß die wirklich großen und weisen schöpferischen Menschen weder Eigendünkel noch «Starallüren» entwickeln. Sie bleiben noch angesichts des größten Erfolges bescheiden, einfach und natürlich.

Der Mensch der fünften Ebene betrachtet sich als Werkzeug und stellt sich bewußt der Einen Kraft zur Verfügung, damit sie sich durch ihn ausdrücken kann. In seiner ganz individuellen Art teilt er mit der Welt und bringt so seine Liebe als die Liebe des Ganzen zum Ausdruck. Dies kann – je nach seinem Naturell – großartig und spektakulär oder auch ganz still und unscheinbar geschehen. Ein Mensch auf der fünften Ebene ist nicht ehrgeizig, sondern gibt sich dienend den Impulsen hin, die seiner Liebe zum Leben und seiner Freude am Sein entspringen.

Die schmerzlichsten Erfahrungen machen wir auf dieser Ebene dann, wenn wir phasenweise oder vorübergehend aus dem Bewußtsein der Verbundenheit herausfallen, wenn der Fluß der Kreativität unterbrochen ist und wir uns wieder in alten Ängsten und Sorgen (der Ebene 1 bis 3) verlieren. Da wir jetzt die Ekstase des schöpferischen Verbundenseins kennen, erscheint uns eine solche Einengung unseres Bewußtseins geradezu unerträglich. Aber durch solche Erfahrungen wird uns erst richtig bewußt, daß wir auf die Quellen außerhalb unseres Egos angewiesen sind. Unser ganzes Streben ist jetzt darauf ausgerichtet, die Verbindung wiederherzustellen. Wir lernen ganz bewußt, uns für Zustände größerer Transparenz, Hingabe und tieferen Vertrauens zu öffnen. Damit vereinen wir unseren Willen mit dem Willen des Ganzen und sind bereit, uns mehr und mehr als Werkzeug der universellen Schöpferkraft zur Verfügung zu stellen.

6. DIE EKSTASE DER FREIHEIT

Auf der sechsten Ebene ist das, wofür sich ein Mensch auf der fünften Ebene bewußt geöffnet hat, konstante Wirklichkeit geworden. Wir sind uns unserer Göttlichkeit in jedem Moment unseres Lebens bewußt. Unser Leben entspricht dem Ausdruck unseres wahren Wesens, das mit dem Willen des Ganzen übereinstimmt, und damit sind wir im Einklang mit den Gesetzmäßigkeiten des Universums. Auf der sechsten Ebene erwachen wir zu höheren Erkenntnissen. Wir entwickeln einen inneren Blick, der das göttliche Wirken in unserem Leben und in unserer Welt erkennt, versteht und auslöst. Jeder Gedanke, den wir denken, jedes Wort, das wir sprechen, jede Handlung, die wir ausführen, ist Träger von tiefer Bedeutung und Kraft.

Auf dieser Ebene gibt es kein Zweifel und keine Reue. Jeder Aspekt unseres Seins ist in den großen kosmischen Zusammenhang eingebunden. Mit unbestechlicher Klarheit unterscheiden wir Schein von Wirklichkeit. Unsere Sinne können uns nicht mehr täuschen, denn wir identifizieren uns nicht mehr mit ihnen. Wir brauchen uns gar nicht mehr als Kanal für unsere innere Führung oder unser wahres Selbst zur Verfügung zu stellen, denn wir erkennen auf einmal unwiderruflich: Meine innere Führung, mein wahres Selbst und ich sind eins. Wir sind zu Meistern unseres Lebens geworden!

Auf dieser Ebene werden wir uns der unbegrenzten Freiheit unseres Seins bewußt. Wir *wissen*, daß die Möglichkeiten unserer individuellen Entfaltung unbegrenzt sind. In Freiheit entscheiden wir, welche Aufgaben wir zur Entwicklung dieses Planeten übernehmen wollen, aus Mitgefühl jenen Wesen gegenüber, die noch in der Unwissenheit und Gefangenschaft ihres begrenzten Bewußtseins existieren.

Dies ist auch die Ebene des *Bodhisattvas*, der aus Freude am Dasein und aus Liebe zu seinen Mitmenschen in Freiheit entscheidet, noch nicht den letzten, unwiderruflichen Schritt in die All-Einheit zu tun. Freiwillig hält er sich noch eine Zeitlang auf der Ebene der Dualität, um weiterhin für andere Menschen zu wirken. Dies sind der letzte Wunsch und die letzte irdische Freude: andere zu unterstützen, sofern sie für Hilfe offen sind.

Auf der sechsten Ebene angekommen, ist ein Mensch frei, den letzten Schritt zu vollziehen und die Erde als Lern- und Entwicklungspfad endgültig zu verlassen oder zu bleiben, um seine irdischen «Mitschüler» noch eine Weile zu begleiten.

7. ALL-EINS-SEIN

Die siebente Ebene ist die höchste und letzte, die ein Mensch auf der Erde erreichen kann. Da wir sie selbst nicht aus eigener Erfahrung kennen, möchten wir hier nur weitergeben, was wir von Menschen, die diesen Gipfel erreicht haben, gehört haben, oder was in den Schriften vieler Mysterienpfade über sie angedeutet wird.

Die «große Erleuchtung» ist ein Quantensprung des Bewußtseins, der kein Zurückfallen in niedrigere Zustände mehr zuläßt. Das letztendliche Ziel ist erreicht: die Rückkehr zum Ursprung der kosmischen Einheit. Der Tropfen verschwindet im Ozean, und dieser ergießt sich in den Tropfen.

Dieser Zustand wird je nach religiösem Hintergrund als Nirvana, Samadhi, Tao, mystische Hochzeit, Einheit von Atma und Brahma oder als das Tat Vam Asi (Du bist Das) umschrieben. Alle Erleuchteten stimmen darin überein, daß die Intensität der Glückseligkeit nicht mehr mit Worten ausgedrückt werden kann.

Nach unserem Verständnis ist die Erfahrung von Glück und Freude auf allen vorangegangenen Ebenen ein mehr oder weniger genaues Echo dieser alles umfassenden Ekstase. Je bewußter wir zulassen, daß Freude in unserem Leben so etwas wie eine Richtschnur wird, je weniger wir auf bestimmte Ebenen fixiert bleiben, desto klarer wird unser Verständnis für die Möglichkeiten, die jeder Moment von Glück und Freude in sich birgt. Er gewährt uns Einblick in etwas, das uns unserer Essenz immer näher bringt.

Dann lernen wir, daß alle irdischen Erscheinungen auf etwas Größeres und Schöneres hinweisen, welches in ihnen verborgen liegt. Oder um es in den Worten *Hermann Hesses* zu sagen:

«Jede Erscheinung auf Erden ist ein Gleichnis, und jedes Gleichnis ist ein offenes Tor, durch welches die Seele, wenn sie bereit ist, in das Innere der Welt zu gehen vermag, wo du und ich, Tag und Nacht, alles eins sind. Jedem Menschen tritt hier und dort in seinem Leben das geöffnete Tor in den Weg...»

DIE SIEBEN CHAKRENEBENEN

Die verschiedenen Ebenen unserer Suche nach Glück und Erfüllung korrespondieren mit den sieben Ebenen der sogenannten Chakren oder Energiezentren. Sie repräsentieren auch sieben Grundaspekte menschlicher Erfahrung und menschlichen Potentials. Es sind sieben Ebenen, auf denen sich Menschsein in unserer Realität äußert. Sie können als Stufen betrachtet werden, auf denen sich die göttliche Kraft mit der irdisch-materiellen Existenz verbindet und offenbart. Als inkarnierte oder verkörperte göttliche Wesen erfahren wir sie als Möglichkeiten, uns in dieser Welt zu orientieren und unseren Daseinszweck zu erfüllen.

In unserer Arbeit ist u.a. die Transformation, Heilung und Öffnung dieser möglichen Themen unseres Lebens von Bedeutung. Es gehört zur Ganzwerdung und Vollständigkeit unseres Menschseins und ist von entscheidender Bedeutung für unser Lebensglück. Im Folgenden gehen wir kurz auf die möglichen Verletzungen und deren Heilungspotentiale ein.

DIE ERSTE EBENE

Auf der ersten Ebene geht es um die Manifestation und Sicherung unserer irdisch-materiellen Existenz, um den Erhalt und das Überleben unseres physischen Körpers. Dieser braucht Nahrung, Wohnung, Kleidung und Besitz, der dem Leben in unserer modernen Welt angemessen ist.

Störungen auf dieser ersten Ebene äußern sich in einem grundlegenden Gefühl der Unsicherheit und Existenzangst. Dies entspringt in der Regel einem unbewußten Widerstand, sich auf die relative Enge und Begrenztheit der materiellen Realität einzulassen. Das Grundgefühl eines Menschen mit

Verletzungen auf dieser Ebene ist es, hier nicht richtig oder «fehl am Platz» zu sein, keine Existenzberechtigung zu haben, nicht hierher zu gehören, hier fremd und heimatlos zu sein. Es fällt dann schwer, sich zu verwurzeln, sich in dieser Welt sicher und zu Hause zu fühlen und die Angelegenheiten des täglichen Lebens zu meistern.

Das Urvertrauen ist verletzt. Existenzangst und Orientierungslosigkeit sind Ausdruck einer tiefen Unsicherheit. Im Extremfall werden ganz alltägliche Herausforderungen des Überlebens zur drückenden Last. Auch übertriebene Vorsicht, Inflexibilität und ängstliches Festhalten an materiellen Sicherheiten weisen auf eine Störung in diesem Bereich hin.

Sowohl gieriges Besitzstreben als auch asketische Abwehr und Enthaltsamkeit zeigen, daß diese erste Ebene nicht im Gleichgewicht ist.

Die Heilung liegt in der Bejahung und Wertschätzung unseres physischen Körpers und in der Bereitschaft, die materielle Welt zu genießen und voll anzunehmen. Das transformierte Potential äußert sich dann in einer wachsenden Sicherheit, in der Fähigkeit, sich auf das irdische Leben einzulassen, und in einem angemessenen, mühelosen und freudevollen Umgang mit Geld und Besitz. Ein solcher Mensch sorgt liebevoll für seinen Körper und schenkt ihm alles, was er zu seiner Gesundheit und seinem Wohlbefinden braucht. Er findet einen Platz, an dem er sich zu Hause fühlt, und einen angemessenen äußeren Rahmen, um sein positives Lebensgefühl auch im Äußeren auszudrücken.

Sein Vertrauen in das Leben zieht beglückende Ereignisse an.

DIE ZWEITE EBENE

Die zweite Ebene betrifft unsere Vitalität und Lebenskraft, den Ausdruck unserer Emotionen und Sexualität. Sie steuert den Umgang mit unseren primären Gefühlen, Instinkten und Antrieben.

Eine Störung auf dieser Ebene äußert sich in einer blockierten Sexualität, in der Unterdrückung oder Verleugnung von Emotionen. Damit geht eine verminderte Spontaneität und Vitalität einher. In der Regel besteht eine Angst vor Zurückweisung oder Vereinnahmung. Gefühle werden als störend oder gefährlich angesehen. Sie dürfen auf keinen Fall gezeigt oder frei ausgedrückt werden, sondern unterliegen einer starren Kontrolle bis hin zum totalen Tabu. Kommen sie doch einmal an die Oberfläche, so ist dies begleitet von Scham, Schuld und Verlegenheit.

Die Unterdrückung der Gefühle als Folge von Angst, Scham und Schuld hat auch einen Mangel an Authentizität, Natürlichkeit und Offenheit zur Folge. Ohne Bewußtheit und Anerkennung der eigenen Gefühlswelt ist keine wirkliche Ehrlichkeit und Aufrichtigkeit möglich, denn die Verleugnung der eigenen Gefühle ist gleichzeitig eine fundamentale Selbstverneinung. Das daraus resultierende Verhalten ist so angelegt, daß es eine ursprüngliche, spontane und natürliche Wahrheit versteckt und vermeidet. Dies wird jedoch bezahlt mit dem Verlust von Vitalität, Spontaneität und Lebensfreude.

Die Heilung der Gefühle braucht Mut, denn sie führt uns zunächst in unsere Schattenbereiche, entstanden aus der Angst vor Schmerz und Verletzung. Unsere Befreiung befreit zunächst auch das, was wir lieber nicht fühlen und erleben wollen. Abgespaltene und angstvoll vermiedene Energien wollen erlöst und transformiert werden. Auf welche Weise dies auch vollzogen werden mag, es ist ein unumgänglicher Weg in die Freiheit der eigenen Wahrheit. Je sensibler und offener ein Mensch gegenüber den Tiefen seiner Gefühlswelt ist, desto echter wird seine Ausstrahlung sein.

Der Gewinn einer solchen emotionalen Befreiung ist ein Zuwachs an Kraft, Natürlichkeit, Spontaneität, Authentizität, Lebensfreude und Liebesfähigkeit. Seine Beziehungen entwickeln sich zu einem lebendigen Ausdruck von Liebe und Freiheit, Nähe und Distanz, von Sinnlichkeit, Zärtlichkeit, Sexualität und ehrlicher Begegnung.

DIE DRITTE EBENE

Die dritte Ebene umfaßt die Entwicklung und den angemessenen Ausdruck unserer persönlichen Kraft und Macht. Hier geht es darum, etwas in der Welt zu bewirken und zu erreichen und unseren eigenen Platz im Leben einzunehmen. Der Gebrauch von Wille, Durchsetzungsvermögen und Tatkraft gibt einem Menschen ein Gefühl für die eigene Größe und Identität.

Ist diese Ebene verletzt, fehlt einem Menschen der Bezug zu seiner eigenen Stärke und Macht. Er schwankt zwischen Gefühlen der Wertlosigkeit, Ohnmacht und Abhängigkeit einerseits oder Stolz, Selbstüberschätzung und Größenwahn andererseits. Er wird sich entweder gewohnheitsmäßig kleiner und schwächer darstellen, als er in Wirklichkeit ist, oder machthungrig mit anderen konkurrieren, immer bestrebt, durch Leistungen zu glänzen und einen guten Eindruck zu hinterlassen. Doch Erfüllung wird er in beiden Fällen nicht finden.

Die Heilung dieser Ebene ermöglicht einem Menschen die Entdeckung und Entfaltung seiner wahren Größe und Kraft. Er wird ein Gespür für seine eigenen Fähigkeiten und Talente entwickeln und diese in den Dienst eines lohnenden Zieles stellen, das mit seinen eigenen Idealen übereinstimmt. Ein solcher Mensch hat einen ausgeprägten Sinn für seine eigene Integrität, für seine Möglichkeiten und Grenzen. Er wird seine Talente entwickeln, sich angemessen durchsetzen sowie seine Lebensaufgaben erkennen und erfüllen. Das befähigt ihn, alles für ihn Wichtige in seinem Leben zu manifestieren bzw. auszudrücken. Die Erfahrung und Ausbildung seiner persönlichen Kraft bildet das Fundament für die Fähigkeit, sich selbst, andere Menschen und das Spiel des Lebens kennen- und liebenzulernen.

DIE VIERTE EBENE

Auf der vierten Ebene geht es um die Fähigkeit zu lieben und sich liebend mit anderen Menschen, mit der Umwelt und dem gesamten Leben zu verbinden. Sie ist der Wendepunkt von einer rein materiell-irdischen Ausrichtung hin zu einer spirituellen Dimension. Durch sie erhalten die ersten drei Ebenen ihren tieferen Sinn. Auf dieser Ebene eröffnet sich uns zum ersten Mal der Zugang zu einer göttlichen Dimension unseres Seins. In Momenten von Verbundenheit und Einheit kann sich der Schleier öffnen, der sich mit der Illusion der Getrenntheit zwischen uns und die Realität gelegt hat.

Ist diese Ebene des Herzens verschlossen oder verletzt, ist es einem Menschen nicht möglich, wahre Liebe zu erfahren. Seine Angst vor Schmerz und Verletzung, entstanden aus unverstandenen Erfahrungen, veranlaßt ihn, sich zu schützen und sich zu verschließen. Doch durch diese Trennung verliert alles im Leben seinen tieferen Sinn. Das nagende Gefühl von Sinnlosigkeit und Abgetrenntheit ist das Resultat eines verschlossenen Herzens, der bewußten oder unbewußten Entscheidung, sich nicht mehr zu öffnen, um nicht verletzlich zu sein. Beziehungen werden dadurch zu bloßen Zweckgemeinschaften; das Leben wird als kalt, grau, freudlos und sinnlos erfahren.

Die Heilung dieser Ebene geht mit der Entdeckung und Wiedergewinnung der eigenen Liebesfähigkeit einher. Dies beginnt mit der Entwicklung von Selbstliebe und endet mit einem bedingungslosen Liebesgefühl für alles Leben.

Ist die Selbstliebe eines Menschen in seiner frühen Kindheit unzureichend gestärkt worden, indem das Kind zu wenig oder falsche Zuwendung erhielt, besteht in diesem Bereich ein akuter Nachholbedarf. In der Regel braucht die Heilung der Selbstliebe einen geschützten, liebevollen und unterstützenden Rahmen, in dem sie die Nahrung für ihr Wiedererblühen bekommt. Dazu gehört die grundsätzliche Bejahung aller Gefühle und Eigenschaften eines Menschen sowie das Aufzeigen von Grenzen, sofern diese die Entfaltung der Liebe erschweren bzw. verhindern. Mit dem Erwachen der Selbstliebe lernen Menschen, sich selbst anzunehmen und wertzuschätzen: ihre Gefühle, ihre Lebendigkeit, ihre Eigenschaften, ihre Stärken und Schwächen. Damit gewinnen sie die Grundlage zur Selbsterforschung und Selbsterkenntnis, was wiederum die Basis für das Wachstum der Selbstliebe herstellt. Eine positive Aufwärtsspirale ist in Gang gesetzt.

Mit dem geheilten, offenen Herzen und der wiedergewonnenen Liebesfähigkeit bekommen wir selbst und das ganze Leben einen neuen Wert. Wir beginnen, alle Erfahrungen dankbar anzunehmen und wertzuschätzen, als Geschenke und Möglichkeiten zu lernen und zu wachsen. Dies führt zu einem inneren Frieden, einer Zufriedenheit, die sich wie eine bleibende Unterströmung durch unser ganzes Leben zieht und immer seltener gestört werden kann. Wir strahlen Ruhe und Geborgenheit aus und erkennen alles und jeden als Teil unserer selbst.

Sehr oft berichten Teilnehmer, daß sie die «Geburt ihres Herzens» wie einen Durchbruch zu einer neuen Ebene des Seins erlebt haben, dem allerdings mitunter große innere Not, tiefe seelische Schmerzen und Situationen von Verzweiflung und Erschütterung vorausgingen: die «dunkle Nacht der Seele». Ihre Hingabe an den inneren Kampf und Schmerz wurde zu einer noch tieferen Hingabe an das Leben selbst: an ihr eigenes *Sein*.

DIE FÜNFTE EBENE

Die Erschließung der vierten Ebene ist die Voraussetzung für die volle Entfaltung der nächsten drei (so wie jede vorherige Ebene in gewisser Weise die Basis für die nächste darstellt; gleichzeitig existieren alle sieben Ebenen auch gleichwertig mit- und nebeneinander und beeinflussen sich gegenseitig).

Die Befreiung unserer Liebe führt zu einer neuen Dimension von Kreativität und Ausdrucksfähigkeit. Während auf der dritten Ebene unser Ausdruck in erster Linie unserer Selbstbestätigung und unserer persönlichen Darstellung diente, werden wir jetzt zum Werkzeug und Kanal für die Ideen- und Energieimpulse des Universums. Auf der voll entwickelten fünften Ebene stellt sich ein Mensch ganz bewußt der göttlichen Kraft zur Verfügung. Bei allem, was kreativ durch ihn geschieht, hat er das Gefühl, einer größeren Kraft durch sich Ausdruck zu verleihen. Dies erfüllt ihn oftmals mit einem ekstatischen Lebensgefühl, der Erfahrung, an einen großen unerschöpflichen Kraftquell angeschlossen zu sein.

Ist die fünfte Ebene gestört oder unentwickelt, fällt es einem Menschen schwer, sich mitzuteilen und auszudrücken. Der kreative Fluß ist gehemmt oder ganz verhindert. Es erscheint ihm unmöglich, die Erfahrungen seiner inneren Welt anderen in verständlicher, nachvollziehbarer Form mitzuteilen. Ein solcher Mensch hat seine eigene Ausdrucksweise noch nicht finden und entwickeln können. Die Ursachen hierfür finden wir in der Regel in Störungen von einer oder mehreren der ersten vier Ebenen.

Die Heilung und Entfaltung der fünften Ebene setzt also die Befreiung der ersten vier voraus. Hinzu kommen muß jedoch auch ein Bewußtsein und eine Öffnung für die spirituellen Dimensionen. Dadurch wird nicht nur die angemessene Fähigkeit zu Kommunikation und kreativem Selbstausdruck hergestellt, sondern auch die unerschöpflichen Kraftquellen einer größeren, allumfassenden Dimension von Weisheit, Licht, Liebe und Freude erschlossen. Ein solcher Mensch findet seine tiefste Erfüllung in der Hingabe an die göttlichen Kräfte seines wahren Selbst und lädt diese ein, sich durch ihn auszudrücken und zu manifestieren.

DIE SECHSTE EBENE

Die sechste Ebene ist die Ebene der Intuition, der höheren, außersinnlichen Erkenntnis, der Verbindung zu kosmischem Wissen. Die daraus resultierenden Erkenntnisse führen zu der Unterscheidung von essentiellem zeitlosen SEIN und relativer, vorübergehender Erscheinung. Durch diese Unterscheidungsfähigkeit gewinnt ein Mensch eine zunehmende Loslösung seiner Identifikationen mit den vergänglichen Aspekten des Lebens und eine bewußte Ausrichtung auf das, was keinen

Anfang und kein Ende hat, was nie geboren wurde und nie stirbt: auf das unendliche, unbegrenzte, unzerstörbare, unverletzbare *Sein* hinter allen Erscheinungen. Er erkennt, daß dieses SEIN identisch ist mit seinem wahren Selbst, seinem ICH BIN.

Mit der sich auflösenden Identifikation mit allem Begrenzten verschwinden auch Angst und Leiden nach und nach aus seinem Leben und das Bemühen, etwas festzuhalten oder abzuwehren. Dies eröffnet eine neue Dimension von Freiheit.

Ist die sechste Ebene verschlossen oder unentwickelt, ist das «Dritte Auge» nicht in der Lage zu sehen, erscheint das Leben als eine sinnlose, zum Teil sogar absurde Aneinanderreihung von zusammenhangslosen Ereignissen. Ein Mensch sieht dann tatsächlich «den Wald vor lauter Bäumen nicht». Dies ist der Zustand des durchschnittlichen unbewußten Menschen, der sich vollständig mit der Oberfläche des Lebens identifiziert. Er ist ein Gefangener in seiner selbstgeschaffenen Welt der Illusionen, unfähig, seine eigenen Kreationen als solche zu erkennen und aus ihnen auszusteigen. Er wirkt wie ein Spielball seines Schicksals, hin- und hergeworfen von der Angst vor Schmerz und dem Verlangen nach der Erfüllung seiner Bedürfnisse. Abhängig und der äußeren Welt ausgeliefert, kämpft er ängstlich um Sicherheiten und verteidigt sein kleines Territorium mit seinen Überlebensstrategien.

Der erste Schritt zum Erwachen und zur inneren Freiheit ist die Besinnung auf die eigene innere Führung, die bald als das wahre Selbst erkannt wird. Indem dieser essentielle, göttliche Aspekt von Weisheit und Führung bewußt angesprochen und eingeladen wird, beginnt er die Lebensregie zu übernehmen. Damit vollzieht sich ein Wechsel der eigenen Perspektive. Solange wir nur aus der Froschperspektive heraus sahen und lebten, konnten wir den tieferen und übergeordneten Sinn unseres Daseins nicht wirklich verstehen. Unser Unverständnis hatte notwendigerweise Kampf, Anstrengung, Streß, Angst und Leiden zur Folge.

Die sechste Ebene gleicht dem Adlerflug. Von dieser höheren Warte aus fügen sich die unterschiedlichen Aspekte unseres Lebens sinnvoll zusammen wie Teile eines Mosaiks. Wir atmen befreit auf und erkennen, wie unnötig viele unserer Konflikte, Ängste und Selbstbegrenzungen waren. Wir entspannen uns mehr und mehr, und unser Vertrauen wird unerschütterlich. Indem wir uns der Weisheit unserer inneren Führung, unseres ICH BIN überlassen, strahlt dieses sein Licht durch uns hindurch und erfüllt unsere Welt.

DIE SIEBTE EBENE

Auf der siebten Ebene verwirklichen wir das Höchste, was ein Mensch auf der Erde erreichen kann. Sie ist das letztendliche Ziel unserer Reise in die Einheit. Das Bewußtsein, ein getrenntes Wesen zu sein, löst sich vollständig und endgültig auf. Was sich auf der sechsten Ebene aus der Verstrickung mit den Begrenzungen der eigenen Persönlichkeit angebahnt hat, wird nun vollständig und unumkehrbar verwirklicht. Der Fluß ergießt sich in den Ozean, löst sich auf und wird Teil des Ganzen.

Dieses Geschehen führt einen Menschen ins höchste Gewahrsein jenseits von Dualität und damit jenseits aller Begriffe und Vorstellungen. Zurück bleibt die Einheit von grenzenlosem Sein und Bewußtheit, mit der er sich auf allen Ebenen mühelos bewegen kann. Ist dieses Ziel erreicht, muß sich ein Mensch nicht mehr inkarnieren. Die Erdenschule ist abgeschlossen, alles ist erreicht. Die folgenden Aussagen von Sri Nisargadatta Maharaj zeigen einen Menschen, der aus der direkten Erfahrung dieses Raumes spricht:

«Für Stunden saß ich allein mit dem Gedanken ‹ICH BIN›, und bald wurde Friede, Freude und eine tiefe, alles umfassende Liebe mein Normalzustand. Darin verschwand alles – ich selbst, mein Lehrer, das Leben, das ich gelebt hatte, die Welt um mich herum. Nur Frieden blieb übrig und eine unfaßbare Stille.»

«Solange der Körper existiert, hat er seine Bedürfnisse wie jeder andere, doch mein mentaler Prozeß hat sein Ende

gefunden. Ich bin das reine Gewahrsein selbst, ungebrochenes Gewahrsein von allem, was ist. Der Körper hat seine Bedürfnisse und der Verstand seine Freuden und Leiden. Gewahrsein ist ungebunden und unerschütterlich. Es ist klar, still, friedvoll, wach und furchtlos, ohne Wünsche und Ängste.

Ich bin dieser unendliche Ozean des Bewußtseins, in dem alles geschieht. Gleichzeitig bin ich auch jenseits aller Existenz und Erkenntnis, reine Glückseligkeit des Seins. Es gibt nichts, von dem ich mich getrennt fühle, daher bin ich alles. Ich bin keine Sache, deshalb bin ich nichts.»

(Sri Nisargadatta Maharaj, «ICH BIN»)

GEWINN AN WEITE UND FREIHEIT

Dem Streben nach Glück und Freude liegt immer das Streben nach Vollkommenheit zugrunde. Jedes Wesen will sich entfalten. Je differenzierter ein Mensch, desto stärker und umfassender sein Drang, sich in allen Aspekten seines Seins zu verwirklichen. Die oben aufgeführten sieben Ebenen, in denen ein Mensch nach Erfüllung, das heißt auch nach höchster Freude suchen kann, sollen unser Bewußtsein dafür öffnen, wie vieldimensional der Weg der Freude ist. Gleichzeitig können wir sehen, daß jede Ebene ohne den Bezug zu den anderen unvollkommen bleibt und zur Sackgasse werden kann. Erst in dem Maße, in dem wir uns dem ganzen Spektrum des Glücks öffnen, werden alle Ebenen wie die verschiedenen Instrumente eines Orchesters harmonisch zusammenspielen. Erst dann erblüht unser Leben zu der *Vision der Freude*, die zu verwirklichen wir auf diesen Planeten gekommen sind.

Jeder Mensch möchte glücklich sein. Das Streben nach immer höheren Formen von Glück ist ein gemeinsamer Nenner, der die Menschheit in ihrer Evolution vorangetrieben hat. Ohne dieses Vorwärtsdrängen wären Wachstum und Fortschritt nicht denkbar.

Auf den ersten Ebenen des Suchens und Strebens ist ein Mensch immer am Äußeren orientiert. Eine Fülle von Urbedürfnissen, Instinkten und Trieben drängt nach Befriedigung. Das Baby macht die Urerfahrung, daß alles, was es zum Leben braucht, entweder ausreichend oder mangelhaft im Außen durch die Mutter, die Bezugspersonen und die Umwelt bereitgestellt wird. Bekommt ein Kleinkind die Nahrung, die es auf körperlicher und seelischer Ebene braucht, so wird es in der Lage sein, ein Urvertrauen und eine positive Erwartungshaltung dem Leben gegenüber zu entwickeln. Fehlt jedoch in den frühen Stadien des Lebens diese umfassende nährende Zuwendung, so wird in der Regel diese ursprüngliche Erfahrung von Mangel Spuren von Mißtrauen, Urangst und Zweifel an der liebevollen, unterstützenden Grundqualität des Lebens hinterlassen.

Diese ursprünglichen Prägungen wirken sich individuell unterschiedlich auf die Persönlichkeit eines Menschen aus, und sie bestimmen auch im späteren Leben seine Haltung und seine Strategien gegenüber der Umwelt. Solange unsere Wahrnehmung des Lebens überwiegend an Äußerlichkeiten orientiert ist (Ebene 1-3), hat die erste Schicht unseres Menschseins, die wir Charakter oder Persönlichkeit nennen, vorrangige Bedeutung. Sie ist gewissermaßen die äußere Form, die aufgrund ihrer Erfahrungen Eigenschaften entwickelt hat, die man je nach persönlichem Standpunkt als gut oder schlecht, liebenswürdig oder häßlich, vorteilhaft oder nachteilig bewerten kann.

Das Streben nach Glück wird eine ausschließlich außenorientierte Dimension haben, solange ein Mensch nicht zu der Erkenntnis gelangt, daß Freude zwar durch äußere Ereignisse ausgelöst werden kann, jedoch in Wirklichkeit eine innere Seinsqualität darstellt. Dies erkennen wir z.B. deutlich, wenn wir die Erfahrung machen, daß manche Geschenke des Lebens, die uns noch vor ein paar Jahren in helles Entzücken versetzten, uns auf einmal völlig belanglos erscheinen. Wir können überall auf Menschen treffen, die äußerlich gesehen alles im Überfluß besitzen, alles *haben*, aber unglücklich und seelisch krank sind, weil sie ihr *Sein* noch nicht berührt haben.

Trotz dieser allgegenwärtigen Beispiele im eigenen Leben sowie im Leben unserer Mitmenschen kommen nur relativ wenige Menschen zu der grundlegenden und lebensverwandelnden Erkenntnis, daß Glück und Freude unabhängig von äußeren Gegebenheiten als innere Seinsqualität entwickelt werden müssen, wenn wir nicht ein Spielball äußerer Bedingungen und Geschehnisse bleiben wollen. Wir müssen, um zur Ruhe zu kommen, das Glück dort suchen, wo es tatsächlich zu finden ist.

Mit dieser Erkenntnis betreten wir den Weg einer spirituellen Suche. Spiritualität ist Bewußtsein unserer selbst in Harmonie mit dem Universum. Eine spirituelle Ausrichtung bedeutet keinesfalls, sich vom äußeren Leben zurückzuziehen. Ganz im Gegenteil! Indem wir die Erscheinungen der äußeren Welt als Auswirkungen unseres Bewußtseins, unseres Denkens und Handelns, als Reflexion unseres Inneren erkennen, erhält unsere Beziehung zu allem, was uns umgibt, eine neue Qualität. Anstatt weiter zu manipulieren, werden wir anfangen zu lieben, an die Stelle von Anklage und Kampf treten Selbstverantwortung und Kreativität.

Die Darstellung der sieben Ebenen des Glücks hat gezeigt, daß Glücklichsein mit Bewußtseinserweiterung einhergeht. Unglücklichsein verursacht hingegen eine Bewußtseinsverengung und umgekehrt. Im Zustand des Glücks und der Freude erweitert sich unser Energiefeld auf natürliche Weise. Wir sind offen und entspannt; wir feiern unser Dasein. Damit treten wir in immer höhere, erweiterte Bewußtseinszustände ein.

Die Erfahrung, über unsere Probleme hinauszuwachsen und eins zu werden mit unserem eigenen Inneren, kann als ekstatisch bezeichnet werden. Ekstase ist nicht nur einigen Mystikern vorbehalten. Sie ist ein Potential, das in uns allen schlummert. Wir können Ekstase leicht selbst erfahren, wenn wir bereit sind, für eine kurze Zeitspanne die festgefügten Bewertungen unseres rationalen Verstandes beiseite zu lassen. Dies eröffnet einen neuartigen Weg des Lernens und Wahrnehmens.

Der Grund, warum Menschen diese neuen Möglichkeiten des Lernens vermeiden, liegt gewöhnlich in einem Bedürfnis, das eigene Selbstbild in seinen gewohnten Strukturen zu schützen. Manchmal ist dieser Schutz rational begründet, häufiger jedoch ist dieses Bedürfnis sehr unbestimmt. Mit einem begrenzten und eingeschränkten Bewußtsein sind wir viel zugänglicher für Unglück. Unser Energiefeld schrumpft; wir sind von unserer Wahrheit abgeschnitten. Wir kämpfen um unsere Existenz. Wir sind im Zwiespalt, im Konflikt mit uns selbst.

Bewußtseinserweiterung hingegen bedeutet Gewinn an Weite und Freiheit und damit wachsendes Glück.

DIE TRANSFORMATION DER ANGST

Angst gehört in die Kategorie jener Bewußtseinsschwingungen, die das Leben auf diesem Planeten maßgeblich prägen, sowohl individuell als auch global. Auf der Ebene der Dualität ist Angst der Gegenpol zu Liebe und Freude, die ihrem Wesen nach verbindend, umfassend, entgrenzend, expansiv und schöpferisch sind. Angst hingegen zieht zusammen, macht eng, unbeweglich und starr; sie vernichtet Lebendigkeit und Intelligenz in jeder Form.

Auf der physischen Ebene des Überlebens hat eine ihrer Formen, die Furcht beispielsweise vor dem Ertrinken, Verbrennen oder Abstürzen, eine klare Berechtigung. Furcht ist dazu da, uns vor reellen Gefahren, die im Umgang mit der materiellen Welt für unseren Körper entstehen könnten, zu schützen. Furcht als Erziehungsmethode veranlaßt beispielsweise ein Kind, die Herdplatte nicht anzufassen, solange sie heiß ist, oder nicht auf die Straße zu laufen, solange darauf Autos fahren.

Aber auch diese verständliche Variante von Angst muß nach einigen Erfahrungen nicht mehr unser Leben bestimmen. Diese Phase kann schon im Kleinkindalter abgeschlossen sein. Dann ist aus der Furcht vor Autos oder heißen Herdplatten eine natürliche Vorsicht geworden, die aber nun nichts mehr von einer psychischen Schwingung von Angst in sich trägt. Wir haben ja gelernt, nicht ins kalte Wasser, ins brennende Feuer zu springen oder unachtsam eine Straße zu überqueren.

Anstelle der ursprünglichen Furcht, können also Erfahrung, Bewußtsein, Wachheit und Achtsamkeit treten. Dies betrifft in gleicher Weise alle anderen Ebenen, Ausprägungen und möglichen Ursachen von Angst. Letztlich entstammen alle Ängste einem Bewußtsein, das einem Säugling oder Kleinkind entspricht. Je weiter und umfassender sich unsere Bewußtheit entwickelt, desto überflüssiger werden unsere Ängste.

Tatsächlich deutet jede Variante, jeder Anflug von Angst auf ein mehr oder weniger enges Bewußtsein hin. Das Ausmaß an

Angst, das unser Leben und Verhalten bestimmt und beherrscht, ist der Gradmesser unserer Unbewußtheit. Die Aspekte unseres Lebens, die am meisten von Angst bestimmt sind, bedürfen der größten Bewußtseinserweiterung, der intensivsten Entwicklungsarbeit. Ebenso liegt jedem Leiden unseres Lebens eine Angst zugrunde! Wenn wir uns auf dem Weg unserer Entfaltung blockiert fühlen, sind wir ausnahmslos an eine neue, tiefere Schicht von Angst gestoßen. Nur wenn wir gelernt haben, Angst anzunehmen und zu transformieren, können wir solche Blockaden aus eigener Kraft auflösen.

Angst und Liebe schließen sich ihrem Wesen nach aus! Wo Angst regiert, kann keine Liebe fließen. Und umgekehrt: Wo Liebe und Freude vorhanden sind, kann sich Angst nicht mehr zeigen. Genauso wie Licht und Dunkelheit einander ausschließen, so ist es unmöglich, daß Angst und Kraft, Angst und Liebe, Angst und Freude, Angst und Bewußtheit gleichzeitig existieren.

Wir stehen also vor der Entscheidung, unser Leben überwiegend von Angst oder von Liebe beeinflussen zu lassen. Der weitaus größte Teil der Menschen, die uns heute umgeben, lebt in Angst. Ihr Verhalten im Umgang miteinander, in der Politik, Medizin, Wirtschaft und Gesellschaft ist überwiegend durch Angst bestimmt. Angst und ihre Varianten wie Mißtrauen, Vorsicht, Spekulation, Gier, Sicherheitsdenken, List, Opportunismus, Unehrlichkeit, Konkurrenz oder Machtstreben sind so stark verbreitet, daß wir uns geradezu daran gewöhnt haben, mit ihnen zu leben. Ja, es scheint schwerzufallen, sich überhaupt ein Leben ohne diese vermeintlichen «Notwendigkeiten» überhaupt vorzustellen.

Doch genau dies gilt es zu wagen! Versuchen wir doch einmal – vielleicht nur für einen kurzen Moment – uns vorzustellen, wie eine Welt frei von Angst aussehen könnte! Frei von Angst – das bedeutet, erfüllt von Liebe und Freude! Stellen wir uns vor, wir seien ein geübter Maler und hätten den Auftrag, das Bild einer angstfreien Welt, also ein Gemälde der Liebe und Freude zu malen. Wir lassen vor unserem inneren Auge das Bild einer Landschaft entstehen, die in allen ihren Aspekten Freude ausdrückt. Wir schmücken es aus mit unseren Lieblingsfarben, mit Sonnenlicht und Wärme, mit Lebendigkeit und Harmonie, Natürlichkeit und Klarheit. Wir stellen uns weiter vor, mit welchen Attributen wir dieses Bild unserer inneren Landschaft beschreiben würden, zum Beispiel Schönheit, Harmonie, Farbenfreude, Licht und Wärme, Kraft, Ausstrahlung, Natürlichkeit, Gesundheit, Lebendigkeit...

Wenn wir uns bewußt machen, daß dieses innere Landschaftsbild eine Entsprechung unserer eigenen *Vision der Freude* darstellt, erahnen wir die Qualität eines Lebens frei von Angst. Wir können nun innerlich in diese Landschaft eintreten, uns einleben, uns vielleicht sogar darin niederlassen. Wir vollziehen damit einen wichtigen Schritt zu einem angstfreien und an Liebe orientiertem Leben. Die Motivation für unser Verhalten und Handeln entspringt dann nicht mehr nur den Notwendigkeiten und Zwängen des physischen Überlebens. Wir entfalten unser volles Potential und verwirklichen alles, was unserer ursprünglichen Wahrheit entspricht, alles, was den Ausdruck von Liebe vermehrt, alles, was das Leben zu einem Fest der Dankbarkeit, Freude und Kreativität emporhebt.

Mir ist bewußt, daß uns ein solches Denken in den Augen mancher Mitmenschen in die Ecke von naiven, idealistischen Träumern stellen könnte, denen man helfen sollte, nicht ganz den Bezug zur «Realität» zu verlieren. Doch wären solche «Realisten» bereit, in tiefer Meditation ihr Bewußtsein zu erweitern, könnten sie zumindest in diesen Momenten der Unbegrenztheit, des inneren Friedens, der Freiheit erkennen oder doch zumindestens erahnen, wer wir Menschen in Wirklichkeit sind. In solchen Zuständen erweiterten Bewußtseins haben wir Zugang zu unserer Essenz, zu unserem göttlichen Potential.

Wenn allgemein bekannt und akzeptiert wird, daß wir nur einen winzigen Ausschnitt der Realität wahrnehmen, daß wir nur einen Bruchteil unserer Gehirnkapazität nutzen, dann sollte doch die Folgerung naheliegen, daß wir mit einem sich erweiterndem Bewußtsein eine innere und äußere Realität wahrzunehmen und zu erschaffen in der Lage sind, die unsere jetzigen Horizonte bei weitem übersteigt. Wenn wir in meditativen Momenten etwas von diesen wunderbaren Räumen erspüren, dann *wissen* wir einfach, daß all unser evolutionäres

Streben, all unser Sehnen dem einen Ziel gilt: das in uns angelegte Potential zu entwickeln und somit Schritte zu tun auf dem Wege zu unserer *Vollständigkeit*.

Diese Entfaltung, dieses Wachsen und Erblühen ist auf jedem kleinsten Schritt ein Ausdruck der Liebe, die von göttlich-kreativer Freude begleitet wird. Wie wir bereits gesehen haben, verändert die Frequenz der Freude ihre Qualität auf jeder neuen Bewußtseinsebene. Da wir uns jedoch auf dem Schulungsplaneten Erde inkarniert haben, der bis zu einem bestimmten Entwicklungsgrad die Dualität als Grundlage des Lernens braucht, müssen wir uns vorläufig auch der Angst stellen. Solange sie vorhanden ist, brauchen wir sie zur Bewußtwerdung! Erst, wenn wir die in ihr vorhandenen Lektionen verstanden und die mit ihr einhergehenden Erfahrungen integriert haben, werden Angst und Leiden als Lehrmeister überflüssig.

ZUR BEFREIUNG VON ÄNGSTEN

Es kann bei der Bearbeitung von Ängsten also niemals darum gehen, diese möglichst schnell loszuwerden oder gar zu ignorieren. Die Befreiung von Ängsten kann nur durch einen Prozeß von Bewußtseinserweiterung geschehen. Dies macht schon deutlich, welch wertvolles Geschenk doch in der geduldigen Transformation von Ängsten liegt. Ohne sie könnten wir bestimmte Schritte zur Bewußtwerdung gar nicht vollziehen!

Wenn uns Ängste und Zweifel heimsuchen, sollten wir uns ihnen voll und ganz zuwenden. Sie haben eine wichtige Aufgabe im Transformationsprozeß übernommen, denn sie zeigen uns, in welchen Bereichen unser Bewußtsein noch eng und unvollkommen ist. Wenn wir sie als echte Geschenke betrachten, verlieren wir unsere Angst vor der Angst, die Bewußtwerdung und Wandlung unmöglich macht. Gewöhnen wir uns also daran, gerade unseren Ängsten liebevoll gegenüberzutreten, uns ihnen sorgfältig und achtsam zuzuwenden. Wir werden dann bald erkennen, daß diese Energien Teile von uns selbst sind, die sich gerade in Not und Verwirrung befinden und die die Verbindung zur wärmenden Lichtquelle der Liebe verloren haben.

Wir allein können diese Bewußtseinsaspekte suchen, finden und erlösen. Wenn wir erkennen, daß Ängste und Zweifel aus den Teilen unseres Bewußtseins geboren werden, die sich aus der Einheit abgetrennt haben, können wir sie geduldig aufsuchen und zurück nach Hause holen. Sie sind tatsächlich vergleichbar mit Schafen, die den Anschluß an die Herde verloren und sich verirrt haben. Sie können den Weg zurück in die Ruhe und Geborgenheit nicht mehr allein finden. Wir selbst müssen sie voller Liebe und Mitgefühl aufsuchen und auf unseren Armen zurücktragen.

Da Ängste dem Emotionalbereich angehören, bedürfen sie nicht nur unserer Erkenntnis, sondern auch unsere Liebe. Es reicht nicht aus, ihre Ursachen zu analysieren. Erst wenn sich unsere Einsichten mit unserer Liebe verbinden, können wir auf tiefer Ebene wirklich befreit werden.

Klarheit und Liebe dürfen nicht voneinander getrennt werden. Beide Aspekte sind für die ganzheitliche Transformation unerläßlich. Liebe ohne Klarheit ist Sentimentalität, die einnebelt und zudeckt. Klarheit ohne Liebe ist wie ein Schwert, das mit kaltem Stahl schneidet und verletzt. Klarheit führt letztlich zu echtem Verständnis und damit zu Akzeptanz und Mitgefühl. Ebenso führt Liebe durch bedingungsloses Annehmen zu Verständnis und damit zu Einsicht und Bewußtheit.

MIT ANGST BEWUSST UMGEHEN LERNEN

Es gibt zwei Haupttendenzen, mit Angst unbewußt umzugehen. Die erste besteht darin, so zu tun, als sei sie nicht vorhanden. Das Verleugnen von Angst führt notwendigerweise zu kompensatorischem, unechtem Verhalten. Wir sind dann gezwungen, unsere Angst zu überspielen, entweder durch aggressives oder überfreundliches, manipulatives Verhalten. Wir wirken dann aber nicht echt, nicht authentisch und können somit auch nicht ruhig, gelöst, friedvoll und heiter sein. Eine Angst zu verdrängen oder zu unterdrücken bedeutet, einen eigenen starken Energieanteil zu bekämpfen oder ganz und gar zu ignorieren.

Der Kampf mit der Angst entspricht dem Kampf gegen einen Schatten. Wir können einen Schatten nicht besiegen, weil er keine eigene Substanz besitzt, also niemals faßbar ist. Im Kampf gegen einen Schatten verlieren wir viel Energie und werden immer mehr von unseren ursprünglichen Zielen abgelenkt. Ebenso sollten wir den Schatten nicht ignorieren, solange wir ihn nicht durchschaut und erlöst haben. Energie, die ins Unterbewußtsein verdrängt wird, arbeitet dort weiter und trachtet nach Entladung. Befreiung ist jedoch nur durch Bewußtwerdung möglich. Weigern wir uns hinzusehen und zu erkennen, können solche Anteile unsere Aufmerksamkeit erzwingen, indem sie schließlich als Krankheit oder Unglück in Erscheinung treten.

Die zweite Variante, mit Angst unbewußt umzugehen, besteht darin, sich mit ihr zu identifizieren. Dann beherrscht und tyrannisiert sie uns, bestimmt unablässig unser Verhalten. Sie läßt uns nie zur Ruhe kommen, nie entspannen. Mißtrauen in jeder Form ist ein Hinweis auf Identifikation mit unbewußten Ängsten. Sich mit einer Angst zu identifizieren bedeutet, sie anzuerkennen und ihr Macht einzuräumen. Identifikation ist ein Akt der geistigen Unterwerfung. Wir machen uns zum Opfer und liefern uns aus. Wir gestatten einer Unbewußtheit, einer Lebenslüge, über uns zu herrschen.

Beide Varianten des Umgangs mit persönlichen Ängsten beschreiben einen Konflikt, einen Kriegszustand. Im ersten Fall versucht sich unser Ego dominant über die Ängste zu erheben, im zweiten gestatten wir den Ängsten, unser Denken, Fühlen und Verhalten zu bestimmen. Beides macht unfrei, erschwert Bewußtwerdung und verhindert Harmonie und Liebe.

Wenn wir uns auf den Weg der Selbsterkenntnis begeben, werden wir eingeladen, uns vollständig zu öffnen. Wir können Schritt für Schritt lernen, uns bedingungslos so wahrzunehmen und zu akzeptieren, wie wir uns gerade fühlen. Alle unsere Anteile, die noch nicht den Weg ins Licht und der Liebe gefunden haben, warten darauf, entdeckt und erlöst zu werden. Erst, wenn wir die Bereitschaft entwickeln, alles anzunehmen, was gegenwärtig unser Menschsein ausmacht, haben wir die Grundlage für unserer Befreiung geschaffen.

Sofern Ängste im Prozeß unserer Selbstentfaltung auftauchen, ist es wichtig, ihnen unsere liebevolle Aufmerksamkeit zu schenken. Wir sollten uns weder mit ihnen identifizieren, noch sie zu verdrängen suchen. Beides würde bedeuten, sie unnötig mit Energie aufzuladen. Ganz gleich, ob wir einer Kraft dienen oder sie bekämpfen, wir übergeben ihr unsere Lebenskraft.

Das Wort Angst kommt aus dem lateinischen Wortstamm «angustus» = Enge. Jede Angst zeigt uns also, wo unser Bewußtsein noch eng ist. Daher lohnt es sich, sie freiwillig anzuschauen, auch wenn sie in diesem Moment gar nicht aktuell vorhanden ist, sondern vielleicht nur eine Erinnerung an andere Zeiten und Begebenheiten unseres Lebens darstellt. Dies bedarf eines angstfreien, bedingungslos akzeptierenden Rahmens, den wir in jedem Abschnitt unserer Lebensschule gemeinsam gestalten.

In einer Atmosphäre von Herzenswärme, Achtsamkeit, Lebendigkeit und Humor können Ängste und Schmerzen angenommen und transformiert, innere Begrenzungen erkannt und aufgelöst werden.

Das öffnet einen Raum für das Wesentliche, für die Kraft, Klarheit und Allverbundenheit unseres wahren Selbst. Sich selbst zu erkennen und zu bejahen ist das Größte, Wertvollste und Erfüllendste, was wir in unserem Leben finden können. Dafür sind wir hier auf dieser Erde, das ist der tiefere Sinn unseres Daseins, das bedeutet, Frieden und Glück kennenzulernen.

Vision der Freude dient dem Erwachen zu uns selbst. Dadurch werden wir nach und nach fähig, auch andere Menschen in ihrer Entwicklung zu unterstützen. Deshalb ist das Jahrestraining sowohl intensive Selbsterforschung, als auch Anleitung, den entdeckten inneren Reichtum mit anderen zu teilen.

DIE ILLUSION DER TRENNUNG ÜBERWINDEN

Es gibt einen grundsätzlichen Irrtum, der alle unsere Probleme verursacht und den Urgrund von Angst, Leiden, Schuld und Schmerz darstellt. Ohne ihn wäre die Erde jetzt schon ein Paradies, ohne ihn würden die Menschen in Liebe und Freude leben, ohne ihn wäre die Welt frei von Angst und Gewalt. Es handelt sich um die fatale Illusion des Getrenntseins. Sie drückt sich aus in der Vorstellung, jeder Mensch sei dazu verurteilt, sein Leben als begrenztes Einzelwesen zu fristen, um seine Existenzberechtigung zu kämpfen und in Angst vor dem Leben und dem Sterben aushalten zu müssen.

Tatsächlich wurzeln alle unsere Ängste und Probleme in der zur subjektiven Realität gewordenen Lüge, wir seien isolierte Einzelwesen, Inseln, deren Existenz ständig durch die Stürme des Schicksals bedroht wird.

In dieser Unwahrheit zu leben, ist für uns eine so tiefe Gewohnheit geworden, daß vermutlich die meisten von uns immer noch bereit sind, sie sofort mit allen Mitteln zu verteidigen. Das ist verständlich, denn unsere gesamte vom Ego abhängige Identität ist auf diesem Grundirrtum aufgebaut.

Was bleibt von uns übrig, wenn uns dieses vermeintlich sichere Fundament genommen wird? Das Bild, das wir uns von uns selbst gemacht haben, ist tatsächlich auf unser Ego beschränkt. Es existiert nur durch die Illusion der Trennung und muß daher immer wieder verteidigt und gerechtfertigt werden. Wer jedoch sein eigenes Selbstbild ständig unter Beweis stellen muß, lebt in Angst.

An dieser Stelle haben wir den Wunsch, den Leser auf eine kleine innere Reise mitzunehmen, um einige grundlegende Erfahrungen unmittelbar zu teilen.

EINE ÜBUNG ZUR GRENZÜBERSCHREITUNG

Fühle, während du weiterliest, ganz bewußt in dich hinein. Laß dich auf ein Experiment ein, und betrachte für eine Zeitlang alles, was du wahrnimmst, als Teil von dir. Atme gut durch, und verzichte eine Weile auf Abgrenzungen und Definitionen. Atme und entspanne dich noch ein wenig mehr.

Laß deine Gedanken leicht werden. Dehne dich innerlich aus, und verweile in der Ruhe und Weite deines Jetzt. Ist dir das möglich? Kannst du das nachvollziehen?

Vermutlich bist du jetzt allein, frei von ablenkenden Einflüssen. Wenn nicht, erledige, was getan werden muß, und kehre später wieder hierhin zurück.

Bist du jetzt ganz bei dir, ganz im Einklang mit dem, was dich umgibt? Dann kannst du vielleicht spüren oder ahnen, daß du allein bist – und doch nicht getrennt, über deinen Atem verbunden mit innen und außen, hier und jetzt und doch unendlich und ewig. Stell dir vor, wie du aus der inneren Verbindung mit dir selbst heraus dein Bewußtsein weit werden läßt. Die Wahrnehmung deiner persönlichen Grenzen weitet sich, bis du den ganzen Raum, in dem du dich gerade befindest, ausfüllst. Laß für eine Weile zu, wie alle Zweifel, Ängste und Sorgen in der Auflösung deiner Begrenzungen entschwinden. Trau dich, einige Atemzüge lang auf alles zu verzichten, was du glaubst, über dich und die Welt zu wissen.

Entspanne dich mehr und mehr, und gib dem Unfaßbaren, dem Grenzenlosen Raum. Vertraue dich der Fülle an, die, da sie auf Form verzichtet, auch als Nichts, als Leere wahrgenommen werden kann. Wenn dabei irgendwelche Widerstände oder Ängste auftauchen, nimm sie geduldig in diese Erfahrung hinein, und verbinde dich immer wieder mit deinem ruhigen und tiefen Atem, mit deiner Herzmitte.

Laß dir etwas Zeit, in diesen Seinszustand hineinzukommen. Wenn du möchtest, schließe eine Weile deine Augen, und erforsche diesen wohltuenden inneren Raum. Es gibt darin sehr viel zu entdecken!

Und dann, nachdem du deine Augen wieder geöffnet hast, schau dich um, ohne den Kontakt zu deinem Atem, der dich mit deiner inneren Weite verbindet, zu unterbrechen. Betrachte nacheinander die Gegenstände in deiner Umgebung. Mache dir dabei bewußt, daß alles, was du siehst, ursprünglich Teil eines formlosen, nicht-manifestierten Seins war.

Jeder Gegenstand in deinem Raum ist Zeuge von der Verbindung von Geist und Materie. Alles existierte vormals im Ozean des nicht-manifestierten Seins, bis eine Idee den Impuls zur Entstehung brachte und die Formwerdung einleitete. Auch du selbst kommst, wie alles, was dich umgibt, aus dieser ursprünglichen Einheit und wirst wieder zu ihr zurückkehren, dir deiner selbst bewußt.

Erinnere dich daran, wer du in Wirklichkeit bist! Du bist nicht nur dieser Körper aus Fleisch und Blut, nicht nur deine Gedanken und Gefühle, nicht nur die Rollen, die du in unserem Leben spielst. Dies alles kannst du doch wahrnehmen und zusehen, wie es sich ständig verändert. In deiner Essenz bist du reines, unsterbliches, unveränderliches und unbegrenztes Bewußtsein. Du warst schon immer und wirst immer sein. Denn du bist ja nichts anderes als ein individualisierter und doch untrennbarer Teil des einen allumfassenden Bewußtseins, das durch dich lebt, liebt, sich einzigartig ausdrückt. Wie großartig, wie reich du in deinem wahren Wesen, deiner essentiellen Wahrheit doch bist – ob du dir dessen bewußt bist oder nicht!

Diese deine Essenz, dieses dein ICH BIN *ist unzerstörbar, unbesiegbar, unsterblich. Liebe ist die Kraft, die dein Bewußtsein für die Verbundenheit mit allem öffnet. Indem du sie einlädst, dich für ihre Wirkung öffnest, erfährst du die Einheit mit allem, worauf du gerade dein Bewußtsein richtest. Dies einmal bewußt zu erleben, gehört zu den ekstatischsten Erfahrungen, die ein Mensch haben kann. Ist es dir möglich, dies nachzuvollziehen oder vielleicht auch nur zu ahnen?!*

Alles, was auf diesem Planeten eine Gestalt annimmt, wurde geboren aus der Verbindung von Geist und Materie. Dieses Gesetz gilt auch für uns, gilt für das gesamte Universum. Derselbe eine Geist manifestiert sich in und durch uns und wird sich dadurch auf dieser Ebene seiner selbst bewußt, zunächst erst fragmentarisch und beschränkt. Ein erster Schritt, dem zur Vollständigkeit noch andere folgen werden. Dieses Halbbewußtsein des Menschen ist das, was ihn schmerzt. In ihm liegt eine der Hauptursachen für die Illusion der Getrenntheit. Diese Illusion bedingt alle Formen von Angst und Leiden.

Umgekehrt wird ein Mensch, der seinen wahren Ursprung, seine Bestimmung und seine Göttlichkeit zu erkennen beginnt, immer weniger in Angst leben. Warum? Weil mit dieser Erkenntnis das Wissen um die allumfassende Verbundenheit zunimmt. In diesem Bewußtsein kommen wir nach Hause, zurück zur Realität unseres Seins.

Trennung ist die Wurzel aller Angst. In dem Augenblick, in dem wir die Illusion aller Trennung erfassen, sehen wir uns selbst in unserer Unbegrenztheit, unserer Größe, unserer unendlichen Freiheit, jenseits aller Begrenzungen von Angst. Dann ist es leicht möglich, die Angst zu erkennen und als das zu entlarven, was sie ist: als Schatten, als Illusion, als Lüge! Diese Einsicht ist die einzige Art, sie dauerhaft aufzulösen.

Die Identifikation mit unserer Angst und mit den aus ihr entspringenden Übeln zeigt uns das Ausmaß unserer eigenen Unbewußtheit. Niyati, eine uns bekannte Frau mit Meditationserfahrung, die unheilbar an Leukämie erkrankt war, sagte kurz vor ihrem Tod: «Angst ist ein Gradmesser dafür, wie weit wir uns von der Wirklichkeit entfernt haben – je weiter wir davon entfernt sind, desto mehr Angst haben wir. Meine Angst verschwand jedesmal, sobald ich zulassen konnte, daß meine ganzen Ideen über das Leben und die Welt zusammenfielen wie Kartenhäuser.»

Wenn wir frei werden wollen, müssen wir damit beginnen, unser Bewußtsein über die uns gewohnten und vertrauten Grenzen hinaus zu erweitern. Wirkliche Grenzüberschreitung liegt immer außerhalb der engen Welt unserer Begrifflichkeiten! Wir brauchen also Mut und Entschlossenheit – und anfangs vielleicht ein wenig Anleitung. Nach und nach werden wir uns dann wieder unseres multidimensionalen Seins bewußt.

Wir finden den Weg zurück in die Freiheit, in die Freude, in die Liebe, den Weg nach Hause in das Bewußtsein unserer Unendlichkeit und Einheit.

In dem Augenblick, in dem die Erfahrung einer größeren, einer göttlichen Realität die Grenzen unseres Bewußtseins sprengt, geschieht der entscheidende Schritt zu unserer Befreiung und Heilung. Diese Begegnungen mit Freiheit, Licht und Freude werden dann als viel wirklicher erlebt als alle Beschränkungen durch Angst und Schuld. In dem Maße, wie wir mit dieser neuen, oder besser, wiederentdeckten Wirklichkeit vertraut werden, erfährt unser Identitätsgefühl einen allmählichen Wandel. Wir klammern uns dann immer seltener an unsere vermeintlich notwendigen Begrenzungen, weil wir weiter sehen können, hinter die Kulissen unseres aus Angst selbstgefertigten Horrorkabinetts.

In diesen Momenten erweiterter Wahrnehmung sind die Energien von Angst, Schuld, Stolz, Rivalität, Eifersucht, Haß oder Rache einfach nicht mehr zu finden. Selbst wenn wir versuchen, uns an ihre Existenz zu erinnern, werden sie uns als substanzlose Schatten eines furchtbaren, aber lange zurückliegenden Alptraums erscheinen.

Doch auch nach solchen Erfahrungen unserer Befreiung mag es immer wieder vorkommen, daß wir diese Seinszustände verlieren, daß wir wieder in Unbewußtheit zurückfallen und uns in alter Gewohnheit mit unserer Getrenntheit identifizieren. Dann erscheint die vorübergehend erlebte Freiheit wie eine unwirkliche Trauminsel, die mit «dieser Realität» nichts zu tun hat. Bei den meisten Menschen – uns selbst eingeschlossen – beobachten wir dieses Schwanken, diesen periodischen Wechsel zwischen dem Gefühl des Verbundenseins mit dem Ganzen und dem Fall zurück in die Wirren der Dualität.

Dieser Prozeß scheint eine notwendige Übergangsphase zu sein. Allzulange haben wir uns mit Angst, Leiden, Schuld und Trennung identifiziert. Es bedarf in der Regel einer gewissen Zeitspanne, bis wir Wurzeln in der neuentdeckten Wahrheit, in der Freude und Freiheit geschlagen haben; die zarte Pflanze braucht immer wieder Nahrung und Pflege, um auf dem neuen Boden wachsen zu können.

FREUDE GEHÖRT ZU UNSERER BESTIMMUNG

Indem wir lernen, ganz bewußt auf das innere Barometer der Freude zu achten, schärft sich unsere Wahrnehmung für jene Bereiche des Lebens, die für uns zum Schlüssel für Befreiung und Erfüllung werden können. Wir erkennen darin unsere Göttlichkeit jenseits aller konditionierten Begrenzungen. In dem Licht, das wir in uns immer häufiger erfahren, erscheint unser Festhalten an der alten Unbewußtheit, an den alten Ängsten, immer weniger gerechtfertigt. *Unsere Bestimmung ist Freude und alles, was uns Freude macht. Und das, was uns wahrhaft mit Freude erfüllt, gehört zu unserer Aufgabe in dieser Welt!*

Wir müssen nicht mehr gegen die Dunkelheit kämpfen! Die Zeiten des Kampfes und der Leiden sind vorbei! «Immer schon war Furcht das Fundament aller Gesetze, von nun an soll es die Freude sein.», sagt *Prentice Mulford.* Wo immer alte, angstbesetzte Verhaltensweisen in unserem Leben auftauchen, zeigen diese unsere Weigerung, uns dem Licht und der universellen Liebe zu öffnen und anzuvertrauen. Wenn es jedoch in unserem Leben etwas gibt, das mit Freude verbunden ist, können wir hier die Spur zu unserer Bestimmung, zu unserer Aufgabe in dieser Welt, zu unserer Vollständigkeit und Bewußtheit aufnehmen. Oft ist diese Freude erst ein Echo einer viel größeren, viel umfassenderen Glückseligkeit und Ekstase, aber sie ist immerhin ein Anfang, ein Lichtblick, eine Spur. *Indem wir lernen, uns höheren und stärkeren Frequenzen von Licht und Freude zu öffnen, schärft sich unsere Wahrnehmungsfähigkeit für jene Bereiche unseres Lebens, die für uns zum Schlüssel für Glück und Befreiung werden können.*

Wie lange ist es möglich, gegen den Strom zu schwimmen? Anfangs haben wir uns vielleicht besonders großartig und machtvoll in der Erfahrung unserer eigenen Kraft gefühlt. Wir haben manchmal sogar geglaubt, es sei tatsächlich möglich, den großen Strom des Lebens zu beherrschen und unserem Willen zu unterwerfen. Dies ist die verständliche Illusion eines übermütigen, jedoch unerfahrenen Kindes. Wir alle haben dies lange genug, ja vielleicht allzu lange versucht. Früher oder später jedoch, sobald wir uns für die Wahrnehmung unserer Allverbundenheit öffnen, erleben wir – vielleicht zum ersten Mal bewußt –, wie wir von der beständig strömenden Liebe des Ganzen getragen werden. Dann entspannen wir und erkennen, daß unsere Angst unbedeutend ist im Vergleich zu der unbegrenzten Fülle des Universums, mit der wir untrennbar verbunden sind.

Indem wir unsere Wahrnehmungsgrenzen erweitern, nehmen wir zunehmend die Verbindung mit der grenzenlosen Kraft des Ganzen wahr. Dadurch erhalten wir augenblicklich Zugang zum unendlichen Potential unseres Wesens, das niemals vom Urstrom getrennt war. Jetzt fangen wir an, mit den Wellen zu spielen, mit ihnen zu tanzen, zu singen, zu lachen. Uns durchflutet eine unermeßliche Freude, die danach drängt, an die Welt weitergegeben zu werden. Je mehr wir davon weitergeben und teilen, desto mehr ergießt sich der große Strom in uns, desto erfüllter, glücklicher und reicher wird unser Leben. Wir verteidigen nicht länger unsere Grenzen, sondern leben und handeln im Licht einer inneren Freiheit. Dies ist der Beginn wahren Selbstbewußtseins, der Anfang einer größeren, umfassenderen Identität.

DIE MODERNE LEBENSSCHULE *«VISION DER FREUDE»*

Wenn der Mensch gut sein kann,
so kann er es nur,
wenn er glücklich ist,
wenn er Harmonie in sich hat,
also wenn er liebt.
Dies war die Lehre,
die einzige in der Welt,
dies sagte Jesus,
dies sagte Buddha,
dies sagte Hegel.
Für jeden ist das einzig Wichtige auf der Welt
sein eigenes Innerstes,
seine Seele,
seine Liebesfähigkeit.

(Hermann Hesse)

Die moderne Lebensschule *Vision der Freude* lebt aus der Kraft der Freude. Sie stellt Freude in den Mittelpunkt unseres körperlichen, emotionalen und gedanklichen Bewußtseins. Sie macht Freude zum Zentrum unseres spirituellen Weges. Je mehr Menschen aufbrechen und beginnen, voller Liebe und Freude zu leben, anstatt sich von Angst beherrschen zu lassen, desto wärmer und freundlicher wird das emotionale und geistige Klima unserer Welt. Dies ist das Wichtigste, was die Menschheit angesichts der dramatischen Veränderungen und Umwälzungen der kommenden Zeitenwende braucht. Es liegt in unserer Hand, was wir aus unserem Leben machen und ob wir die Herausforderungen und Stürme unserer Zeit leidend und mit Widerstand oder in freudiger Wachheit erleben.

Da wir mitunter erfahren haben, daß der Ausdruck *Vision der Freude* für manchen mißverständlich sein kann, ist es uns wichtig, so anschaulich wie möglich ein Bild von unserer Arbeit zu vermitteln. Es ist für uns eine besondere Herausforderung, jeden Abschnitt unseres Trainings den Teilnehmern auf allen Stufen tiefgreifend erfahrbar zu machen. Daraus entwickelte sich ein intensiver Prozeß, der alle Ebenen des Menschseins einbezieht: den Körper, die Gefühle, das Denken, die visionären Geisteskräfte, die inneren Räume von Stille und Einheit.

Das Trainingsjahr bietet einen Rahmen für grenzerweiternde Erfahrungen, für die im alltäglichen Leben in der Regel der Schutzraum fehlt. Dadurch erweitert sich der persönliche Aktions- und Spielraum eines Menschen und das Leben gewinnt an Reichtum, Liebe und Vollständigkeit. Wir freuen uns immer ganz besonders über Berichte unserer Teilnehmer von einem neuen Lebensgefühl von intensiver Lebensfreude und bereichernden Veränderungen in ihrem Alltag.

Die zahlreichen Teilnehmer aus dem gesamten deutschsprachigen Raum haben uns den Wert, ja sogar die Notwendigkeit unserer Lebens- und Mysterienschule eindrücklich bestätigt. In unserer Gesellschaft gibt es viele Institutionen, in denen Sach- und Fachwissen mehr oder weniger kompetent vermittelt wird. In den staatlichen Schulen, die wir jahrelang in unserer Kinder- und Jugendzeit besucht haben, werden einseitig mentale Fähigkeiten geschult. Unsere überfüllten Universitäten beschränken sich ebenso weitestgehend auf kognitive Wissensvermittlung und spezifische Fachbereiche. Der Mensch als ganzheitliches Wesen bleibt dabei in der Regel unberücksichtigt. Ja, es scheint sogar so zu sein, als ob Menschlichkeit wie ein lästiges, hinderliches Nebenprodukt betrachtet wird und als eine im Wege stehende Ablenkung eher ausgeklammert werden sollte. Angesichts dieser «Unmenschlichkeit» sind das überall verbreitete Leiden und die inneren Nöte, die so viele Menschen am Leben scheitern lassen, nur allzu verständlich. Wenn ein Mensch nicht seinem Wesen gemäß auf allen Ebenen seines Menschseins wachsen und sich entfalten kann, fehlt ihm Wesentliches zu seiner Erfüllung und zu seinem Lebensglück.

Unsere moderne Lebensschule möchte in diesem Bereich eine klaffende Lücke füllen und bietet die Möglichkeit, ein Jahr des eigenen Lebens einer intensiven, tiefgreifenden und ganzheitlichen Selbstbegegnung zu widmen, ohne den alltäglichen

Lebensrahmen verlassen zu müssen. Hier kann auf vielen Ebenen nachgeholt und vervollständigt werden, was in Elternhaus, Schule und Beruf zu kurz kam. Hier bekommt Raum, was so lange unbeachtet blieb und sich nach Ganzwerdung und Heilung sehnt.

Die Leiter und Mitarbeiter von *Vision der Freude* haben es sich zum Ziel gesetzt, einen Rahmen zu schaffen, in dem Erkenntnis und Bewußtwerdung, Transformation und Heilung, Selbstfindung und Befreiung auf natürliche Weise stattfinden können. Er bietet den Raum, das eigene Potential zu erforschen, sich von inneren Begrenzungen zu befreien, seine eigene Herzenskraft und Liebesfähigkeit zu entfalten sowie einen tiefen Kontakt zur inneren Führung herzustellen und zu pflegen.

In den Trainingsgruppen und Seminaren ist es möglich, andere gleichgesinnte Menschen kennen- und liebenzulernen. Die Unterstützung, die sich die Teilnehmer in einem vertrauensvollen und heilenden Energiefeld gegenseitig geben, ist unschätzbar und wertvoll! Das Genährtwerden auf vielen Ebenen verhilft zu größerer Lebendigkeit und zu einem freudvollen Zugang zum Leben.

Eine moderne Lebens- und Mysterienschule ist ein Treffpunkt von Weggefährten, die Wesentliches miteinander teilen und sich gegenseitig eine gewisse Wegstrecke begleiten. Daraus entsteht ein vereintes Energiefeld, das heißt eine Atmosphäre von Herzenswärme, Lebendigkeit, Achtsamkeit und Freude. Hier können Schmerzen angenommen und transformiert, innere Begrenzungen erkannt und aufgelöst werden.

Dies öffnet einen Raum für das Wesentliche, für die Kraft, Klarheit und Allverbundenheit unseres wahren Selbst. Jede Arbeit und jedes Lernen geschieht in diesem Rahmen mit ständiger Ausrichtung auf die höchste und unendlich weise Instanz im Wesenskern eines jeden Teilnehmers. *Sich selbst zu erkennen und zu bejahen ist das Größte und Erfüllendste, was wir in unserem Leben finden können. Dafür sind wir hier auf dieser Erde, das ist der tiefste Sinn unseres Daseins, das bedeutet, Frieden, Freiheit, Erfüllung und Glück kennenzulernen.*

Die moderne Lebensschule *Vision der Freude* dient dem Erwachen zu sich selbst. Dadurch werden wir nach und nach fähig, auch andere Menschen in ihrer Entwicklung und Selbstfindung zu unterstützen. Deshalb ist das Jahrestraining sowohl intensivste Selbsterforschung, als auch Anleitung, den entdeckten inneren Reichtum auf unterschiedliche Weise mit anderen Menschen und der Welt zu teilen. Im freudevollen Austausch mit unserer Umgebung potenziert sich in der Regel die eigene Lebensfreude und Erfüllung. Indem wir unsere eigenen inneren Schätze finden und ausgraben, bereichern und beglücken wir auch die Welt, in der wir leben. Die Arbeit, die wir an uns selbst vollziehen, ist immer auch ein Einsatz für das Ganze. So fließt die Liebe, für die wir uns öffnen, durch uns weiter und verwandelt uns und unser Leben.

EINE NEUE ART DES LERNENS

Welche Assoziationen und Empfindungen tauchen bei dem Begriff «Moderne Lebensschule» auf? Ist es nicht so, daß das Wort «Schule» mit vielen negativen Erinnerungen an die eigene Schulzeit besetzt ist? Assoziieren wir damit nicht Leistungsdruck, trockene Wissensvermittlung, Fremdbestimmung, Zwänge und Notwendigkeiten? Aufgrund der üblichen «Schulrealität» ist dies bei den meisten leider der Fall. Die Schulzeit reihte sich in der Regel ein in die vielfältigen lebenseinschränkenden und unsere Freiheit und Selbständigkeit reduzierenden Erfahrungen unserer Kindheit.

Können wir uns überhaupt vorstellen, daß Schule und Lernen etwas zu tun haben könnten mit Freude und Lebendigkeit, mit Intensität und lustvollem Forscherdrang?

Genau dazu laden wir unsere Leser ein! Denn unsere Lebensschule hat sich zum Ziel gesetzt, jene vernachlässigten und oftmals unterdrückten Aspekte, die unser Leben interessant und lebenswert machen, wieder zu erwecken und zu fördern. Wirkliche Entwicklung und Bewußtseinserweiterung gehen immer einher mit einem inneren Staunen und einer Ehrfurcht vor dem Mysterium des Lebens, das ganz neu entdeckt und erfahren werden will! Wir alle besitzen das Potential eines inneren Feuers, das darauf wartet, erneut entfacht zu werden. Denn ohne eine lebendige Vision fehlt unserem Leben etwas Wesentliches.

Lernen in diesem Sinne bedeutet, sich zu öffnen für ein tiefes Erinnern, ein befreiendes Erwachen, eine Initiation in eine radikale Lebendigkeit und Wahrheit. Gleichzeitig vermittelt eine echte Lebensschule kein vorgegebenes Wissen. Vielmehr eröffnet sie Räume, in denen Langvergessenes wieder auftauchen kann, Räume, in denen eine innere Wahrheit zum Vorschein kommt und in denen tiefe Einsichten in die universellen Gesetzmäßigkeiten des Lebens geschehen können. Es existiert weder ein Dogma, noch beanspruchen wir die absolute Wahrheit zu vertreten. Vielmehr herrscht eine Freiheit, die alles willkommen heißt, was dem inneren Erwachen dient.

Zu einem echten Lernen in Freude bedarf es der Verbindung von Erde und Himmel. Damit meinen wir die Berücksichtigung sowohl der irdisch-menschlichen als auch der geistig-göttlichen Aspekte unseres Menschseins. Daraus erwächst eine bedingungslose Liebe sowohl gegenüber dem lustvoll-sinnlichen wie auch dem meditativ-transzendenten. Hier verbinden sich die archetypischen Qualitäten eines Alexis Sorbas mit denen eines Gautama Buddha. Während in der Vergangenheit in der Regel nur einer dieser Aspekte des Menschseins gelebt werden konnte, entspricht es der heutigen Zeit, beides harmonisch zu einer Ganzheit zu verbinden. Der Tanz mit diesen beiden Polen erfüllt uns mit einer ekstatischen Vollständigkeit und einer vibrierenden Lebendigkeit.

Ein weiterer Aspekt der besonderen Qualität der Selbsterforschung besteht in unserer Lebensschule in unserer Beziehung zur geistigen Welt, zu den feinstofflichen Ebenen. Gemeint sind jene Kräfte des Lichts und der Liebe, die sich einstellen, wenn auf der Erde eine Bewußtseinsarbeit vollzogen wird, die mit ihrer Schwingung resoniert. So fühlten wir uns in all den Jahren begleitet und inspiriert von den Meisterkräften, die unsere Arbeit maßgeblich unterstützen. Sie tragen wesentlich zu dem Energiefeld bei, in dem die Wunder der Transformation möglich werden. Wie in allen Mysterienschulen der Vergangenheit gibt es auch unter uns Medien, die Kanal sind für hohe Energien der Weisheit und des Lichts, der Heilung, Liebe und Freude. An dieser Stelle wollen wir unserem Tieftrancemedium Heike Gehlert unsere tiefempfundene Dankbarkeit für ihre hingebungsvollen Dienste in all den Jahren ausdrücken. Ihre Channelings sind eine große Bereicherung und Inspiration für die Arbeit in unserer modernen Lebensschule.

In den nun folgenden Kapiteln wollen wir auf die einzelnen Themen der Trainingsabschnitte eingehen und – sofern geschriebene Worte dafür tauglich sind – einen kleinen Einblick in die inhaltlichen Schwerpunkte unserer Arbeit geben. Jedes dieser Themen führt Schritt für Schritt in die Begegnung mit essentiellen Aspekten unseres menschlichen Daseins. Diese sieben Themen waren für uns selbst so etwas wie Meilensteine auf dem Weg unserer eigenen Selbstfindung. In ihnen ist in komprimierter Form zusammengefaßt, was nach unserer Erfahrung eine Grundlage zur vollständigen Entfaltung unseres Menschseins darstellt.

DIE SIEBEN TRAININGSABSCHNITTE IM ÜBERBLICK:

1. *Das Erwachen des inneren Kindes – Abschied von Abhängigkeit und Schuld*
   Die unerlösten Gefühle unserer Kindheit verhindern den Zugang zur Liebe für uns selbst und andere. Bevor wir unser Leben in Freiheit gestalten können, müssen wir unser verletztes inneres Kind heilen. Die Verletzungen unserer Kindheit begleiten uns sonst überall hin. Die Bereinigung, Klärung und Befreiung der Beziehung zu den eigenen Eltern beenden den ständigen Energieverlust, der durch eine unabgeschlossene Vergangenheit verursacht wird. Die dadurch frei werdende Energie steht nun der kreativen Intelligenz, Weisheit und Lebensfreude des inneren Kindes zur Verfügung.
   Vater und Mutter zu vergeben bedeutet, sich selbst vergeben zu können und damit im Frieden zu sein mit der Vergangenheit.

2. *Die Geburt – Erkennen und Auflösen negativer Urprägungen*
   Die Art, wie wir unsere Geburt erlebt haben, ist die Grundprägung für unser ganzes Leben und zeigt sich vor allem in Situationen des Wechsels und des Übergangs. In verschiedenen Prozessen werden die Urprägungen der eigenen Geburt und die daraus oftmals resultierenden lebensfeindlichen Überzeugungen herausgefunden, erforscht und entladen. Danach ist es möglich, sich für neue, lebensbejahende Einstellungen zu öffnen.
   Unsere bewußten oder unbewußten Überzeugungen bestimmen die Qualität unseres Lebens und unserer Erfahrungen.

3. *Die transformierende Kraft der Elemente – Einweihung in die Urkräfte des Lebens*
Die Urelemente Erde, Wasser, Luft und Feuer können als die vier Gesichter der einen Kraft, die wir Gott nennen, bezeichnet werden. Sie sind Grundkräfte, die sowohl in der Natur als auch im menschlichen Leben wirksam sind.
Sich diesen Kräften zu öffnen und sich in der Tiefe mit ihnen zu verbinden, bedeutet einen enormen Zuwachs an spirituellem Verständnis, eine tiefe Transformation und eine neue Weise, das Leben zu betrachten und zu meistern. Die vier Elemente werden zu unseren Lehrmeistern.

4. *Begegnung mit den Schatten – Vom Problem zum Potential*
Als Schatten bezeichnen wir verdrängte, unterdrückte und ungelebte Anteile unserer Persönlichkeit. Sie rauben uns ständig Energie, denn wir brauchen Kraft, um sie abzuweisen, in Schach zu halten und aus unserem Bewußtsein zu verbannen.
Durch liebevolle Annahme und bewußte Schattenintegration wird diese Energie wieder frei und steht unserer Kreativität, Liebe und Lebendigkeit zur Verfügung. Was wir vormals als bedrohlichen Feind betrachteten, wird zum Freund und Verbündeten.

5. *Mann und Frau – Partnerschaft, Sexualität und Liebe*
Die Verbindung zu unserem eigenen Mann- beziehungsweise Frausein sowie die Beziehung zum anderen Geschlecht ist eines der zentralen Themen unseres Menschseins.
Alles, was auf diesem Gebiet aufgrund verletzender Prägungen unerlöst ist, beeinträchtigt unser Selbstwertgefühl und damit auch unsere Beziehungen zu anderen Menschen und zum Leben.
In der Regel sind auf diesem Gebiet viel Heilung und ein neues, erweitertes Verständnis nötig. Die Erfahrung des inneren Mannes und der inneren Frau sowie heilende Rituale in getrennten Männer- und Frauengruppen führen die Teil-

nehmer in eine größere eigene Vollständigkeit und Liebesfähigkeit. Die Begegnung mit den gegengeschlechtlichen Teilnehmern kann dann auf eine neue, befreite Weise erlebt und gefeiert werden.

6. *Das Mysterium von Tod und Wiedergeburt – Die Suche nach dem Unsterblichen in uns*
   Die Auseinandersetzung mit dem Tod ist essentiell und von unschätzbarem Wert für unser Leben. Er zwingt uns, unser Leben auf seine Stimmigkeit und Sinnhaftigkeit zu prüfen. Der Tod ist nicht das Ende eines Lebens, sondern sollte als Höhepunkt und Übergang in eine neue, erweiterte Form des Daseins erlebt und gewürdigt werden. In Todesnähe rückt Wesentliches in den Vordergrund und Unwesentliches in den Hintergrund. Wir lernen loszulassen, uns unserer Wahrheit tief hinzugeben und uns von allem zu verabschieden, was nicht wahrhaft zu uns gehört.
   Die bewußte Begegnung mit dem Tod ist eine Initiation und Geburt in eine neue Art des Lebens. Mit der Überwindung unserer Angst vor dem Tod fällt der größte Teil der Angst vor dem Leben von uns ab.
   Wir beginnen, die Kostbarkeit unseres Lebens ganz neu zu begreifen, wertzuschätzen und zu feiern.

7. *Das Erblühen der Vision – Teilen mit der Welt*
   Jeder Mensch will seine Einzigartigkeit leben und sein volles Seelenpotential ausdrücken, in Freiheit und Freude. Ohne eine lebendige Vision fehlt dem Leben eines Menschen etwas Entscheidendes, nämlich eine Ausrichtung und ein tieferer Sinn.
   Mit der Tiefe unserer Selbstentdeckung und -erforschung kristallisiert sich das Bewußtsein für die eigene Bestimmung und Lebensaufgabe heraus.
   Am Ende unseres Trainings wird die innere Gewißheit der eigenen Selbsterkenntnis und Lebensvision in jedem Teilnehmer nochmals vertieft und gefestigt, damit sie kraftvoll den Ausdruck im Außen findet.

Die nun folgenden Kapitel wurden von uns in der Absicht geschrieben, einen Eindruck von dem geistigen Verständnis unserer Arbeit zu vermitteln. Sie geben keinen Eindruck von der konkreten Art unserer Arbeit; dies ist im Rahmen eines solchen Buches leider nicht möglich. Doch bereits beim Lesen und dem inhaltlichen Nachvollziehen dieser Themen kann es zu tiefen Einsichten und Aha-Erlebnissen kommen. Wir wollen Denkanstöße geben und vielleicht auch dazu ermutigen, den einen oder anderen Bereich gründlicher zu erforschen. Und vielleicht fühlst du dich auch angesprochen, eines oder mehrere dieser Seminare zu besuchen. Wir wünschen dir viel Freude bei der Erforschung deines Lebens.

DER MUT ZUM SPRUNG INS UNBEKANNTE

Wenn Menschen zum ersten Mal zu einer der Einführungsgruppen von *Vision der Freude* kommen, stehen zunächst ihre Erwartungen und Befürchtungen deutlich spürbar im Raum. Das ganze Paket, das jeder mitbringt, bestehend aus Skepsis, Zweifel und Ängsten, aber auch aus Neugierde, Abenteuerlust, Hoffnungen und Vorfreude, ist der emotionale Stoff, mit dem wir zunächst einmal konfrontiert werden. In unserer Auseinandersetzung mit diesen Energien ist unser Fokus auf die Tatsache gerichtet, daß alle Beteiligten gekommen sind, weil sie eine Begegnung mit sich selbst auf einer neuen und tiefen Ebene suchen.

Dieser Wunsch wird anfangs durchaus berechtigt nach außen projiziert: auf die Leitung, die anderen Teilnehmer, das Zentrum. Über unsere Beziehungen mit der Außenwelt suchen wir uns selbst. In der Auseinandersetzung mit anderen Menschen und Situationen erhalten wir den notwendigen Spiegel, um uns selbst betrachten zu können. Die Gruppensituation bietet für diesen Prozeß einen idealen Rahmen.

Die ersten Kontakte sind naturgemäß meist oberflächlich. Die Umgebung wird nach den persönlichen Sympathie- und Abneigungsskalen eingestuft. Je nachdem, zu welcher Seite die innere Anzeige ausschlägt, fühlt man sich gleich «wie zu Hause», und es fällt leicht, sich zu öffnen und zu entspannen, oder die innere Alarmglocke hält höchste Vorsicht aufgrund der vielen ungewohnten Eindrücke für angebracht.

All dies rückt im Laufe des Gruppenprozesses jedoch sehr rasch in den Hintergrund. In dem Maße, wie jeder begreift, daß unser Fokus weniger nach außen als nach innen gerichtet ist, erfolgt eine Öffnung. Im Verlauf dieser fortschreitenden Öffnung begegnen wir uns auf essentieller Ebene. Entsprechend tief und wahrhaftig sind dann auch die Begegnungen mit den anderen. Mit der veränderten Qualität unserer Wahrnehmung wandelt sich unser Verständnis von uns selbst und unserem Leben. Das Bewußtsein, mit dem wir in jedem Augenblick unsere Realität erschaffen, weitet sich. Wir sehen die Welt aus höherer Perspektive und schaffen damit Raum für neue Impulse, Ereignisse und Erfahrungen. Unser Erleben wird intensiver, reicher, liebe- und freudevoller.

Unserer Arbeit liegen zwei grundlegende Prämissen zugrunde. Sie lauten: «Jeder Mensch ist der Schöpfer seiner Realität» und «Die Voraussetzungen für alles, was ein Mensch in seinem Leben sucht und ersehnt, liegen in ihm selbst». Sich auf diese beiden Prämissen einzulassen, hat weitreichende Konsequenzen, denn sie revolutionieren unsere außenorientierte Lebensweise von Grund auf. So bedrohlich es mitunter sein mag, alte Denkgewohnheiten und Verhaltensweisen zu verabschieden, so dient es doch immer auch unserer Befreiung, denn wir lassen Illusionen los, um uns einer tieferen Wahrheit zu öffnen.

Die Konsequenzen, die aus diesen grundlegenden Prämissen hervorgehen, lauten folgendermaßen:

- Ich übernehme volle Verantwortung für mich und mein Leben.
- Ich habe alles selbst – bewußt oder unbewußt – in mein Leben gerufen, angezogen und erschaffen.
- Als Schöpfer meiner Realität kann ich alles verändern und neu gestalten.
- Ich bin nicht länger ein Opfer der Umstände.
- Sobald ich wirklich weiß, was ich will, kann ich es mir mit Freude erschaffen.
- Ich mache immer nur Erfahrungen, die ich verursacht habe, die ich brauche, um zu lernen.
- Ich habe die Freiheit und die Berechtigung (!), mein Leben erfüllend und freudevoll zu gestalten.
- Ich bin die Quelle aller Freude, allen Reichtums, aller Liebe.
- In dem Maße, wie ich mir selbst näherkomme, finde ich alles, wonach ich mich sehne.
- Die Außenwelt ist ein Spiegel meiner Beziehung zu mir selbst.

- Je mehr ich meine Liebe zu mir selbst entwickle, desto erfüllter und harmonischer werden auch meine Lebensverhältnisse.
- Ich vertraue mir und dem Leben.
- Ich bin unendlich wertvoll.
- *Ich bin,* was ich suche; was ich suche, *bin ich*.

Wir machen also uns selbst und unser Leben zum Gegenstand unserer Wunschkraft. Wir betrachten und erleben uns als die Schöpfer unserer gesamten Realität, als die Gestalter unseres Schicksals, als die Schmiede unseres Glücks im Einklang mit unserer besonderen und einzigartigen Lebensaufgabe. Um uns die Grundlagen anzueignen, die uns zu einer solchen Haltung unserem Leben gegenüber befähigen, bedarf es einer gründlichen und tiefgehenden Neuorientierung.

In allen Seminaren geht es darum, den Geist, der aus diesem Buche spricht, zu einer direkten, persönlichen Erfahrung werden zu lassen. In diesem Zusammenhang seien einige grundlegende Fragen aufgelistet und kurz kommentiert. Dabei berühren wir vier Bereiche, die jeden suchenden Menschen betreffen: die Suche, die Hindernisse, die Neuausrichtung und die Umsetzung.

DIE SUCHE

Beginnen wir mit der Suche. Sie ist ein notwendiger Bestandteil unseres Weges. Die Fragen zu diesem Bereich lauten folgendermaßen: *Worauf sind mein größtes Sehnen und Streben ausgerichtet? Was bedeutet für mich Glück? Wie und wo suche ich nach Erfüllung? Welche Bereiche meines inneren und äußeren Lebens möchte ich vorrangig entwickeln?*

Die Frage nach dem, was für uns Glück bedeutet, ist gleichzeitig die Frage nach unserer grundlegenden Lebensausrichtung. Ihre Beantwortung zeigt die Schwerpunkte des individuellen Strebens, die Aspekte und Ebenen des persönlichen Lernens. Was immer wir uns ersehnen, ist ein Lebensaspekt, mit dem wir noch nicht genügend Erfahrungen gesammelt haben, in dem wir uns noch unzureichend auskennen. Wir fühlen, daß unser Leben umsonst gelebt wäre, wenn wir bestimmte, mit Sehnsucht geladene Bereiche nicht verwirklichen könnten. Deshalb streben wir danach, die bisherigen Grenzen unseres Lebens zu überschreiten und unseren Aktions- und Spielraum zu erweitern.

Oftmals jedoch zeigt sich das innere Drängen lediglich als ein vages Unbehagen, als eine allgemeine Unruhe oder Unzufriedenheit. An der Oberfläche scheint alles in Ordnung zu sein; es müßte uns doch gut gehen! Und doch finden wir keine wirkliche Ruhe, keinen echten Frieden. Wir suchen und wissen gar nicht genau, wonach. Wir beginnen zu experimentieren, klopfen an vielen Türen und können doch so schwer bestimmen, was genau uns wirklich fehlt.

Daher ist eine eingehende Beschäftigung mit der Frage, was für uns Glück bedeutet, so wichtig. Je tiefer wir in sie eindringen, desto deutlicher erkennen wir, daß Glück ein Bewußtseinszustand, ein Seinszustand ist, etwas, was wir nur im eigenen Inneren finden und entwickeln können. Und doch haben die Erfahrungen im Außen ihre Berechtigung, denn sie fungieren als Wegweiser. Die Glücksmomente, die wir für kurze Zeit durch äußere Ereignisse erleben, geben uns einen Eindruck, einen Geschmack von dem, was wir suchen. Was immer in der Lage ist, uns glücklich zu machen, kann von uns als Tor zu unserer tiefsten essentiellen Wahrheit genutzt werden. (Dies trifft natürlich auch auf intensive leidvolle Erfahrungen zu.) Dabei lernen wir nach und nach, den Fokus unserer Wahrnehmung nicht nur auf die äußeren Erscheinungen gerichtet zu halten, sondern ebenso auf das ausgelöste Erleben im Inneren. Das leitet einen Prozeß tieferen Verstehens ein.

In unserer überwiegend außenorientierten Grundhaltung sind wir fremdbestimmt und abhängig. Der Grad unserer Außenorientiertheit spiegelt das Ausmaß unserer Ängste und umgekehrt. Erst in der vertieften Kontaktaufnahme zu uns selbst (die übrigens nichts mit Isolation und Rückzug zu tun hat) wachsen innere Geborgenheit, Selbstvertrauen und die Fähigkeit zur Liebe.

Zu Beginn unserer Prozesse geht es vorrangig um Selbstprüfung, Selbstwahrnehmung, Selbstannahme und Selbstliebe. Dies sind die Voraussetzungen für jeden weiteren Schritt unserer Entwicklung.

DIE HINDERNISSE

Erst, nachdem wir mit der Grundausrichtung unserer Suche vertraut sind, können wir uns der nächsten Phase, der Überwindung der Hindernisse zuwenden. Dazu behandeln wir folgende Fragen: *Was trennt mich von meinem Glück? Worin liegt die größte Herausforderung in meiner gegenwärtigen Lebenssituation? Wie befreie ich mich von Ängsten, negativen Glaubensprogrammen und Unfreiheiten? Was bin ich bereit, loszulassen?*

Die gegenwärtige Lebenssituation zeigt uns, in welchen Bereichen wir vorrangig lernen und mit welchen aktuellen Lektionen uns das Leben konfrontiert. Transformation kann nach unserer Überzeugung nur dann wirklich geschehen, wenn sie den Alltag einbezieht. Alles andere wäre lediglich eine Ablenkung von den Aufgaben, die zu erfüllen wir in unser Leben gekommen sind.

Wenn wir die konkrete Bühne unseres Lebens betrachten, erkennen wir in der Regel sehr deutlich, auf welche Weise wir uns von unserem Glück trennen. Die Bilanz der gegenwärtigen Lebenssituation zeigt uns die Kulisse, vor der persönliches Wachstum, Selbstentfaltung und Bewußtwerdung stattfinden. Je klarer wir die Bereiche erkennen, in denen wir uns von unserer eigenen Wahrheit trennen, desto schneller und leichter können wir zu ihr zurückfinden.

Eine ehrliche Selbstprüfung führt auch zur Auseinandersetzung mit unseren Ängsten, negativen Glaubensprogrammen und Unfreiheiten. Doch eine Befreiung kann niemals darin bestehen, dagegen zu kämpfen oder etwas zu unterdrücken. Es geht vielmehr darum, in einen Prozeß des Verstehens, des Annehmens und Vergebens einzutreten. Aus Selbstverantwortung können wir erkennen, wann wir unsere eigene Kraft und Größe abgeben und auf welche Weise wir anderen Menschen erlauben, uns ihre Macht und ihre Ideale überzustülpen. Nur indem wir volle Verantwortung sowohl für unser Glück als auch für unser «Unglück» übernehmen, können wir die Weichen unseres Lebens neu stellen.

Dies bedeutet mitunter, alte Denk- und Verhaltensweisen loszulassen, sich von bequemen Gewohnheiten und Lebensverhältnissen zu verabschieden. In der Regel wissen wir sehr genau, was nicht mehr wirklich zu unserem erwachenden Bewußtsein paßt. Je bereitwilliger wir die notwendigen Schritte des Loslassens vollziehen, desto leichter wird die Geburt einer neuen, erweiterten Identität. Damit werden wir bereit für eine Neuausrichtung.

DIE NEUORIENTIERUNG

In dieser Phase geht es um die Fragen: *Wie erkenne ich meine eigene Wahrheit? Wie verbinde ich mich mit meiner inneren Führung? Wie lerne ich, meine innere Stimme zu vernehmen und von den Stimmen alter Konditionierungen zu unterscheiden? Wie entwickle ich meine Liebe, Kraft und Klarheit?*

Das Erkennen der eigenen inneren Wahrheit, die Verbindung zur inneren Führung, das Vernehmen der inneren Stimme, das Erfülltsein von Liebe und Kraft – all dies sind Seinszustände, die wir nur unzureichend in Worte fassen können. Wir müssen sie als eigene existentielle Erfahrungen kennenlernen oder vollziehen; erst dann wissen wir, was gemeint ist. Es ist unmöglich, jemanden den Geruch von Thymian zu beschreiben, der ihn selbst nie schnuppern konnte.

In unserer Lebensschule geht es darum (vielleicht zum ersten Mal), die eigene innere Wahrheit so unmittelbar wie möglich zu erfahren. Wenn dies geschieht, ist der zurückbleibende Eindruck von Wirklichkeit so tief und prägend, daß er nie mehr vollkommen vergessen werden kann. Mit der Zeit und mit etwas Übung lernen wir, uns immer wieder aufs neue mit unserer Essenz zu verbinden und immer öfter in ihrem Licht zu leben. Und irgendwann stellen wir erstaunt fest, daß kein Ereignis im Außen, kein Sturm, keine Katastrophe uns auch nur für kurze Momente aus der Gewißheit unserer All-Verbundenheit reißen kann.

Sobald wir diese Bereitschaft und Offenheit in alle Aspekte unseres Lebens einbringen, hat die Angst, zu versagen oder Fehler zu machen, ihre Bedrohlichkeit verloren. Wenn wir akzeptieren, daß wir aus unseren Fehlern lernen, gibt es im Grunde nichts, was als Fehler bezeichnet werden kann – solange wir ehrlich bereit sind, unserer Wahrheit zu begegnen.

In diesem Zusammenhang möchten wir *Ramtha* zu Wort kommen lassen. Seine Worte sind so eindeutig und kraftvoll: *«Versagen ist nur für diejenigen eine Wirklichkeit, die es für eine Wirklichkeit halten. Eigentlich aber versagt niemand im Leben... Du hast nie einen Fehler gemacht. Niemals! Du hast nie etwas falsch gemacht. Es gibt nichts, für das du dich schuldig fühlen müßtest. Alle eure sogenannten Missetaten, eure Irrtümer und Versagen sind in Wahrheit ‹Schritte zu Gott›, Schritt für Schritt. Nur indem du diese Schritte machtest, konntest du alles Wissen erlangen, das du jetzt hast. Fühle dich nie dafür schuldig, daß du lernst. Fühle dich nie schuldig, wenn du nach Weisheit strebst. Denn hier liegt die Erleuchtung. Du mußt verstehen, daß du genau das getan hast, was du gebraucht hast; alles war notwendig.»*

Um auf die oben gestellten Fragen zurückzukommen: Der Zugang zum eigenen Bewußtseinspotential kann nur durch unmittelbare Erfahrung geschehen. Das Leben selbst ist der optimale Rahmen für unsere Bewußtwerdung, für unser Wachstum. Unsere Gruppenseminare und Trainings sind ein Angebot für all diejenigen, die eine Zeitlang in einem besonderen Rahmen Wachstumsimpulse erhalten wollen, um die unzähligen Geschenke des täglichen Lebens noch besser nutzen zu können. In jeder Veranstaltung kreieren wir einen Rahmen, in dem persönliche Erfahrungen leichter als sonst ermöglicht werden. Aus diesem Grund sind auch nur wenige unserer Seminare kürzer als eine Woche.

Die Begegnung mit unserer Wahrheit bleibt ein Geschenk. Sie hat viele Stufen, viele Grade, aber sie wird unverkennbar sein. Wir können sie nicht «herstellen», nicht «machen»; wir können jedoch den Rahmen aufsuchen und gestalten, in dem sie immer leichter und immer öfter möglich wird. Für uns ist dies das größte und lohnendste aller denkbaren Abenteuer.

DIE UMSETZUNG

Die Fragen zur Umsetzung des Erfahrenen lauten: *Wie trage ich mein erweitertes Bewußtsein in meinen Alltag? Was hilft mir, mich auch im alltäglichen Leben an die innere Kraftquelle anzuschließen? Welche Konsequenzen für mein Leben ziehe ich aus meinen Erkenntnissen? Welche ganz konkreten Schritte stehen jetzt an?*

Wenn unsere bewußtseinserweiternden Erfahrungen sich nicht ganz handfest in unserem alltäglichen Leben auswirken, fehlt das Wichtigste: die Umsetzung. Erfahrungen in transformatorischer Gruppenarbeit verlangen nach Umsetzung! Dies ist Teil der Selbstverpflichtung, Teil des wahren Sich-Einlassens.

Der Weg der Freude verlangt – wie alle anderen Wege auch – seine eigene Disziplin, aus der heraus die nötige Intensität und Kraft erwachsen. Disziplin sollte vor allem darin entwickelt werden, Momente der Stille, der Besinnung und der Meditation in den Tagesablauf einzubauen, vor allem dann, wenn uns die Anforderungen des Lebens aus unserer Mitte zu reißen drohen. Dies ist unverzichtbarer Teil eines liebevollen Umgangs mit sich selbst. Die Veränderungen in unserem äußeren Leben können, aber müssen nicht immer, dramatisch und umwälzend sein. Vor allem sollten sie die Qualität betreffen, mit der wir uns selbst und unserer Umwelt begegnen.

Im Einklang mit uns selbst ist es dann auch leichter, nach und nach alle notwendigen Schritte zu vollziehen, z.B. die Wohnung zu entrümpeln und neu zu gestalten, Beziehungen zu klären oder negative Bindungen zu lösen. Lassen wir uns dabei von unserer tiefsten Wahrheit leiten, so bleiben uns schmerzhafte Prozesse nicht immer erspart. Doch alle Prüfungen und Herausforderungen des Lebens führen uns – sofern wir sie annehmen – immer mehr zu uns selbst. Und in dem Maße, in dem wir uns näherkommen, finden wir alles, wonach wir uns sehnen! Dies ist unsere persönliche Lebenserfahrung, die von Hunderten von Menschen, die wir bisher begleiten durften, bestätigt wird.

DIE SIEBEN TRAININGSABSCHNITTE

DAS ERWACHEN DES INNEREN KINDES – Abschied von Abhängigkeit und Schuld

«Ein Kind ist von Natur aus ein Wesen des Staunens, ein Wesen, das in Leichtigkeit lebt und den Schmerz nicht in sich behält.»

(Chris Griscom)

«Jedes Kind beginnt sein Leben mit Verehrung,Staunen, mit einem großen Suchen im Herzen. Jedes Kind ist ein Mystiker.»

(Osho)

«Im Kind wohnen Kreativität, Neugier, der Wunsch zu erforschen und zu wissen, die Notwendigkeit zu berühren, zu fühlen, zu erfahren und auch die Erinnerungen an die großartige besondere Empfindung der ersten Entdeckung.»

(T.A. Harris)

Im ersten Trainingsabschnitt geht es um die Erforschung, die Wiederentdeckung, die Befreiung und die Heilung jener ursprünglichen Wesensaspekte in uns, die wir zurecht als das «innere Kind» bezeichnen. Es sind dies die wertvollsten Qualitäten des Menschseins, die jede Seele in eine neu beginnende Inkarnation einbringt. Jene Wesen, die wir Kinder nennen, kommen in diese Welt aus Sphären der Weite und Einheit. Wer immer bereit ist, sich wirklich auf einen wenige Wochen alten Säugling einzuschwingen, kann etwas von diesem zarten Seinszustand, dieser noch nahen Erinnerung spüren.

Der Entwicklungsweg eines Menschen läuft in jedem neuen Leben ähnlich. Um Erfahrungen in der Welt der Materie und Dualität zu sammeln, brauchen wir einen Körper aus Fleisch und Blut. Wir trennen uns also von den feinstofflichen Ebenen, getrieben von dem Verlangen nach irdischem Leben. Wir wollen Lernprozesse fortsetzen oder abschließen, wir wollen weitere Schritte zu unserer Vollständigkeit und Selbsterkenntnis unternehmen, uns unter gewissen Bedingungen bewähren und erfahren. *Wir sind hier aufgrund unseres eigenen Wunsches und Einverständnisses.*

Dieses ursprüngliche, ungebrochene Ja zum Spiel des Lebens äußert sich in jener Qualität, mit der Kinder sich dem Leben zuwenden. Die Durchlässigkeit und Beweglichkeit ihrer kleinen Körper verleiht ihnen eine Unermüdlichkeit, die wir als Erwachsene oftmals nur bestaunen können. Wir haben von Experimenten gehört, in denen ein sportlicher, gut durchtrainierter Mann ganz einfach alle Bewegungen eines drei- oder vierjährigen Kindes nachvollziehen sollte. Nach einigen Stunden lag dieser Sportler erschöpft und kraftlos am Boden, während das Kind immer noch voller Energie sprühte.

Wenn wir bemerkenswerte, besonders erfolgreiche oder berühmte Menschen beobachten, können wir fast immer Aspekte eines «ungebrochenen inneren Kindes» erleben. Allen erfolgreichen Menschen ist eine gewisse Verspieltheit eigen, eine Abenteuerlust, eine Experimentierfreude, eine Offenheit für Neues und Unbekanntes, ein Drang, immer weiter zu erforschen, zu entdecken, zu erleben. Diese Qualitäten gehören zu den elementaren Antriebskräften jedes Menschen und sind im Jugendalter noch weitgehend vorhanden. Deshalb lernen Kinder so schnell und entwickeln sich stets weiter.

Im Erwachsenenalter jedoch scheint dieser Urzustand von Offenheit, Lebensfreude und Lernbereitschaft bei vielen Menschen mehr oder weniger zu erlöschen, er wird gebremst durch die Unterwerfung in gesellschaftliches Wohlverhalten und einengende Normen. Aufgrund gewisser Erfahrungen und Prägungen resignieren viele Menschen und entscheiden sich unbewußt, nicht mehr zu lernen. Sie hören auf, sich weiterzuentwickeln, wirklich zu leben. Sie beschränken sich aufs Überleben, auf ein Minimum ihres Potentials, auf ein Dasein auf Sparflamme. Sie verlieren den Glanz ihrer Kinder- und Jugendtage, verleugnen ihre Individualität und Einzigartigkeit, ersticken ihre Wünsche und Sehnsüchte. Sie hören auf zu erwarten, zu fordern, zu verlangen, finden sich ab mit dem, was die Masse unterhält (= unten hält). Sie verlernen die Intelligenz des Herzens, werden angepaßt, farblos, sind froh, nicht aufzufallen und mit der Herde mitlaufen zu können. Sie verkaufen ihre Freiheit, ihre Fähigkeit unabhängigen Denkens um den Preis von Sicherheit und alltäglicher Routine. Sie beginnen zu sterben, ohne wirklich gelebt zu haben. Sie werden alt und verlassen ihre Körper, ohne ihr Potential erfahren, entfaltet und gelebt zu haben.

Viele haben sich an die Leblosigkeit und Enge des «normalen» Lebens so sehr gewöhnt, daß sie sich oftmals ein Leben in Freude, Liebe und Freiheit kaum noch vorstellen können. Menschen reagieren leicht argwöhnisch, wenn sie jemanden sehen, der in ihren Augen allzuviel Freude und Ekstase ausdrückt. Nur vergleichsweise wenige bringen den Mut auf, entgegen allen äußeren Scheins, entgegen allen «Notwendigkeiten», das Recht auf ein innerlich und äußerlich reiches, sinnerfülltes und freudvolles Leben zu erklären und auch zu verwirklichen. Denn ein solches Leben zu führen ist in der Tat riskant. Wir laufen Gefahr, Altgewohntes und Langvertrautes zu verlieren. Wir müssen oftmals überholte Beziehungen beenden und überlebte Verhältnisse abbrechen. Wir werden immer wieder aufgefordert, unsere eigene beschränkte Vorstellungswelt zu verlassen, unsere engen Glaubenssätze in Frage zu stellen und uns zu öffnen für neue Anstöße und Gedankenimpulse. Wir verlassen damit eine alte Identität, um auf einer neuen Bewußtseinsebene zu erwachen.

Transformation hat sichtbare und fühlbare Konsequenzen für alle Bereiche unseres Lebens. Nur, wenn wir bereit sind, gewisse Aspekte unserer inneren und äußeren Welt zu verabschieden, können wir den Weg zu unserem wahren Selbst antreten. Nur, wenn wir den Schritt wagen, «Vater und Mutter zu verlassen», können wir unserer inneren Führung folgen.

Vater und Mutter sind in diesem Zusammenhang Metaphern für die Repräsentanten einer alten Welt. Sie versinnbildlichen die Summe unserer Konditionierungen, unserer lebensverneinenden und einschränkenden Prägungen. Unser inneres Kind muß buchstäblich und im übertragenen Sinne von diesen Bürden befreit werden! Dadurch lernen wir, wirklich erwachsen zu werden und selbstverantwortlich zu leben.

VATER UND MUTTER VERLASSEN

Vater und Mutter sind die prägenden Urbilder unserer Psyche. Für niemanden haben wir als Kinder bedingungsloseres Vertrauen empfunden als für sie, und niemand konnte uns so tief und nachhaltig prägen, aber auch verletzen.

Der erste fundamentale Schritt zu Beginn unseres Transformationszyklus ist daher die Aufarbeitung unserer Elternbeziehung und Kindheit. Schmerzhafte Kindheitsprägungen hindern uns oftmals daran, glücklich und in Liebe zu leben. Die Vergangenheit hält uns scheinbar gefangen. Hat beispielsweise ein Kind die Erfahrung gemacht, nicht willkommen und nicht geliebt zu sein, weil die Mutter zu jenem Zeitpunkt überfordert war, überträgt sich dieses Grundgefühl meist unbewußt bis ins Erwachsenenalter. So ein Mensch wird oft unterschwellig mit dem Gefühl leben, von anderen Menschen nicht angenommen zu sein.

Das Erforschen und Heilen unserer Beziehungen zu den Eltern ist daher ein unerläßlicher Meilenstein auf dem Weg der Freude, auf dem Weg zu uns selbst. Mehr als wir uns träumen lassen, sind wir in den von unseren Eltern übernommenen Mustern gefangen. Es sind die negativen Verhaltensweisen, Einstellungen, Lebensregeln und Glaubenssätze, die unser Leben einengen und zerstören können. Depressionen, Krankheit, Sucht, Tod und auch Unfälle werden vielfach von ihnen verursacht.

Diese alten Fesseln wollen erkannt und auch gesprengt werden, damit wir endlich in Freiheit und Liebe unseren Weg gehen können. Um dies zu vollziehen, bedarf es der Bereitschaft und Fähigkeit, sich von Vater und Mutter in Dankbarkeit zu lösen, ihnen zu vergeben und sie loszulassen. Wir schließen dadurch Frieden mit unserer Vergangenheit und sind frei für unser eigenes Leben.

Uns von Vater und Mutter zu lösen bedeutet, Abschied zu nehmen von übernommenen Vorstellungen, Verhaltensweisen und fremdbestimmten Leben. Wenn wir frei sein wollen, müssen wir uns aus der Abhängigkeit und Schuld dieser ersten, prägenden Beziehungen lösen. Dies setzt ungeahnte Kräfte der Liebe und des Mitgefühls frei – für uns selbst und andere. Nichts macht glücklicher, als tiefe Liebe empfinden zu können; nichts ist schmerzhafter, als das Getrenntsein von ihr. Lieben und geliebt werden sind ein Grundbedürfnis des Menschen.

Das Heilen unserer verletzten Elternbeziehung ist eine herausfordernde Aufgabe, die sich uns allen im Leben stellt. Um uns wieder an den Strom der lebendigen Liebe anschließen zu können, ist Vergebung ein wichtiger Schlüssel. Mutter und Vater zu vergeben geht einher mit Selbstvergebung und Selbstliebe: Das Wertvollste, was wir uns selbst schenken können. Dadurch lernen wir, wirklich erwachsen zu werden und selbstverantwortlich zu leben. Wir stellen uns auf die eigenen Füße und lernen, ohne Krücken zu laufen. Wir schieben die Schuld für unsere Mängel nicht länger nach außen ab, sondern lernen, unserer eigenen Kraft zu vertrauen. Wir erwarten Liebe, Schutz, Verständnis und Sicherheit nicht ausschließlich von anderen Menschen, der Gesellschaft oder dem Staat, sondern entdecken jene inneren Räume von Kraft, Geborgenheit und Vertrauen, die aus der tiefen Akzeptanz unseres existentiellen Alleinseins erwachsen.

Zu allen Zeiten haben spirituelle Lehrer das «Verlassen von Vater und Mutter» und damit das Heraustreten aus sozialen Zwängen und Grenzen betont, damit wir unserer inneren Führung folgen und den Weg zu unserem wahren Selbst antreten können. Nur wenn wir willens sind, uns von unseren Konditionen zu verabschieden und unsere Masken fallen zu lassen, können wir die Schönheit unseres ursprünglichen Gesichtes wiederfinden. Zu Beginn eines spirituellen Weges müssen wir «werden wie die Kinder», wenn wir das «Königreich Gottes» in uns wieder entdecken wollen. Damit ist das Zurückgewinnen unserer kindlichen, natürlichen und ursprünglichen Wesenszüge gemeint. Diese werden erneut sichtbar, wenn wir uns innerlich von den Eltern befreit haben.

Um die Dynamik unserer Eltern-Kind-Beziehung zu verstehen und zu bereinigen, haben wir – inspiriert vom «Quadrinity-Prozeß» – besondere Übungen und Rituale entwickelt. Sie dienen einer radikalen und gründlichen Reinigung unserer Emotionen und führen zu einem tiefen «Entgiftungsprozeß». Sorgfältig arbeiten wir Haß, Wut, Rachsucht und jegliche Negativität aus unserem Leben heraus, um diese in Vergebung, Mitgefühl und Liebe umzuwandeln. Durch eine solche Öffnung für Transformation wird ganz natürlich unser Wesenskern freigelegt, der so lange verdeckt gewesen war. Unter der Oberfläche unserer Verletzungen und Prägungen beginnt sich nach und nach unser wahres Wesen zu enthüllen. Es gleicht einem vollkommenen, strahlendem Diamanten, der von verkrusteten Schlacken befreit wird. Eine Alchemie des Herzens und der Liebe beginnt, in der alles, und sei es auch noch so traumatisch und zerstörerisch, verwandelt wird.

Der erste Schritt für die Heilung und Befreiung unserer Elternbeziehung besteht im vollständigen Ausdruck von Anklage, Wut, Enttäuschung und Haß. Damit entladen wir meist jahrzehntelang zurückgehaltene Gefühle und treten aus unserer Opferhaltung heraus. Es ist ein bedeutsamer Schritt, die alte Position der Abhängigkeit zu verlassen, die jedes Kind als junger und relativ machtloser Partner in der Eltern-Kind-Beziehung innehatte. Mit dem Durchbrechen verschiedener Tabus (ein Kind darf nicht widersprechen, ein Kind hat zu gehorchen, ein Kind muß sich unterordnen) entsteht eine Atmosphäre von Kraft, Klarheit und unverblümter Offenheit. Alle alten Verletzungen können ausgesprochen, gefühlt und endgültig bereinigt werden.

Um diese einseitig anklagende Stellungnahme auszugleichen, fühlen wir uns im zweiten Schritt in die Lage unserer Eltern ein. Jetzt lernen wir sie anhand ihrer persönlichen Lebensgeschichte verstehen, ohne sie zu verurteilen. Wir erforschen und durchleuchten dabei die Besonderheiten ihres Schicksals. Ohne ein solches tiefes Verständnis sind Vergebung und Befreiung nicht wirklich möglich. Daraus resultiert der dritte Schritt, der durch ein tiefes Verstehen zu Mitgefühl für das von ihnen erfahrene Leid und Unglück führt, welches sie mehr oder weniger an ihre eigenen Kinder unbewußt weitergegeben haben. Sie als die vernachlässigten, verletzten Kinder zu sehen, die sie einst waren, öffnet einen Raum für Versöhnung und Vergebung. Erst aus diesem tiefen Verstehen erwachsen echtes Mitgefühl und wahrhafte Vergebung.

Der letzte Schritt besteht im endgültigen Durchschneiden und Loslassen alter Verstrickungen und Abhängigkeiten. Dies geschieht mit Hilfe eines besonderen Rituals. Damit dringen wir zur Quelle der Liebe vor. Wenn wir diese vier Schritte gründlich vollziehen, befreien wir uns selbst von zwanghaften, übernommenen Verhaltensweisen und entwikkeln dadurch Selbstannahme, Selbstvergebung und Selbstliebe. Diese vier Stufen folgen universellen Gesetzen der Transformation und sind, sofern sie wirklich in der Tiefe vollzogen werden, auf die Klärung und Befreiung jeglicher Beziehung anwendbar.

In diesen intensiven Prozessen ist es besonders wichtig, immer wieder durch Meditation etwas Abstand zu den emotional stark belastenden und aufwühlenden Erinnerungen zu finden. Ohne die ständige Rückbesinnung auf die meditative Mitte, den unbeteiligten Zeugen und Beobachter in uns, wäre die besondere Art dieser Öffnung nicht denkbar. Sie zieht sich wie ein roter Faden durch alle Prozesse.

Viele unserer Teilnehmer berichten später von einer neuen, befreiten Art des Kontaktes mit ihren Eltern und ebenso mit ihren Partnern und Kindern. Wir können zu Recht davon ausgehen, daß sich die geklärten Elternbeziehungen auch befreiend auf alle anderen Beziehungen unseres Lebens auswirken.

DAS POTENTIAL DAHINTER

So problematisch unsere Beziehung zu unseren Eltern auch gewesen sein mag, und so erschütternd unsere Erkenntnisse darüber, wie verheerend sich diese Prägung in unserem bisherigen Leben ausgewirkt hat, sind – auch darin liegen wertvolle Geschenke. Durch die Erweiterung unserer Wahrnehmung offenbaren sie sich in Form von Potentialen, die jeder Mensch für sein Wachstum und seine besondere Lebensaufgabe von seinen Eltern mitbekommen hat. Diese zeigen sich – hervorgerufen durch die tiefen Prozesse des Ausdrucks und Verstehens – jedem Teilnehmer gegen Ende des ersten Trainingsabschnittes. Wir wollen kurz einige davon andeuten:

1. *Die Entwicklung von Mitgefühl und Liebe gegenüber sich selbst und anderen Menschen*
   Diese erwachsen einem tiefen Verstehen der eigenen Prägung und der Prägungen unserer Eltern. Damit einher geht eine tiefe Selbstannahme, welche die Grundlage für eine Heilung der Liebesfähigkeit überhaupt darstellt. Denn ein Mensch, der nicht gelernt hat, sich selbst zu lieben und anzunehmen, wird nicht in der Lage sein, sein Leben sowie seine Partner und Mitmenschen zu lieben und anzunehmen.

2. *Das transformierte Potential hinter den Verletzungen*
   Die Verletzungen und Wunden, die ein Mensch in seiner Kindheit erfahren hat, sind nur so lange Wachstumshindernisse oder Blockaden, solange diese nicht verstanden und für Transformation geöffnet sind. Jede noch so große Verletzung verwandelt sich im transformierten Zustand in ein ebenso großes Potential. Es würde den Rahmen diese Buches sprengen, wollten wir alle uns bekannten Beispiele von Menschen berichten, die gerade ihre sogenannten Schwächen und Herausforderungen in Stärken und Möglichkeiten verwandelt haben. Hier nur einige Hinweise:

Verletzung	*Blockierter Zustand*	*Transformiertes Potential*
Ein Kind war ungewollt	Das Gefühl keine Existenzberechtigung zu haben, mangelnde Selbstannahme	Tiefe Hingabe an sich selbst und das Leben, Selbstannahme
Ein Kind wurde vernachlässigt, bekam zuwenig Zuwendung und Liebe	Verwahrlosung, Mangelbewußtsein, Suchtgefährdung und Selbstzerstörung, Minderwertigkeitsgefühle	Fähigkeit, für sich und andere gut zu sorgen, sich zu nähren, Selbstliebe, Öffnung für All-Liebe
Ein Kind wurde mißbraucht	Selbstablehnung, Mißtrauen, Schuldgefühle, Beziehungsunfähigkeit, Opfer- oder Täterhaltung, Störungen in der Sexualität und Sinnlichkeit	Fähigkeit, sich selbst zu schützen und wenn nötig abzugrenzen, Klarheit über die eigenen Bedürfnisse und die Fähigkeit, diese auch zu kommunizieren und zu erfüllen, erfülltes Beziehungs- und Sexualleben, Selbstverantwortung
Ein Kind wurde überversorgt und mit Regeln und «Liebe» erstickt und gegängelt	Abhängigkeit, Fremdbestimmung, Unselbständigkeit, Hörigkeit oder: (Selbst-) Sabotage, zwanghafte Rebellion	Gesunde Fähigkeit, nein zu sagen und sich abzugrenzen, innere und äußere Freiheit, Respekt vor den Grenzen anderer, Gefühl für die eigene Wahrheit

3. *Die Befreiung vom Wiederholungszwang*

Hat ein Mensch erkannt und verstanden, was seine eigenen Eltern in ihrem Leben gelebt und vollendet haben, zeigt ihm dies etwas, was er selbst nicht noch einmal durchleben muß. Er kann es auf einer höher entwickelten Ebene weiterführen und vervollkommnen oder sich auch ganz anderen Themen zuwenden. Hat eine Tochter zum Beispiel von ihrer Mutter die Muster und Verhaltensweisen von Opferhaltung und Unselbständigkeit vorgelebt bekommen, so wird sie im untransformierten Zustand dazu neigen, genau dieses Verhalten stereotyp zu wiederholen. Hat sie jedoch diese unbewußten Mechanismen erkannt und befreit, kann genau dieses «Negativvorbild» ihrer Mutter zum Motor werden für die Entwicklung von Eigenständigkeit und Freiheit, verbunden mit einer kraftvollen und selbstverantwortlichen Fähigkeit zu echter Hingabe. Hat ein Sohn von seinem Vater überzogene Leistungsorientierung und materielles Wertedenken erfahren, so wird er im untransformierten Zustand sich selbst sein ganzes Leben lang unter Leistungsdruck setzen und seine Seele möglicherweise in seiner Arbeit und Karriere «verlieren». Hat er jedoch diese übernommenen Muster befreit, kann er seine eigenen inneren Werte entdecken, die sein Leben sinnvoll und lebenswert gestalten. Er wird sich selbst wiederfinden, denn er kann auf dem, was sein Vater gelebt hat, aufbauen, anstatt es ständig automatisch zu wiederholen oder ständig dagegen zu rebellieren. Indem er seine eigene Wahrheit entdeckt und zum Maßstab seines Lebens erhebt, wird sein Leben ein Ausdruck seiner Kreativität und Freiheit sein.

Indem sich unsere Sichtweise zum Thema Eltern erweitert, können wir intuitiv erkennen, daß wir auf der Seelenebene genau diese Eltern gewählt haben, um ganz bestimmte Erfahrungen zu machen und Lebenslektionen zu bewältigen. Aus dieser neuen, erweiterten Perspektive können wir sehen, daß wir uns in Liebe und Freiwilligkeit genau mit diesen Menschen verbunden haben, um bestimmte Aufgaben, denen wir uns stellen wollten, zu erfüllen. Dies zu begreifen öffnet ein tiefes Verständnis für die Sinnfrage unseres Lebens und einen neuen

Raum für unser Potential an Weisheit und Liebe. Daraus erwächst eine überwältigende Dankbarkeit gegenüber uns selbst, unseren Eltern und den Weg unseres Lebens. Wir werden die Schritte wertschätzen, die Sie gegangen sind, denn diese brauchen wir nun nicht mehr selbst zu gehen. Wir können uns für unsere eigenen entscheiden.

DIE HEILUNG DES INNEREN KINDES

Wenden wir uns zum Abschluß dieses Kapitels nochmals der Befreiung des inneren Kindes zu:

Wir können uns vielleicht erinnern, wie wir damals als kleines Kind ausgesehen haben, in welcher Umgebung wir aufgewachsen sind und ob wir uns geliebt und glücklich oder eher ungeborgen und verlassen gefühlt haben.

Wie geht es uns heute mit diesem Kind? Ist es uns innerlich nahe oder eher fremd? Dieses Kind, das wir einst waren, lebt in jedem von uns weiter, begleitet uns ständig auch im Erwachsenenalter. Meist ist es uns nicht bewußt; wir nehmen es nicht wahr. In unserer verstandesorientierten Kultur lernen wir nicht, in liebevoller Verbindung mit unserem inneren Kind zu sein. Wir haben es in unser Unterbewußtsein abgeschoben und auf schmerzhafte Weise zum Schweigen gebracht. Ein wichtiger Teil unserer Selbst wurde damit abgespalten.

Mit Hilfe von Fotos aus unserer Kindheit öffnen wir das innere Album und lassen die Vergangenheit lebendig werden.

Die kleinen Kinder in unserem Innern brauchen Raum, angehört und verstanden zu werden. Sie sind auf den liebenden Erwachsenen angewiesen, der sie an die Hand nimmt und bei dem sie sich geborgen und wahrgenommen fühlen. Geben wir dem kleinen Wesen in uns zu wenig Raum und Beachtung, kann es sehr destruktiv werden und gegen uns arbeiten.

Wir kennen alle jene unheilvollen Situationen, in denen wir als Erwachsene plötzlich unangemessen und kindisch reagieren. Ein heftiger Gefühlsausbruch überfällt uns. Wir erleben förmlich, wie wir innerlich klein werden und tiefste Verlassenheitsgefühle sich unserer bemächtigen, beispielsweise wenn eine Verabredung mit unserem Geliebten platzt. Eine vergleichsweise harmlose Begebenheit kann uns unversehens in unser Kleinkindalter katapultieren. Wenn wir uns dabei mit etwas Distanz beobachten könnten, würden wir die Ähnlichkeit mit der früheren Reaktion erkennen, als wir plötzlich feststellten, daß unsere Mama verschwunden war.

Die meisten Probleme und Konflikte in unserem Leben, vor allem auch in unseren Partnerschaften, erwachsen aus der inneren Abgetrenntheit von Erwachsenem und innerem Kind. Das vernachlässigte und verletzte Kind sabotiert unsere bewußten Absichten und Wünsche. Selbstzerstörung in Form von Abhängigkeit, Sucht, Depression und Krankheit ist die Folge. Nichts im Außen kann diese innere Leere auffüllen.

Ein wichtiger und unentbehrlicher Schlüssel zur Lösung von Konflikten ist daher die bewußte, liebevolle Hinwendung zu dem Kleinen in uns. Heilung kann dann geschehen, wenn wir beschließen, eine Verbindung und Freundschaft mit diesem Wesensaspekt von uns aufzubauen, seine Gefühle und Bedürfnisse kennenzulernen und fürsorglich die Verantwortung für seinen Schmerz zu übernehmen. Wir können ihn auf unzählig viele Arten für uns gewinnen, indem wir ihm das schenken, was ihn nährt und ihm Freude bereitet.

Wenn wir in liebender Weise mit dem inneren Kind verbunden sind, dann verhalten wir uns achtsam und fürsorglich zum Wohle unserer selbst, unserer Mitmenschen und unseres Planeten. Leben wir in dieser Ganzheit, können wir niemals zerstörend und gewalttätig sein.

BOTSCHAFTEN DER GUTEN MUTTER UND DES GUTEN VATERS

Dr. Jack L. Rosenberg, ein bekannter kalifornischer Therapeut, hat eine sehr einfache und doch äußerst wirkungsvolle Methode entwickelt, dem inneren Kind zu geben, was ihm fehlt. Früher arbeitete er vor allem mit Krebspatienten und fand heraus, daß der Erfolg ihrer Genesung mit der Stärke des Gefühls für ihre eigene Identität zusammenhing. Seine Forschungen ergaben, daß das Selbst-Gefühl von der frühen Mutter-Kind-Bindung abhing. So brachte er seine Patienten dazu, sich selbst rückwirkend zu «bemuttern». Er befähigte sie, ihren inneren Kindern all die Liebe und Fürsorge zu schenken, die sie für ihre Heilung benötigten. Rosenberg arbeitete eine Reihe von Gefühlsstimmungen oder Botschaften heraus, denen er die Bezeichnung «Die gute Mutter» gab. Es handelt sich dabei um die nonverbalen Botschaften, die eine liebende Mutter ihrem Kind gefühlsmäßig vermittelt. Diese Botschaften eignen sich hervorragend dafür, in einen inneren Dialog mit dem Kind in uns zu treten. Bei dieser Arbeit geht es darum, die Gefühle der guten Mutter zu verinnerlichen, um sich selbst, so, wie man heute ist, an die Stelle des tatsächlichen Elternteils zu setzen und sich den Trost zu spenden, der damals nicht zur Verfügung stand. Je häufiger dies wiederholt wird, desto tiefer dringen diese nährenden Gefühlsinhalte in das Unterbewußtsein und entwickeln sich zu einem ständigen Lebensgefühl.

Das gleiche gilt natürlich auch für die ebenso wichtigen Botschaften eines guten Vaters. Da die Mutter-Kind-Beziehung jedoch die primäre, ursprüngliche Prägung darstellt, beginnen wir stets mit den Mutterbotschaften, um dann später auch die Vaterbotschaften zu entwickeln.

Erfahrungsgemäß wirkt diese Arbeit mit den Botschaften sehr tief, sie ist ein wichtiges Werkzeug für unsere Arbeit geworden. Im Folgenden werden in Worte gefaßte Gefühlsinhalte aufgeführt, die bei Bedarf natürlich mit eigenen, vielleicht noch treffenderen Worten verändert oder ergänzt werden können.

Die Botschaften der guten Mutter:

1. Ich will dich.
2. Ich liebe dich.
3. Ich sorge für dich; ich gebe dir alles, was du brauchst.
4. Du kannst mir vertrauen.
5. Ich bin für dich da, wann immer du mich brauchst.
6. Ich liebe dich einfach so, wie du bist.
7. Du bist etwas ganz Besonderes für mich.
8. Ich liebe dich, und du darfst ganz du selbst sein.
9. Manchmal werde ich «Nein» zu dir sagen – auch dann liebe ich dich.
10. Meine Liebe erhält dich gesund.
11. Ich sehe und höre dich.
12. Du kannst deiner inneren Stimme vertrauen.

Die Botschaften des guten Vaters:

1. Ich will dich.
2. Ich liebe dich.
3. Ich vertraue dir. Ich bin sicher, du gehst deinen Weg.
4. Manchmal werde ich Grenzen setzen, um dir zu helfen, dich zurechtzufinden.
5. Du bist richtig, so, wie du bist.
6. Wenn du fällst, helfe ich dir wieder auf.
7. Du bist etwas ganz Besonderes für mich, ich bin stolz auf dich.
8. Du bist schön, und ich erlaube dir, ein sexuelles Wesen zu sein (besonders für Frauen wichtig).

9. Ich gebe dir die Erlaubnis, so zu sein wie ich, aber ebenso erlaube ich dir, anders zu sein als ich (besonders für Männer wichtig).
10. Du hast das Recht, so zu sein, wie du bist, und deinen Weg zu gehen.
11. Wenn du mich brauchst, bin ich für dich da.

Das innere Kind wird nicht allein durch die Zuwendung und Beschäftigung mit seinen verletzten Teilen befreit. Mindestens ebenso wichtig sind die Stärkung und Förderung des gesunden, ungebrochenen, sonnigen Teils.

Wir achten in unseren Trainingsgruppen in besonderer Weise darauf, daß auch dieser Aspekt nicht zu kurz kommt. Durch Tanz, Gesang, Massage, Spiel, Genießen und Feiern lassen wir erst gar nicht die Illusion entstehen, das Leben sei ein ernstes Problem, dessen Lösung nur in verbissener Arbeit möglich ist. Ein solches – allerdings weit verbreitetes – ausschließlich problemorientiertes Vorgehen verstärkt lediglich alte krankmachende Einstellungen dem eigenen Leben gegenüber.

Dabei wird eine ganz entscheidende Wahrheit vernachlässigt, deren bloße Erinnerung mächtige Kräfte für Heilung und Transformation in Gang setzen kann: *Wenn wir uns immer wieder erlauben, das Potential gerade hinter den schwierigsten Lektionen zu sehen, wenn wir das unermeßliche Geschenk erkennen, überhaupt in einem Körper leben und Erfahrungen sammeln zu können, nähern wir uns echter Selbsterkenntnis.*

Die Befreiung aus dem engen Gefängnis selbstgewählter Beschränkungen gibt Anlaß zu überströmender Freude und ekstatischem Feiern. *Wir bleiben niemals bei dem bloßen Anschauen der Probleme stehen, sondern richten unseren Blick auf den Raum dahinter, auf die Freiheit hinter der Angst, das Licht hinter dem Schatten, die Liebe hinter der Unbewußtheit.*

Indem wir nach und nach lernen, aus neuer Perspektive zu sehen, verwandelt sich unser Leben vom bloßen Kampf ums Dasein zum beglückenden Weg unserer Befreiung, auf dem uns jeder Schritt unserer Ganzwerdung näherbringt.

DIE GEBURT – Erkennen und Auflösen negativer Urprägungen

Die Geburt ist ein Sturm.
Ein mächtiger Strudel
ergreift uns und bringt uns in diese Welt.
In diesem wilden, tobenden Meer
ist das Neugeborene ein winziges Boot,
das versucht, durch den Wahnsinn hindurchzusegeln.
Wenn es vorbei ist,
wenn sich die rasende See ausgetobt hat
und der Wind nicht mehr heult,
dann ist plötzlich Stille da.
Schweigen.
Die Zeit setzt aus.
Der Augenblick,
wenn der kleine Abenteurer
seinen Fuß an unser Ufer setzt,
ist einfach unbeschreiblich.
Als täte sich plötzlich ein Spalt auf.
Ein Spalt, durch den das Kind zu uns schlüpft.
Ein Spalt, durch den uns die Ewigkeit berührt.
Um das zu erleben,
müssen wir schweigen
und ganz still werden.
So, wie es der Größe, Würde und Gewichtigkeit
dieses Augenblicks entspricht.

(Frédérick Leboyer)

Die Geburt ist der Beginn jener Reise, die wir das Leben nennen. Sie war unser Start und beeinflußt daher den gesamten Lebenslauf. Die Urerfahrung dieses dramatischen Ereignisses ist als Erinnerung tief in unseren Zellen gespeichert. Der Verlauf unserer Geburt und auch die Zeit unmittelbar danach beinhalten wie im Zeitraffer unser ganzes Lebensprogramm. Insbesondere in Zeiten der Veränderung, des Wechsels und Übergangs werden wir immer wieder mit den Mustern jener frühen Prägung konfrontiert. «Ich schaffe es nicht!» ist beispielsweise eine weit verbreitete Überzeugung, die sich in solchen Lebenssituationen äußert.

Wie immer auch unsere Geburt verlief, ob wir in der kalten Hektik eines Kreißsaales oder in einem fortschrittlichen, liebevollen Geburtshaus zur Welt kamen – die Erfahrung der Trennung von der Mutter und der geschützten Umgebung in ihrem Bauch mußte jeder Mensch machen, selbst dann, wenn die Geburt sehr sanft und einfühlsam verlief. Die damit verbundenen Prägungen des Ausgeliefertseins: «Ich bin klein und hilflos, ich brauche jemanden, um zu überleben!» können sich völlig unangemessen in gegenwärtigen Lebenssituationen äußern.

Wir stellen dieses für transformatorische Arbeit unausweichliche Thema in den Mittelpunkt unseres zweiten Trainingsseminars, denn unsere Geburt ist die erste, grundlegende und in der Regel traumatische Prägesituation mit weitreichendem Einfluß auf das gesamte Leben. Dabei geht es uns um zweierlei: Zum einen um die gründliche Erforschung unserer individuellen Geburtserfahrung für ein tieferes Verständnis unserer Persönlichkeit; zum anderen um ein Überschreiten von bislang für notwendig und unabänderlich gehaltenen Begrenzungen.

Die Geburt bedeutet für jeden Menschen eine Urerfahrung von Übergang und Wechsel. Sie ist eine magische Schwelle zwischen zwei Welten. Dem Augenblick der Geburt, diesem so empfindlichen und verletzlichen Moment, sollten wir allergrößte Achtung und Liebe entgegenbringen. Wie wichtig ist es da, daß jedes neugeborene Wesen behutsam in die Welt begleitet wird, voller Respekt und Achtsamkeit. Es ist sehr entscheidend, daß das Trauma der Geburt, das jedes Baby durchlebt, durch den nährenden und liebenden Kontakt seiner Mutter und seiner Umgebung gemildert und nach und nach aufgelöst wird. Frédérick Leboyer erkannte, daß Schmerzen, Leiden und bleibende Schäden für das Kind vermeidbar sind. Er gibt in seinen

Schriften sehr wertvolle und inspirierende Anregungen für einen sanften Weg ins Leben, einen friedlichen Eintritt in die Welt.

Doch viele Menschen haben diese Pforte als sehr schmerzhaft und enttäuschend erlebt. Kälte, Lärm, Fremdheit und Lieblosigkeit waren ihre ersten Eindrücke. Der Eintritt in die neue Welt konnte dadurch wenig freudvoll und ermutigend erlebt werden. Es blieben emotionale Narben zurück, irrationale Ängste und ein Grundgefühl, im Leben nicht willkommen zu sein. Folglich bleiben das ganze Leben hindurch alle Veränderungen und Übergänge negativ besetzt. Hierin mag auch einer der Gründe zu finden sein, warum Menschen sich gegen Wachstum, Entwicklung und Veränderung wehren.

In der Geburt liegt ein wichtiger Schlüssel zur Umwandlung der auf Urängsten basierenden Widerstände. Das Ziel der «Geburtsgruppe» ist es, diesen schmerzhaften Eintritt ins Leben zu heilen und auf neue Weise zu erfahren, damit wir wieder bereit werden, den Kraftaufwand in Phasen starker Veränderungen, die ja einem Gebärprozeß gleichen, freudvoll und lebendig zu erleben.

Die Auseinandersetzung mit unserer eigenen Geburt kann eine Neugeburt auf vielen Ebenen hervorbringen und uns vor allem das wunderbare Gefühl vermitteln, im Spiel des Lebens willkommen zu sein.

Das existentielle Wiedererleben unserer eigenen Geburt erschließt uns tiefe Erkenntnisse über uns selbst, über unser Denken, Empfinden und Verhalten in wichtigen Lebenssituationen. Doch es geht nicht allein darum, unsere Prägungen so genau wie möglich zu erkennen, um uns dann vielleicht besser mit ihnen abfinden zu können. Damit würden wir lediglich auf halbem Wege stehen bleiben. Wie jede andere Prägesituation kann auch die Geburt auf neue Weise erlebt und damit von ihren scheinbar unausweichlichen Mustern befreit werden.

Immer wieder haben zahlreiche Mysterienschulen die Neugeburt oder Wiedergeburt als notwendige Initiation angesehen, als grundlegende Voraussetzung für den Weg zur wahren Selbsterkenntnis. *Wenn wir und unser Leben eine grundlegende Wandlung erfahren sollen, müssen wir in der Tat neu geboren werden!* Ohne diese Erfahrung, ohne die «Geburt durch den Geist» – ausgelöst und begleitet von unserer inneren Führung, unserem wahren Selbst, unserem göttlichen Wesenskern – ist wirkliche Transformation undenkbar.

Eine solche Erfahrung wird allen Teilnehmern am vorletzten Tag dieser Gruppe möglich. Es handelt sich dabei um die Gelegenheit, einen erweiterten Bewußtseinsraum zu betreten, welcher der letzten Geburtsphase entspricht.

Unsere physische Geburt ist eine biologische Notwendigkeit auf der irdischen Ebene. Die meisten der dramatischen Veränderungen in unserem Leben, die den Charakter einer Geburt besitzen, geschehen aufgrund äußerer Notwendigkeiten. In der Regel durchleben Menschen sie widerwillig und angsterfüllt, in der unbewußten Wiederholung ihrer primären Geburtstraumata.

Nur wenige nutzen solche Ereignisse, um echte Hingabe und tiefe transformatorische Wandlung zu erfahren. In der Regel bleiben wir in der Identifikation mit dem Lebenskampf stecken und werden dadurch unfrei und unbewußt.

Die heilende und transformierende Wirkung einer bewußtseinserweiternden Wiedergeburt setzt absolute Freiwilligkeit voraus. Nicht allein äußere Ereignisse und Zwänge katapultieren uns dabei im wiederholten traumatischen Erleben durch den «Geburtskanal», nicht bloß Ängste, Leid und Sorgen bewirken eine erhöhte Intensität und Wachsamkeit, sondern Auslöser ist vorrangig unsere freie persönliche Entscheidung, zu wachsen und Grenzen zu überschreiten.

Üblicherweise können wir uns an das Ereignis unserer Geburt nicht mehr bewußt erinnern, da unsere Fähigkeit des linearen Denkens zu diesem Zeitpunkt noch nicht entwickelt war. Wir konnten noch nicht analytisch beobachten und beschreiben, was in uns und mit uns geschah. Die Geburt gehört in den Bereich vorbewußter Erinnerung und kann daher auch nicht allein mental, sondern muß überwiegend intuitiv erforscht werden. Wir begeben uns dazu in Bewußtseinsräume, die nicht mehr allein mit Hilfe unseres Verstandes erreicht werden können.

Eine grundlegende Technik, in die vorbewußten Bereiche vorzustoßen, ist die Arbeit mit unterschiedlichen Atemtechniken. Die bekannteste ist heute das Rebirthing-Atmen. Rebirthing ist eine ausgezeichnete Methode, in den Bereich intuitiver Wahrnehmung einzutauchen. Gleichzeitig geschehen durch die verstärkte Atmung und den dadurch erhöhten Stoffwechsel eine energetische Öffnung, Reinigung und Klärung auf körperlicher, emotionaler und feinstofflicher Ebene. Während sich in den ersten Sitzungen oft die gröberen Körper- und Emotionalblockaden lösen, kann im fortschreitenden Prozeß der Zugang zu immer feineren, subtileren Ebenen der Wahrnehmung frei werden.

Eine grundlegende Erfahrung dieses Seminars ist also eine aufbauende und dann weiterführende Atemarbeit. Wir «durchlüften», reinigen und öffnen zunächst einmal unsere Energiezentren, machen uns durchlässiger für die intuitiven Impulse unserer inneren Führung. Tatsächlich berichten viele Teilnehmer am Ende dieser Seminartage, daß für sie die innere Führung nicht mehr nur ein abstrakter Begriff, sondern eine erfahrene Wirklichkeit geworden ist.

Unser Atem ist das Bindeglied zwischen Körper, Geist und Seele. Mit unserem ersten Einatmen beginnen wir unser Erdenleben als eigenständige Wesen, bis hin zu unserem letzten Atemzug. Beim Rebirthing-Atmen kehren wir zurück zu jenem ersten Atemzug, mit dem wir auf die Welt kamen. Die Atmung damals war ungefähr drei- bis viermal mal so schnell wie heute, und es gab noch keine langen Pausen zwischen den Atemzügen. Genau dies vollziehen wir im Rebirthing. Wir atmen anfangs willentlich schneller, machen keine Pausen zwischen dem Ein- und Ausatmen und überlassen uns später dann dem natürlichen Fluß unseres individuellen Atems. So hat der Körper die Möglichkeit, sich an diese erste Atmung wieder zu erinnern und damit oftmals auch an den Moment der Geburt.

Die Atemarbeit ist eine direkte, wunderbare Möglichkeit, mit unserer Innenwelt, unseren Gefühlen in Kontakt zu kommen. Von der inneren Weisheit gesteuert, können frühe Kindheitsverletzungen heilen, Körperblockaden sich lösen und ungeahnte Stärken und Fähigkeiten freigelegt werden. Häufig mündet eine Atemreise auch in lange verborgen gebliebene Einsichten in die eigene Wahrheit und in eine erlösende Entspannung. Durch unsere Ausrichtung auf unsere innere Führung geschieht bei jedem genau das Richtige. Aus dem unerschöpflichen Reservoir unseres «Seelenmaterials» taucht das auf, was gerade jetzt für Heilung und Bewußtwerdung bereit ist. Ein wichtiger Schlüssel dabei ist es, alles willkommen zu heißen, was immer sich auch zeigen mag. Wenn wir alles in uns zu akzeptieren beginnen, können wir uns in tieferen Schichten unseres Seins verankern. Dadurch werden alle traumatischen Ereignisse unseres Lebens integriert und geheilt. So kann jede Atemreise zu einem Fest der Freude werden.

Nachdem uns das Rebirthing-Atmen vertraut ist, gehen wir einen Schritt weiter und richten uns auf die Wiedererinnerung oder -erfahrung des Geburtserlebnisses aus. Dazu wiederholen wir auf unterschiedliche Weise die Geburtssituation wie z.B. in der «Mutter-Kind-Atmung». In dieser Sitzung, welche die Teilnehmer zusammen mit einem Partner ihrer Wahl durchführen, wird durch bestimmte Körperpositionen sowie mit Hilfe von Kissen und Decken die Situation im Mutterleib kurz vor der Geburt simuliert. Dabei übernimmt ein Partner die Rolle des Embryos, der andere die der Mutter. Vollkommen eingehüllt und zugedeckt beginnt nun der Atemprozeß. Aufgabe der «Mutter» ist es, ihren Atemrhythmus genau dem ihres «Kindes» anzugleichen.

Allein schon durch diesen äußeren Rahmen wird eine Situation hoher Intensität hergestellt. Beide Partner begeben sich freiwillig in eine wahrhaft symbiotische Verbindung. Es ist dunkel und heiß. Speziell für Menschen mit klaustrophobischen Tendenzen (die praktisch immer einen Bezug zum Geburtsvorgang haben) bietet allein schon dieser Raum eine Chance, einmal freiwillig und mit äußerster Wachheit an ihre Grenzen und darüber hinaus zu gehen.

In dieser Übung wird kein bestimmtes Timing vorgegeben. Sie wird erst beendet, wenn das «Baby» geboren worden ist. Die Art dieses Vorgangs sowie den Zeitpunkt bestimmt es selbst. Die Teilnehmer in der Babyrolle werden dazu angehalten, diesen Augenblick der Befreiung solange abzuwarten, bis die sogenannten Geburtsreflexe einsetzen. Diese kraftvollen, unaufhaltsamen, reflexartigen Bewegungen können an einem bestimmten Punkt des gemeinsamen Atemprozesses wie von selbst auftauchen. Sie leiten die Befreiung aus der zu eng gewordenen «Gebärmutter» ein.

In der Zeit, die dieser Befreiung vorausgeht, ist es möglich, verschiedenartige Empfindungen und Impulse wahrzunehmen, die in der Regel wellenartig kommen und gehen. Selige Gefühle von ozeanischer Einheit und Geborgenheit können rasch abwechseln mit Momenten von Angst und Panik. Es geht in dieser Übung darum, so aufmerksam wie möglich die Regungen des Emotionalkörpers zu beobachten, anstatt gleich bei den ersten Impulsen zu reagieren. Dadurch gelingt es uns, möglichst viel von dem emotionalen Material unserer Geburt und den daraus entstandenen Verhaltensmustern unserem Bewußtsein zugänglich zu machen. Indem wir lernen, in solchen oder ähnlich intensiven Situationen unsere Achtsamkeit auf den Fluß des Atems zu lenken, werden wir immer seltener zu Sklaven unserer Gefühlsausbrüche. Etwas in uns lernt zu beobachten, ruhig und mit Abstand alles auf- und anzunehmen, was durch die Stürme in uns und um uns herum ausgelöst wird.

Diese Position des Zeugen, des unbeteiligten Beobachters einzunehmen, ist ein Dreh- und Angelpunkt in unserer Arbeit. Nur mit dem Erwachen dieses essentiellen Teils sind dauerhafte Transformation und Heilung möglich. Unsere gesamte Arbeit zielt auf ein meditatives Gewahrsein ab, das wir nicht nur vorübergehend in besonderen Übungen, sondern als ständige Unterströmung erfahren, gerade auch in jenen Alltagssituationen, in denen wir in besonderer Weise vom Leben gefordert werden.

In der Mutter-Kind-Atmung werden mit Sicherheit zahlreiche Schichten eingespeicherter Erinnerungen in Zusammenhang mit Schwangerschaft, Geburt sowie Urkontakt zur Mutter wachgerufen. Wenn wir bereit sind, uns dieser alten Erfahrung erneut zu stellen, werden wir u.a. mit unserer Verletzlichkeit und existentiellen Hilflosigkeit konfrontiert. Es handelt sich dabei um Bereiche unseres Erlebens, von denen wir uns mehr oder weniger erfolgreich im Laufe unseres Erwachsenwerdens abgeschirmt haben. Der aufgebaute Schutz hat uns jedoch nicht nur vor weiteren Verletzungen bewahrt. Er hat uns auch gleichzeitig getrennt vom Potential unserer inneren Weisheit und Lebendigkeit.

Nur, wenn wir den Mut haben, uns wieder berührbar zu machen, kann das Leben uns erreichen und sich ungehindert durch uns ausdrücken. Für eine derartig tiefgehende Neuöffnung ist das liebevolle, nicht bewertende, schützende und tragende Energiefeld einer vertrauten Gruppe besonders hilfreich.

VIER PHASEN UND VIER PRÄGUNGEN IM GEBURTSVORGANG

Zum Verständnis des Geburtsvorgangs greifen wir u.a. auf die Studien von *Stanislaw Grof* zurück. Seine wertvollen Erkenntnisse werden ausführlich in seinem Buch *«Geburt, Tod und Transzendenz»* zusammengefaßt und in *«Auf der Schwelle zum Leben»* dargestellt. Grof erkannte, daß jede Geburt in bestimmten, aufeinanderfolgenden Phasen abläuft, die deutliche Parallelen sowohl zum persönlichen Alltag jedes einzelnen Menschen als auch zur Menschheitsgeschichte sowie zum archetypischen Kollektivbewußtsein aufweisen. Er nannte diese auf vielen Ebenen gleichzeitig auftauchenden Erfahrungsmuster *«Perinatale Matrizen»*.

Die Ergebnisse von Grofs Forschungen haben unsere Arbeit maßgeblich beeinflußt. Sie sind es wert, an dieser Stelle kurz skizziert zu werden. Es handelt sich dabei um gebündelt auftretende Erfahrungen, bestehend aus Emotionen, psychosomatischen Empfindungen sowie aus symbolischen Bildern, die mit einer Geburt in Beziehung stehen.

1. Phase: Schwangerschaft

Die erste perinatale Matrix bezieht sich auf den Zustand im Mutterleib vor der Geburt. Der Embryo erfährt hier ein raum-

und zeitloses Sein in der Einheit mit der Mutter. Je nach Befindlichkeit der Mutter, ihrer Einstellung zum Kind und den äußeren Bedingungen während der Schwangerschaft wird der Lebensraum der Gebärmutter als gut oder schlecht, lebensbejahend oder existenzbedrohend erlebt.

Ist die Einstellung der Mutter zum erwarteten Kind überwiegend positiv und liebevoll und sind keine weiteren störenden Faktoren vorhanden, kann das Erleben dieser Phase als paradiesisch bezeichnet werden. Der Fötus erfährt Schutz, Sicherheit und die ständige Befriedigung aller Bedürfnisse. Er existiert in einem ozeanischen Zustand der Ureinheit mit der Mutter, der als kosmisches Einssein erlebt werden kann. Dieser Raum von Weite und Verbundenheit vermittelt überwältigende, friedvolle, glückselige und ekstatische Gefühle, ein Zustand der Verbundenheit mit anderen Menschen, der Natur, dem ganzen Universum. Es tauchen mythologische Bilder auf vom Paradies und vom Himmel, von Ozeanen oder Sternenräumen. Wir werden durchflutet von Gefühlen kosmischer Erhabenheit und doch äußerster Demut; wir befinden uns in einem Geisteszustand, der inhaltslos ist und doch alles enthält, formlos und doch reich an Formen in einer Welt ohne Grenzen.

Gab es jedoch in dieser Phase Störungen wie z.B. eine drohende Fehlgeburt, eine versuchte Abtreibung oder psychischen Dauerstreß der Mutter, so kann der innere Nachvollzug der ersten Phase unangenehme Empfindungen hervorrufen wie Kälte, Ekel oder paranoide, existenzbedrohende Vorstellungen. Man sieht sich bedrohlichen dämonischen Mächten schutzlos ausgeliefert. Eine allgemeine Unbehaglichkeit macht sich breit, doch es gibt keinen Ort, an den man sich zurückziehen könnte.

Da wir wissen, daß die ursprünglichen Prägungen der Geburtsphasen bereits die Grundeinstellung eines Menschen zum Leben überhaupt bestimmen, ist es sinnvoll, die bewußten oder unbewußten Glaubenssätze oder Mentalprogramme zu untersuchen, welche die verschiedenen Geburtsphasen verursachen.

In der positiv erlebten Schwangerschaft werden Einstellungen hinterlassen wie:

- *Ich bin geborgen und geschützt.*
- *Ich liebe das Leben, und das Leben liebt mich.*
- *Ich bekomme alles, was ich brauche, in der Fülle.*
- *Alles, was mir im Leben begegnet, dient meinem Besten.*
- *Ich werde geliebt, einfach so, wie ich bin.*

Einer negativ erlebten Schwangerschaft entstammen Einstellungen wie:

- *Ich bin unerwünscht und werde abgelehnt.*
- *Die Welt ist ein bedrohlicher, gefährlicher Ort.*
- *Ich darf niemandem vertrauen.*
- *Ich gehöre hier nicht hin, ich bin und bleibe fremd.*
- *An mir stimmt etwas nicht.*
- *Alles richtet sich gegen mich.*
- *Ich habe keine Existenzberechtigung.*
- *Wenn ich mich einem Menschen (dem Leben) öffne, werde ich nur verletzt.*

2. Phase: Beginn der Wehen

Die zweite Phase entspricht dem Beginn der eigentlichen Geburt. Die Wehen setzen ein, die Gebärmutter zieht sich periodisch zusammen. Dadurch erfährt das Kind einen beengenden Druck von allen Seiten. Der Muttermund ist noch geschlossen. Es gibt also keinen Ausweg. Der Druck wird immer größer und preßt den Kopf des Kindes so lange gegen die Öffnung des Muttermundes, bis dieser weit genug wird, so daß das Kind in den Geburtskanal eintreten kann. Diese Phase kann oftmals viele Stunden andauern.

Mit dem Beginn der zweiten Phase geht das Gefühl des ozeanischen oder kosmischen Einsseins verloren. Die Bedrohung kann verschiedene Formen annehmen. Generell wird dieser Vorgang als Angstzustand erlebt, der sich bis zu paranoiden Vorstellungen steigern kann. Wir fühlen uns angegriffen und in unserem Innersten bedroht. Ohnmächtig sind wir dem Druck von außen ausgeliefert und fühlen uns absolut hilflos, ohne zu wissen, was überhaupt passiert. Das Erleben steigert sich immer mehr zu einem gewaltigen Wirbel, zu einer Art Malstrom.

Dieser Zustand kann von archetypischen Bildern begleitet werden. Man fühlt sich von einem Ungeheuer wie einem Drachen, Hai oder Krokodil bedroht, von einer Riesenkrake erwürgt oder von einem spinnenartigen Geschöpf gefangengenommen. Das Erleben gleicht einem Abstieg in die Unterwelt. Eingesperrt in einen klaustrophobisch erlebten Raum fühlt man sich wie in einem Alptraum ohne Ende, gequält von Teufeln und Dämonen.

Es ist leicht einzusehen, daß eine solche Erfahrung eine starke Wirkung auf die spätere Einstellung zum Leben hat. Ein Mensch, der überwiegend von dieser Phase geprägt ist, nimmt die Welt durch ein negatives Raster wahr und sieht sie als endlose Folge von Schmerz und Qual, von Kriegen, Umweltkatastrophen und Krankheiten. Das eigene Leben erscheint als ein fortwährender Kreislauf von Leiden, unlösbaren Problemen, Einsamkeit, Sinnlosigkeit und Schuld. Man ist unfähig, Positives zu sehen, und fühlt sich als ewiges Opfer.

Wenn diese Phase im Erwachsenenalter aktiviert wird, findet man sich in vollkommen aussichtslosen Situationen wieder, unfähig, dem Leiden zu entrinnen. Man sieht sich mit gewaltigem Druck von außen konfrontiert oder schicksalhaften Mächten ausgeliefert. Die zweite Phase wird also von ausschließlich negativem Erleben beherrscht.

Die Mentalprogramme eines überwiegend von dieser Geburtsphase geprägten Menschen lauten etwa:

- *Ich bin schwach, hilflos und ohnmächtig.*
- *Andere machen mit mir, was sie wollen.*
- *Ich werde mißbraucht, kann mich nicht wehren.*

- *Ich bin meinem Schicksal und höheren Mächten restlos ausgeliefert.*
- *Das Leben ist eine endlose Folge von Leiden.*
- *Veränderungen im Leben bedrohen meine Existenz.*
- *Das Leben (andere Menschen) setzen mich ständig unter Druck*
- *Ich muß mich immer wehren und fühle mich in die Enge getrieben.*

3. Phase: Im Geburtskanal

Der Übergang von der zweiten zur dritten Phase findet statt, wenn sich der Muttermund soweit geöffnet hat, daß das Kind in den Geburtskanal eintritt. Die Gebärmutter übt weiterhin Druck auf das Baby aus, aber es befindet sich jetzt nicht mehr in einer ausweglosen Situation. Etwas ist in Bewegungen gekommen, und eine starke Kraft treibt das Kind stufenweise vorwärts.

Allerdings ist der Druck auf den Kopf des im Becken eingekeilten Kindes noch gewaltig. Dies kann zu verschiedenen Stadien der Erstickung führen, wenn die Blutzufuhr durch Druck auf die Nabelschnur beeinträchtigt wird. In dieser Phase kann es auch zu einem direkten Kontakt mit Blut, Schleim, Urin und Kot kommen. Besonders dramatisch ist die nicht seltene Situation, daß sich die Nabelschnur um den Hals wickelt.

Die dritte Phase einer Geburt ist vom Kampf ums Überleben geprägt. Das Erleben ist so ekstatisch, daß es schmerzhaft ist, und so schmerzhaft, daß es wiederum ekstatisch wird. Ungeheure Energien wirken von außen ein, und das Gefühl entsteht, in einen titanischen Kampf verwickelt zu sein.

Mächtige Energieströme durchfluten den Körper, sich derart steigernd und intensivierend, daß sie alle vorstellbaren Grenzen überschreiten, gefolgt von explosiven Entladungen und Gefühlen ekstatischer Erlösung. Dies wird im Nacherleben oft begleitet von dramatischen Bildern explodierender Bomben, Raketen oder Raumschiffe. Es tauchen Szenen kriegerischer Zerstörung, gigantischer Feuersbrünste oder aufbrechender

Vulkane auf. Es werden Erschütterungen durch Erdbeben, Wirbelstürmen und anderen Naturkatastrophen erlebt. Aggressive Energie wird in ungeheuren Mengen freigesetzt: Vergewaltigungen, sexuelle Perversionen, bestialische Morde, Grausamkeiten aller Art, blutige Opfer. Solche Bilder können auch von Selbstmordphantasien begleitet sein.

Sexualität ist ein wichtiger Bestandteil dieser Phase, sowohl für die Mutter, die im Schmerz des Gebärens auch eine orgiastische Ekstase erleben kann, als auch für das Kind, das auf dem Höhepunkt des Schmerzes und des Erstickens eine Erregung erlebt, die zweifellos sexuelle Charakteristika aufweist. Viele Menschen, die ihre Geburt wiedererleben, haben in diesem Stadium intensive orgiastische Gefühle.

Da diese ersten sexuellen Erfahrungen des Kindes in einer derart extremen Situation stattfinden, kann man hier auch die Ursache für sexuelle Schwierigkeiten und Abweichungen im späteren Leben sehen. Im Wiedererleben der Geburt tauchen durchaus sexuell geprägt Phantasien von Pornographie in allen Formen, zügellosen Orgien, lasziven Lustbarkeiten und rhythmisch sinnlichen Tänzen auf. Grof zeigt auch den Erlebniszusammenhang zwischen Todesqual und sexueller Ekstase auf sowie die mögliche Gleichsetzung von Leiden und orgiastischer Erregung.

Die Mentalprogramme dieser Phase können sehr verschieden sein, je nachdem, ob in dieser Phase Agonie oder Ekstase dominiert. Lebenseinstellungen, die eher die schmerzhafte Seite betonen, sind:

- *Das Leben ist ein ständiger Kampf.*
- *Leben und Entwicklung bedeutet Schmerz und Leiden; nur dadurch kann ich wachsen.*
- *Wenn ich Lust erfahren will, wird das mit Schmerzen und Bestrafung verbunden sein.*
- *Es ist mir alles zuviel, ich schaffe es nicht.*
- *Ich kann nicht.*

Sind die ekstatischen Aspekte betont,
lauten die Überzeugungen:

- *Ich schaffe es, ich erreiche meine Ziele.*
- *Jedes Problem trägt auch die Lösung in sich.*
- *Ich liebe Herausforderungen, ich wachse an ihnen.*
- *Mit allen Aufgaben erhalte ich auch die Kraft, sie zu erfüllen.*
- *Es ist eine Lust zu leben.*
- *Ich wachse freiwillig, mit Intensität und Freude.*

4. Phase: Die Ankunft

Nun erlebt das Kind die letzte Phase der Geburt: den Austritt aus dem Geburtskanal und die Trennung von der Mutter. Die Turbulenzen und dramatischen Sensationen der dritten Phase gelangen zur Kulmination. Dem extremen Leiden und der heftigen Anstrengung folgen plötzliche Erleichterung und Befreiung. Das neugeborene Baby beginnt seine eigene Existenz in anatomischer Unabhängigkeit. Durch den ersten Atemzug wird sein eigener Blutkreislauf durch die Lungen eröffnet.

Kurz vor dem Durchbruch in diese neue Seinsweise kommt zunächst die körperliche und seelische Agonie zum Höhepunkt und mündet oftmals in ein Erleben endgültiger Vernichtung auf allen Ebenen. Im Kampf um das Überleben gelangt man an einen Tiefpunkt, der endgültig erscheint, und an das Gefühl, nun alles restlos zu verlieren. Der Mensch erlebt in diesem Zustand eine Art Tod des Ego, der die gnadenlose und unaufhaltsame Zerstörung aller bisherigen Bezugspunkte im gegenwärtigen Leben zur Folge hat.

Auf diesem kosmischen Tiefpunkt angelangt, im Moment der tiefsten Tiefe, in dem ein Mensch seine vollkommene Vernichtung und Niederlage akzeptiert, öffnet sich plötzlich alles zu einem strahlenden Licht. Die bedrängende Situation des Geburtskampfes weicht einer unendlichen Weite. Das ganze Universum erstrahlt in einem unbeschreiblich schönen Licht. Es herrscht eine Atmosphäre der Befreiung, Erlösung, Liebe und Vergebung. Man fühlt sich entlastet, gereinigt und geläutert, so, als habe man sich von Unrat, Schuldgefühl, Widerwärtigkeiten und Angst befreit. Positive Werte wie Gerechtigkeitssinn, Würdigung des Schönen, Gefühle von Liebe und Selbstrespekt werden als untrennbar von der menschlichen Natur und der kosmischen Ordnung wahrgenommen. Das Erleben der vierten Phase kann von beeindruckenden Visionen überirdischen Lichts, kosmischer Sonnen oder göttlicher Erscheinungen begleitet sein.

Wenn ein Kind nach vollendeter Geburt liebevoll empfangen und genährt wird, bleibt diese Erfahrung in seiner unbewußten Erinnerung etwas, das alle vorausgegangenen Schmerzen und Mühen um ein Vielfaches aufwiegt.

Es wird in extremen Lebenssituationen immer die Bereitschaft entwickeln, durchzuhalten, mögliche Anstrengungen auf sich zu nehmen und Widerstände kreativ zu überwinden.

Die resultierenden späteren Einstellungen lauten:

- *Ich erreiche schließlich mein Ziel.*
- *Ich bin durchaus fähig, etwas erfolgreich abzuschließen.*
- *Es lohnt sich zu leben.*
- *Ich weiß um das Licht, das auf mich wartet.*
- *Ich bin willkommen; ich bin richtig.*
- *Ich glaube an mich, an die Liebe, an das Gute, an eine göttliche Führung.*
- *Mein Einsatz lohnt sich.*
- *Ich bin angekommen.*
- *Es ist alles gut.*
- *JA!*

Trifft ein neugeborenes Baby jedoch eine kalte, unfreundliche Atmosphäre an, wird es lieblos empfangen und unzureichend genährt und umsorgt, werden sich auch diese Eindrücke bleibend einprägen. Es scheint, als seien alle vorangegangenen Schmerzen und Mühen umsonst gewesen.

Solche Menschen haben oftmals im späteren Leben das Gefühl, daß sie eigentlich im Außen alles erreicht haben, daß sie objektiv zufrieden und glücklich sein könnten. Doch der innere Hunger ist nie befriedigt, das tiefe Sehnen nie gestillt, die eigentliche Erfüllung nie erreicht worden. Jeder neue Versuch endet mit tiefer Enttäuschung, bis man schließlich resigniert aufhört zu wünschen, zu hoffen, zu wagen. Ohne eine Korrektur der Prägungen der vierten Phase wird ein Mensch in seiner Einstellung zum Leben zynisch, verachtend, bitter oder gleichgültig.

Glaubenssätze, die einer solchen Prägung entspringen lauten etwa:

- *Ich bekomme nie das, was ich mir wünsche.*
- *Ich erhalte nicht das, was ich wirklich brauche.*
- *Meine Anstrengungen waren und sind vergeblich.*
- *Ich muß endlos von neuem beginnen (Sisyphus).*
- *Ich bin unerwünscht, nicht willkommen.*
- *Für mich gibt es keine Erlösung.*
- *Ich bin hier nicht richtig.*
- *Ich habe Schwierigkeiten, etwas erfolgreich abzuschließen.*

Anhand dieser Glaubenssätze können wir recht leicht erkennen, welche Phase uns besonders geprägt hat und immer noch prägt. Doch zum Glück sind wir nicht dazu verurteilt, unser Leben bis zu unserem Tod von diesen zum Teil lebensverneinenden Mustern bestimmen zu lassen. Eine sorgfältige Umprogrammierung verhilft uns zu einem tieferen Verständnis unserer Persönlichkeit und erlaubt uns, die Weichen unseres Lebens ganz neu zu stellen.

DIE GEBURT NOCH EINMAL ERLEBEN

Kehren wir noch einmal zurück zu unserem laufenden Gruppenprozeß. Um die vier perinatalen Phasen in bezug auf die eigene Geburt existentiell erfahrbar zu machen, führen wir unsere Teilnehmer in einen tiefgehenden Atemprozeß, in dem sie, ausgelöst durch vorgegebene Bilder sowie mit Hilfe einer eigens dafür zusammengestellten Musik, Zugang zum inneren Erleben jeder einzelne Phase finden.

Dieser Prozeß eröffnet eine intensive Erfahrungsreise, die vielfältige Informationen über die eigene Geburt ins Bewußtsein hebt. Die Teilnehmer erhalten dabei die Möglichkeit, traumatische Erfahrungen nicht nur einfach zu wiederholen, sondern aktiv «umzuerleben».

Zum Abschluß dieser Trainingsgruppe erhalten alle Teilnehmer die Möglichkeit einer weiteren freiwilligen Grenzüberschreitung. Die äußere Struktur, in deren Rahmen dies geschehen kann, ist denkbar einfach. Wir wenden diese Übung in unterschiedlichen Varianten und mit wechselnden Ausrichtungen seit Jahren in der Gruppenarbeit an. Am fundiertesten fanden wir sie in dem Buch von *Richard Moss «Der schwarze Schmetterling»* beschrieben. Es handelt sich um eine Übung zur Selbstüberschreitung, die sich auf den Ausdruck durch die Stimme konzentriert.

Die Teilnehmer bilden dazu Kleingruppen von drei oder vier Mitgliedern. Der jeweilige «Sänger» wird während des ganzen Prozesses von den anderen Mitgliedern seiner Kleingruppe in jeder Hinsicht unterstützt und ermutigt. Die Aufgabe und Herausforderung besteht darin, solange zu singen, bis in seinem Bewußtsein und seiner energetischen Präsenz so etwas wie ein Quantensprung geschieht. Die Qualität eines solchen veränderten Zustandes ist nicht zu verkennen. Der Sänger scheint im Gesang zu verschwinden, die Zeit steht still, Müdigkeit, Hemmungen oder körperliches Unbehagen verschwinden gänzlich, und alle Anwesenden fühlen sich in einem unbegrenzten Raum müheloser Gegenwärtigkeit erhoben.

Bis dieser Bewußtseinszustand erreicht ist, kann mehr als eine Stunde vergehen. Erst auf diesem Höhepunkt – jedoch niemals vorher – kann der Sänger den Gesang beenden und sich im Raum ekstatischer Befreiung entspannen. Erst dann ist der geistige Geburtsvorgang abgeschlossen und mündet in eine glückselige Erfahrung von zurückgewonnener Verbundenheit und Einheit.

Im Kontext des Themas Geburt erhält eine solche Übung zur Selbstüberschreitung natürlich eine gesteigerte Bedeutung. Ebenso wichtig wie der Durchbruch selbst ist auch das Erleben in der langen Zeit, die diesem vorausgeht. Dabei können in Wellen immer wieder alle Phasen einer Geburt durchlebt werden: der sanfte wohlige Einstieg, indem der Stimme Raum gegeben wird (Phase 1), später aber auch gewisse Momente von Orientierungslosigkeit, Verwirrung, Schwäche, Ohnmacht, Hilflosigkeit, Bedrängnis, Ausweglosigkeit (Phase 2) sowie Zeiten von Wildheit, Aggression, Ärger oder orgiastisch-lustvollen Entladungen (Phase 3).

Diese Phasen können in wechselnder Reihenfolge und in unterschiedlicher Dauer und Intensität wie Wellen kommen und gehen. Auch hierbei wird der Übende manchmal sehr deutlich seine ursprünglichen Prägungen erfahren und zum Ausdruck bringen. Seine Begleiter helfen ihm, in keinem dieser Muster stecken zu bleiben, sondern mit Hilfe von Stimme und Gesang stetig weiterzugehen.

Die Sänger haben in diesem Prozeß die wichtige Aufgabe, den inneren Widerstand zu verwandeln, anstatt sich von ihm bremsen zulassen. Dabei lernen sie, gleichzeitig anzunehmen und loszulassen, aktiv weiterzugehen und sich dem Geschehen zu überlassen. Diese Übung verlangt die Kooperation von aktiven und passiven Impulsen, von Yin und Yang, von Geben und Empfangen, von Wille und Hingabe.

Erst, wenn alle Schichten der begrenzten persönlichen Kraft verbraucht sind, wenn das «machende», kontrollierende Ego aufgibt, ist der Eintritt in eine neue erweiterte Dimension der Kraft möglich. Entsprechend der vierten Matrix einer Geburt deutet das Auftauchen eines unüberwindbar erscheinenden Tiefpunktes sehr oft die Nähe der Befreiung an. Mit diesem Tiefpunkt kann auch eine Art Tod des Ego einhergehen. Gerade Angst, Wut, Verzweiflung, Hilflosigkeit und Schmerz können zum Tor zu größerer Lebendigkeit werden. *Alles hängt von der Achtsamkeit ab, die wir aufbringen, indem wir stets unsere Aufmerksamkeit auf das richten, was unmittelbar geschieht. Dadurch entwickeln wir eine schöpferische Beziehung zu dem, was und wie wir sind, ohne darüber zu urteilen, zu bewerten oder uns abzukapseln und «heruntermachen».*

Auch im alltäglichen Leben kommen wir immer wieder an Punkte, an denen wir uns unwohl fühlen und weglaufen wollen. Doch indem wir den Mechanismus solcher Reaktionen verstehen lernen, lassen wir uns von ihnen immer seltener hemmen oder fangen. Solche inneren Widerstände erzeugen lediglich eine Intensität, die an sich schon einen Zustand größerer Lebendigkeit darstellt. *Auf der Schwelle zu einer neuen*

Bewußtseinsstufe scheinen uns immer zunächst Hindernisse entgegenzutreten. Wenn wir uns dessen bewußt sind, werden wir lernen, solche Widerstände niemals als die Wirklichkeit anzusehen.

Nach unserer Beobachtung reicht bei den meisten TeilnehmerInnen allein die Ahnung von der Wichtigkeit einer solchen Bewußtseinsöffnung aus, um durchzuhalten, bis der Sprung zu einem veränderten und erweiterten Bewußtsein geschieht. *Dabei wird es immer unwichtiger, ob sie sich vorübergehend gut oder schlecht fühlen, ob sie zufrieden sind oder nicht. Ihr wachsendes Verständnis von dem Prozeß und den verschiedenen Aspekten und Phasen einer Geburt hilft ihnen, sich selbst immer wieder aufs neue durch mitunter auch schmerzhafte Gebärprozesse zu begleiten und die mannigfaltigen Ereignisse ihres Lebens mit wachsendem Vertrauen anzunehmen und zur Transformation zu nutzen.*

DIE TRANSFORMIERENDE KRAFT DER ELEMENTE – Einweihung in die Urkräfte des Lebens

DAS ELEMENTE-GEBET

Erde
Laß mich sein, wie die Erde ist. Von Anbeginn der Zeit ist alles gestorben und zur Erde geworden, und doch ist die Erde die Mutter allen Lebens. Die Erde fragt nicht, ob der Sämann gerecht oder ungerecht ist. Sie nimmt an, gibt Kraft und läßt gedeihen und wachsen. Laß mich sein wie die Erde ist, laß mich wie die Erde annehmen, wo man mir gibt, und tausendfach zurückgeben, was ich bekommen habe. Die Erde ist verwandelbar, sie ändert sich Stund um Stund, Tag um Tag und bleibt doch gleich. Die Einsamkeit der Wüste und der Berge schafft Abstand zu den lärmenden und glitzernden Dingen dieser Welt und gibt Klarheit und Ruhe. Herr, laß mich sein wie die Erde ist – klar und ruhig. Laß mich verwandelbar sein, wie die Erde ist.

Wasser
Laß mich sein, wie das Wasser ist. Wasser ist völlig widerstandslos und überwindet doch den größten Widerstand. Wie immer die Gestalt eines Gewässers auch sein mag, das Wasser paßt sich dieser Form an, und doch formt nichts anderes so intensiv wie das Wasser, denn es war das Wasser, das den Kontinenten die Form gab. Wasser arbeitet, aber es strengt sich niemals an. Es kann eine Mühle antreiben oder eine Stadt erleuchten, aber es wird niemals müde. Wasser ist farblos. Aber was ist ein Regenbogen anderes als Was-

ser? Wasser ist geschmacklos, aber ohne Wasser würde nichts schmecken. Wasser lehrt was Demut ist, denn es sammelt sich stets am niedrigsten Punkt, und doch beugt sich selbst der Mächtigste zu ihm herab, um zu trinken. Laß mich sein, wie das Wasser ist, so formbar und so formend.

Luft
Laß mich sein, wie die Luft ist. Laß mich so wie die Luft eine tragende Kraft sein. Die Kraft, die die Mücke so sicher trägt wie den Adler. Ohne Mühe erreicht sie den höchsten Berggipfel, bewegt die Zweige einer Linde als Abendwind oder verwandelt als Sturm die Erde. Und immer bleibt sie unsichtbar und vollbringt doch stets ihr Werk. Die Luft gibt ohne Preis und versagt sich nie, ist niemals erschöpft und füllt doch jede Leere aus. Luft ist der Atem des Lebens, denn ohne sie ist kein Leben möglich. Laß mich sein, wie die Luft ist, die Luft, die durch nichts begrenzt ist, laß mich überall sein, wo ich gebraucht werde, und mein Werk tun, ohne auf Dank zu achten.

Feuer
Laß mich sein, wie das Feuer ist. Feuer verwandelt alles, was es berührt. Laß mich wie das läuternde Feuer alles Unreine in mir verbrennen, damit das Reine hervorscheinen kann. Das Licht meines Denkens soll leuchten wie ein Feuer, und die Liebe meines Herzens strahlen wie Feuer. Laß in mir das ewige Feuer der Liebe brennen, laß alles, was ich berühre, in Liebe leuchten. Laß mich mein Herz und die Herzen der anderen entzünden mit dem Feuer der Liebe, und laß dieses Feuer immer weiter um sich greifen und die ganze Welt erleuchten. Laß mich sein, wie das Feuer ist, laß in mir den Wunsch brennen, zu mir zu finden. Laß mich leuchten im Feuer der Liebe, das alles entzündet und alles verwandelt in Liebe. Laß mich sein, wie das Feuer ist.

(Kurt Tepperwein)

Sommer für Sommer treffen wir uns mit unserer laufenden Trainingsgruppe an einem schönen und kraftvollen Ort in Oberitalien, dem Centro d'Ompio. In einem geräumigen, achteckig gebauten Gruppenraum mit Blick auf den Orta-See öffnen wir uns der Gegenwart und Kraft der fünf Elemente Erde, Wasser, Feuer, Luft und Transzendenz. Jedes dieser Elemente repräsentiert einen ganz bestimmten inneren und äußeren Aspekt unseres Lebens.

Erde:	*Materieller Besitz, Körper, Ernährung, Wohnung, Kleidung, Geld, Verwurzelung*
Wasser:	*Sexualität, Beziehung, Hingabe, Nähe, Gefühle*
Luft:	*Kommunikation, Flexibilität, Sprache, Gedankenkräfte*
Feuer:	*Handeln, Aktion, Wille, Dynamik, Tatkraft, Begeisterung, Spiritualität*
Transzendenz:	*Meditation, mystische Erfahrungen, Gipfelerlebnisse, Erfahrung von Einheit*

Ziel unserer Arbeit ist es, die Elemente in ihrer Urkraft existentiell erfahrbar zu machen. Dadurch wird jeder einzelne durch das jeweilige Element repräsentierte Seinsaspekt dem unmittelbaren Erleben zugänglich. Die Arbeit mit den Elementen ist geeignet, uns ganzheitlich zu erleben. Sie schließt den Körper, alle Sinne, Gefühle, Empfindungen, Gedanken und Geisteskräfte, Phantasie und kreativen Ausdruck mit ein. Ebenso ist es naheliegend, auch die uns unmittelbar umgebende Natur in der Erfahrung der Elemente einzubeziehen.

Die Elemente werden für uns in diesen Tagen zu großartigen Lehrmeistern. Sie unterweisen uns, ohne uns zu bewerten, ohne von uns etwas Besonderes zu verlangen. Unsere Bereitschaft zu lernen, uns für das Mysterium, das sie sind, zu öffnen, bringt uns in Kontakt mit inneren Räumen, die dem oberflächlichen Tagesbewußtsein kaum zugänglich sind. Indem wir uns tief auf ihre Kräfte einlassen und selbst im inneren Erleben zu den Elementen *werden*, erschließen sie uns wesentliche Bereiche unseres wunderbaren göttlichen Seins. Damit lösen sie einen tiefgehenden Transformationsprozeß aus, der uns in unserer Ganzheit erfaßt und verwandelt.

Sich mit den Kräften der Erde, des Wassers, der Luft und des Feuers zu verbinden, enthüllt uns vielfältige Geheimnisse des Lebens. Die Verbindung mit diesen vier Grundaspekten des einen göttlichen Seins führt uns in eine tiefe Einheit mit uns selbst. Die mannigfaltigen Erscheinungsformen dieser Welt sind vollkommene Spiegel der Grundaspekte unseres eigenen Lebens. Indem wir uns für die unmittelbare Begegnung mit den Elementen öffnen, erfahren wir gleichzeitig unsere Bereitschaft zur Hingabe an das Leben, an eine grenzenlose Liebe und letztendlich an die tiefste Wahrheit in uns.

Jede Erfahrung von Verbundenheit und Einheit, die wir im Umgang mit den Elementen erleben, ist ein Auslöser für ungeahnte Liebe und Glückseligkeit. Indem wir lernen, das Göttliche in allem, was uns umgibt, zu erkennen und zu uns sprechen zu lassen, wird die gesamte Schöpfung zum Gleichnis allen Lebens. In jedem Stein und jeder Pflanze, in jedem Tautropfen, jedem Windhauch und jedem Lichtstrahl begegnet uns ein Ausdruck der großen Schöpferkraft.

Dies unmittelbar zu erkennen und zu erfahren beinhaltet eines der wunderbarsten Geschenke des Menschseins. Die daraus erwachsende Wertschätzung und Verehrung des Lebens in all seinen Erscheinungsformen ist ein großartiger Schlüssel für die Entfaltung unserer eigenen Liebeskraft. Indem sie jeden Bereich unseres Lebens erfaßt und durchdringt, bewirkt sie Heilung und Transformation.

Die Elemente dienen uns als Spiegel für unsere eigene Selbsterkenntnis. Wenn wir beispielsweise einen Baum in seinen unterschiedlichen Jahreszeiten beobachten, können wir von ihm etwas Wesentliches über die wechselnden Phasen unseres Lebens erfahren und von seiner Hingabe lernen. Hermann Hesse hat dies in Verbindung mit dem Wasser meisterhaft ausgedrückt. Indem sich Siddharta einem Fluß als seinem Lehrmeister öffnet, werden ihm tiefe Einsichten über das Leben zuteil:

Siddharta lauschte. Er war nun ganz Lauscher, ganz ins Zuhören vertieft, ganz leer, ganz einsaugend, er fühlte, daß er nun das Lauschen zu Ende gelernt habe. Oft schon hatte er all dies gehört, diese vielen Stimmen im Fluß, heute klang es neu. Und alles zusammen, alle Stimmen, alle Ziele, alles Sehnen, alle Leiden, alle Lust, alles Gute und Böse, alles zusammen war die Welt. Alles zusammen war der Fluß des Geschehens, war die Musik des Lebens. Und wenn Siddharta aufmerksam diesem Fluß, diesem tausendstimmigen Liede lauschte, wenn er nicht auf das Leid noch auf das Lachen hörte, wenn er seine Seele nicht an irgendeine Stimme band und mit seinem Ich in sie einging, sondern alle hörte, das Ganze, die Einheit vernahm, dann bestand das große Lied der tausend Stimmen aus einem einzigen Wort, das hieß OM: die Vollendung…

In dieser Stunde hörte Siddharta auf, mit seinem Schicksal zu kämpfen, hörte auf zu leiden. Auf seinem Gesicht blühte die Heiterkeit des Wissens, dem kein Wille mehr entgegensteht, das die Vollendung kennt, das einverstanden ist mit dem Fluß des Geschehens, mit dem Strom des Lebens, voll Mitgefühl, voll Mitlust, dem Strömen hingegeben, der Einheit zugehörig.

Wenn wir uns für die Kräfte der Elemente öffnen, sollten wir uns bewußt machen, daß wir uns Mysterien nähern. Ein Mysterium können wir nicht fordernd erobern, indem wir versuchen, ihm seine Geheimnisse zu entreißen. Einem Mysterium können wir uns nur mit Respekt, Achtung und Staunen nähern. Wir können es bitten, sich uns zu offenbaren. Wir sind aufgefordert, unsere engen Begrenzungen zu überschreiten, unser Bewußtsein zu erweitern, um unbekanntes Territorium zu betreten.

Alles, was wir von einem Mysterium erfassen, erweitert, verändert, transformiert uns. Und gleichzeitig wissen wir, daß wir es nie endgültig und restlos ergründen können, daß wir mit fortschreitender Öffnung immer wieder neue Aspekte und Dimensionen in unendlicher Folge erfahren werden.

DAS ELEMENT ERDE

Wir beginnen mit dem Erdelement. Über die Verbindung mit unserem Wurzelchakra repräsentiert Erde die allgemeine Basis. Sie ist der Inbegriff der Urmutter, aus deren Schoß alles Leben geboren wird. Der Planet Erde gibt uns Heimat und Nahrung. In erdhaften Körpern aus Knochen, Fleisch und Blut haben wir die Möglichkeit, irdische Erfahrungen zu sammeln. Wir können das Erdpotential von Substanz, Festigkeit, Ausdauer, Standhaftigkeit und Formbarkeit dann optimal zu unserer Selbstverwirklichung einsetzen, wenn wir bereit sind, uns auf die Schönheit, Vielfalt und Urwüchsigkeit der Naturformen einzulassen.

In der Gruppenarbeit dienen uns kreative Trancereisen als Einstieg in das jeweilige Elementebewußtsein. In der Trancereise der Erde werden die Teilnehmer in eine urtümliche, unberührte Landschaft geführt, in der die Menschen in großer Naturverbundenheit leben. Der nächste Schritt besteht darin, selbst zu einem solchen Menschen zu werden, die Kraft, Wildheit und Weisheit einer solchen Verwurzelung mit der Erde zu erleben und dies in Körperhaltung und Stimme auszudrücken.

Dabei werden oft ganz neue Dimensionen in der Erfahrung mit sich selbst im Umgang mit Körperlichkeit, Ursprünglichkeit und Direktheit erschlossen. Statt des üblichen Wohlverhaltens aus Höflichkeit und Vorsicht können nun auch andere Impulse natürlichen, spontanen, kraftvoll-wilden Ausdrucks zugelassen werden. Man lernt sich selbst und die anderen mit neuen Augen zu betrachten: vollständiger, direkter, ganzheitlicher.

Je nach Stärke des vorhandenen Energiefeldes einer Gruppe kann dies durch weitere Ausdrucksübungen fortgesetzt werden. Dann aber mündet der expressive Teil immer wieder in tiefe, meditative Stille.

Ebenso wichtig wie die dynamische Freisetzung von Energie ist deren Speicherung, Verankerung und Integration auf den inneren Ebenen von Körper, Geist und Seele. Sonst besteht die Gefahr – wie in vielen uns bekannten Gruppen –, daß der Prozeß lediglich im Strohfeuer eines euphorischen Rausches endet und letztlich ungenutzt bleibt.

Daher folgt jeder dynamisch-expressiven Phase unserer Arbeit eine mindestens doppelt so lange Phase der Verarbeitung und Anwendung, was eine Integration in das alltägliche Leben erleichtert.

Zu jedem Teil gehört u.a. die Beantwortung der Fragen in bezug auf die verschiedenen Elementeaspekte unseres Lebens.

Fragen zum Erdelement:

Bereich Körper

- Welche Beziehung habe ich zu meinem Körper?
- Was fällt mir schwer, an meinem Körper zu akzeptieren?
- Bin ich mit meiner Gesundheit zufrieden?
- In welchen Bereichen habe ich gesundheitliche Schwächen?
- Gebe ich meinem Körper die Beachtung, die er braucht (Nahrung, Kleidung, Bewegung, Ruhe, Pflege, Zärtlichkeit)?

Bereich Wohnsituation

- Fühle ich mich in meinem Zuhause wohl (Einrichtung, Wohnraum, Wohnort, Mitbewohner, Nachbarn usw.)?
- Wie sähe meine ideale Wohnsituation aus?

Bereich materieller Besitz

- Belastet mich mein Besitz, oder gibt er mir Freiheit?
- Genieße ich das, was ich habe?
- Gibt es noch unerfüllte materielle Wünsche?

Bereich Geld/Beruf

- Kann ich mir mit meinen finanziellen Mitteln alle wichtigen Wünsche erfüllen?
- Verdiene ich mein Geld mit Freude? Wenn Nein: Wie und womit möchte ich mein Geld verdienen?

Bereich innere Qualitäten/Erdpotential

- Habe ich die Erdqualitäten wie Kraft, Festigkeit, Verwurzelung, Sicherheit, Konstanz, Ordnung, Standfestigkeit, Stabilität, Naturverbundenheit, Mütterlichkeit usw. ausreichend entwickelt?
- Was habe ich als mein eigenes Hauptpotential in der Begegnung mit dem Erdelement erfahren?
- Welche Erdqualitäten möchte ich mehr als bisher entwickeln?

Jede Elementebegegnung wird abgeschlossen mit einem besonderen Ritual, das die Verbindung zu dem jeweiligen Element auf innerer und auch schon transzendenter Ebene vertieft. Beim Erdelement sucht jeder Teilnehmer auf dem umliegenden Gelände einen Gegenstand, der ihn besonders anspricht (etwa ein Stein, ein Zweig, eine Blume). Daraus wird mit Kerzen und Tüchern in den Erdfarben Grün und Braun eine Art Erdaltar errichtet, um den sich am Abend die Teilnehmer – ebenfalls in Erdfarben gekleidet – versammeln. Der Ablauf des jeweiligen Elementerituals ist nicht festgelegt und entsteht meist aus unseren spontanen Eingebungen.

Die verschiedenen Phasen des Erdrituals betreffen u.a. die Heilung der verletzten Erdaspekte unseres Lebens, das Aussenden von heilender Energie für unseren Planeten sowie das Feiern und den Dank für alle Erfahrungen und Geschenke mit Tanz und Gesang. Der Ausdruck unserer Liebe und Freude ist es, was unser Planet am dringendsten braucht. Letztlich ist unsere eigene Bewußtwerdung und Heilung die stärkste Kraft zur Heilung und Transformation unserer Erde.

Im Erleben der Elemente nähern wir uns großen Mysterien an. Wir können dies nur in aufrichtiger Demut und Bescheidenheit tun, wissend, daß wir Mysterien nie mit unserem oberflächlichen Verstand ergründen können. Je tiefer wir zu ihnen vordringen, desto deutlicher spüren wir, wieviel wir noch nicht verstehen. Doch wir können starke, unvergeßliche Eindrücke erhalten, die mit einem Wissen tief in uns korrespondieren. Solche Erfahrungen begleiten uns danach auch in unserem alltäglichen Leben, erinnern uns immer wieder an ein Sein jenseits allen oberflächlichen Scheins.

DAS ELEMENT WASSER

Nach dem Element Erde öffnen wir uns dem Element Wasser. Es repräsentiert unsere fundamentalen Gefühle, Antriebe, Sehnsüchte, Leidenschaften und Instinkte. In seiner transformierten Form wird es zur Erfahrung von Hingabe, Vertrauen, tantrischer Sexualität und bedingungsloser Liebe.

In der Wassertrancereise folgen die Teilnehmer dem Weg eines Tropfens zum Ozean. Ihre Verwandlung führt dabei über zahlreiche Stationen, die vom Bewußtsein eines Regentropfens bis hin zur überwältigenden Fülle und Unbegrenztheit des Ozeans reichen. Die Erfahrungen, die dabei gemacht werden können, sind wieder sehr vielfältig. Sie umfassen alle Polaritäten: die Freude am Fließen und der ständigen Wandlung ebenso wie die Angst vor dem Verlust von Identität und Kontrolle; die Ekstase des Loslassens, der totalen Hingabe ebenso wie die widerstrebenden und mißtrauischen Versuche des Festhaltens und Anklammerns.

Die Intensität des inneren Erlebens kommt für viele zum Höhepunkt, wenn der Strom, zu dem der Trancereisende geworden ist, sich dem Ozean nähert und sich schließlich in diesen ergießt und auflöst. Je nach der inneren Bereitschaft und Fähigkeit, sich dem Ganzen zu überlassen und hinzugeben, berichten die Teilnehmer von den letzten, verzweifelten Versuchen, sich an Formen der Begrenztheit zu klammern, in der Regel jedoch schließlich von einer oftmals noch nie zuvor erlebten Öffnung für die Unbegrenztheit und Tiefe des Seins. Diese im wahrsten Sinne des Wortes entgrenzende Erfahrung kann wiederum ein Tor zum *Sein* öffnen, eine Begegnung mit inneren Räumen jenseits unseres oberflächlichen Tagesbewußtseins.

Das Spektrum der Themen, die im Rahmen des Wasserelements berührt werden, ist vielfältig. Es umfaßt Übungen zur Stärkung des Vertrauens, der Hingabe, des Loslassens, die Klärung von Beziehungen, die Heilung alter emotionaler Wunden sowie die Transformation sexueller Blockaden.

Das Wasserelement erlaubt uns eine emotionale Öffnung jenseits von Bewertungen, Anschuldigungen, Verurteilungen oder Moral. Wir zeigen offener als bisher unsere Bedürfnisse nach emotionalem Genährtwerden durch Körperkontakt, Zärtlichkeit, Zuneigung, Mitgefühl und Liebe. Vom Wasser lernen wir, ja zu sagen, mitzufließen, unsere weichen und verletzlichen Seiten zu zeigen. Wir erlauben uns, einmal ohne Kampf und Eigenwille in Frieden mit uns selbst und dem Leben zu sein. Wir fließen einfach mit dem, was in jedem Moment geschehen möchte.

Die Wassertage werden von streßgeplagten Teilnehmern als ganz besonders erholsam erlebt. Man fühlt sich endlich so richtig wie in den Ferien, gibt sich einmal die Erlaubnis, ohne ständige innere Kontrolle zu fühlen und zu erleben. Dies wirkt auf alle Beteiligten entspannend, befreiend und erlösend.

Wenn unsere emotionalen Blockaden schmelzen, werden wir natürlich auch verletzlicher. Denn wir verlieren dabei auch unseren gewohnten Schutz aus Mißtrauen und Distanz. In solchen Phasen ist der Rahmen einer miteinander vertrauten Gruppe, die füreinander eine Wahlfamilie geworden ist, von großer Bedeutung! Denn wo sonst, wenn nicht im Schutz eines in Bewußtheit gewachsenen Energiefeldes, sollten wir die Möglichkeit erhalten, uns so zu öffnen? Emotionale Wunden, die durch Verletzungen in Beziehungen entstanden sind, können am leichtesten wieder im Kontakt mit anderen Menschen geklärt und geheilt werden. Wann immer ein Teilnehmer sich in seiner Verletzlichkeit zu zeigen beginnt und das Verständnis und die Liebe der anderen annehmen kann, hat er einen wesentlichen Schritt zur Selbstheilung eingeleitet.

Die Fragen zum Wasserelement lauten:

- Lebe ich im Einklang mit dem, was ich fühle?
- Welche Gefühle und/oder Bedürfnisse kann ich schwer annehmen und ausdrücken?
- Welchen Menschen möchte ich offener und ehrlicher als bisher meine Gefühle mitteilen?
- Ist mein Sexualleben befriedigend und erfüllend?
- Wenn nein, was fehlt mir? Was wünsche ich mir?
- Lebe ich in einer Beziehung mit einem Partner, den ich liebe?
- Wenn ja, gibt es etwas, was ich in dieser Beziehung verändern oder entwickeln möchte?
- Wenn nein, bin ich mit meinem Alleinsein zufrieden und glücklich?
- Sehne ich mich nach einem Menschen, mit dem ich Nähe und Intimität leben möchte?
- Wenn ja, wäre ich bereit, ihm tatsächlich zu begegnen?
- Was möchte ich vorher noch entwickeln bzw. loslassen?
- Habe ich die Wasserqualitäten wie Hingabe, Loslassen, Mitfließen, Rezeptivität, Einfühlungsvermögen, Vertrauen usw. ausreichend entwickelt?
- Welche Wasserqualitäten möchte ich mehr als bisher leben?

Auch das Wasserelement wird zum Abschluß durch ein Ritual verehrt. Wir verbinden uns erneut mit den Energien, die dieses Element auf der geistigen Ebene vertreten, lassen ihre Botschaft zum Ausdruck kommen und öffnen unser Bewußtsein für ihre liebevolle, weise Präsenz.

Analog zum Aspekt der Heilung beim Erdelement benutzen wir das Wasser zum Loslassen. Wir lassen los, was wir als nicht wirklich zu uns gehörig erkannt haben, wie z.B. Gefühle der Trennung, der Lebensverneinung, des Mißtrauens und der Angst. Mit einer solchen Absichtserklärung treffen wir eine bewußte Entscheidung und leiten einen inneren Prozeß ein, der auch dann weiter wirkt, wenn wir nicht mehr bewußt an die einzelnen Punkte denken. Wir verbinden uns in Form eines meditativen Gebetes mit den geistigen Kräften des Wasserelementes zur Transformation unserer Beziehungen zu uns selbst und anderen Menschen sowie zum Leben als Ganzes.

DAS ELEMENT LUFT

Mit dem Luftelement öffnen wir uns dem Potential mentaler Klarheit, der Fähigkeit, von höherer Warte aus zu sehen. In einem Zustand von Freiheit und Übersicht betrachten wir unser Leben aus einem erweiterten Bewußtsein und treffen neue, unserer eigenen Wahrheit entsprechende Entscheidungen. Mit den klaren und unbestechlichen Augen des Luftelementes können wir in dem Reservoir unseres unbegrenzten intuitiven Wissens forschen und uns zeigen lassen, was gerade jetzt für unser Leben an Hinweisen und Impulsen benötigt wird. Wenn in unserem Leben Entscheidungen anstehen, können diese mit Hilfe des Luftelementes getroffen werden. Wenn es unbeantwortete Lebensfragen gibt, können wir sie jetzt stellen und uns die Antwort wissen lassen.

Dabei ist es ganz besonders wichtig, guten Kontakt mit dem Boden herzustellen. Je sicherer wir stehen, je besser wir mit der Erde verwurzelt sind, desto unbeschwerter können wir unsere geistigen Flügel benutzen.

In der Lufttrancereise erheben sich die Teilnehmer in die Weite, Beweglichkeit und Unbegrenztheit ihrer geistigen Potentiale jenseits der üblichen Begrenzungen des Verstandes. In schwereloser Leichtigkeit können sie ihr ganzes Leben überblicken und von höherer Warte und mit äußerster Klarheit die Ursachen in den verschiedenen Bereichen sehen. Mit der erweiterten Wahrnehmung dieses befreiten Seinszustandes können sie erkennen, was wahrhaft oder auch nicht mehr zu ihnen gehört. Die Freiheit einer größeren Distanz eröffnet den Zugang zu einer inneren Weisheit, die alle wichtigen Entscheidungen erleichtert.

Nach der behutsamen Rückkehr aus der Lufttrancereise geht es wieder darum, die durchlebten Erfahrungen zu integrieren. Dazu können uns die Luftfragen behilflich sein.

Fragen zum Element Luft:

- Wo fühle ich mich in meinem Alltag eingeengt und unfrei?
- Wovon sollte ich mich befreien oder trennen?
- In welche Lebensbereiche möchte ich mehr Flexibilität und Leichtigkeit, mehr Ordnung, Klarheit und Übersicht bringen? Wie könnte dies konkret aussehen?
- Gibt es Entscheidungen, denen ich nicht länger ausweichen möchte?
- Gibt es Beziehungen, deren Klärung ich jetzt in Angriff nehmen will?
- Mit welchen Menschen sollte ich mehr (oder weniger) als bisher in Kontakt treten?
- Habe ich die Luftqualitäten wie Freiheit, Flexibilität, Offenheit, Leichtigkeit, Kontaktfreude, Kommunikationsbereitschaft, Klarheit, Übersicht usw. ausreichend entwickelt?
- Welche Luftqualitäten möchte ich mehr als bisher leben?

Während der Lufttage beschäftigen wir uns in unserem Training in besonderer Weise mit der Kraft unserer Gedanken. So durchleuchten wir beispielsweise unsere Herzenswünsche mit Hilfe des «Gesetzes der Kreativität» oder formulieren Affirmationen zu jenen Lebensbereichen, die wir mit Hilfe des Luftelementes insbesondere klären wollen. Wir erforschen die Qualität unserer Denk- und Sprechgewohnheiten und werden uns der schöpferischen Kraft unserer Gedanken bewußt.

Ebenfalls zur Erfahrung des Luftelementes gehört eine Morgenmeditation an einem der höchsten Berge der Umgebung sowie eine Atemreise mit der Ausrichtung: «Ich atme mich frei!»

Im abschließenden Ritual zur Verehrung des Luftelementes begeben wir uns feinstofflich in einen Lufttempel, in dem wir die Kräfte der Luft aufsuchen und alle dort empfangenen Botschaften mitteilen. Wir lassen uns nochmals von Klarheit und Transparenz erfüllen. Entsprechend der Heilung bei der Erde und des Loslassens beim Wasser, benutzen wir die Luft zur Klärung von problematischen oder wirren Lebensumständen.

DAS ELEMENT FEUER

Wofür brenne ich? Auch beim Element Feuer geht es wieder darum, selbst zum Feuer zu werden. Wir erlauben dem Feuerelement, ganz von uns Besitz zu ergreifen und uns mit seiner Wesensart zu erfüllen. Dies ermöglicht die Erfahrungen flammender Begeisterung, purer Energie, unbegrenzten Mutes, ungebrochenen Willens – Erfahrungen, die in der Lage sind, alle Ursachen für Gespaltenheit, Halbherzigkeit, Trägheit und Feigheit aus dem Weg zu räumen.

Sehr viele Menschen haben Angst vor ihrer Lebendigkeit, ihren vitalen Regungen, ihren expressiven und lustvollen Impulsen. Durch jahre- und jahrzehntelange Konditionierung sind wir eingeschüchtert worden und haben gelernt, uns von der Unbekümmertheit unseres körperlichen und emotionalen Ausdrucks abzuschneiden. Damit trennen wir uns aber von einem wesentlichen Teil unserer Lebensfreude!

In der Arbeit mit Hunderten von Menschen haben wir im Laufe der Jahre festgestellt, daß ein Mensch erst dann zu seinem vollen Potential erblühen kann, wenn er die Angst vor seinen aggressiven Impulsen überwindet. Für gewöhnlich setzen wir Aggressivität mit Gewalt und Zerstörung gleich. Wir sollten jedoch erkennen, daß solche Auswüchse lediglich die Folge der langen Unterdrückung unserer vitalen Impulse sind. Dadurch werden diese immer destruktiver und richten sich schließlich gegen uns selbst. Viele Menschen haben vor ihrer eigenen Kraft mehr Angst als vor ihrer Schwäche. Sie fühlen sich oft müde, denn ihre gesamte Energie wird durch die ständige Unterdrückung ihres natürlichen Lebensausdrucks verbraucht.

Ein Hund, den man an die Kette legt und vernachlässigt, wird bissig. Hätte derselbe Hund Bewegungsfreiheit und würde er unsere liebevolle Zuwendung erhalten, könnte er ein wunderschöner, verspielter, treuer Gefährte werden. Wir hätten große Freude am kraftvollen Ausdruck seiner Lebendigkeit. Ebenso verhält es sich mit den animalischen Aspekten in jedem Menschen. Durch Angst, Selbstbestrafung und Unterdrückung kreieren wir Krankheiten, destruktives Verhalten und Unglück; durch liebevolle Bejahung und lustvollen Ausdruck geben wir ihnen Raum, drücken unsere Kraft und Lebensfreude aus und erlauben unserer Kreativität, ungehindert zu blühen. Mit der Zeit lernen wir, dieser Energie immer höhere Ausdrucksformen zu verleihen.

Ohne die Wurzeln unserer Vitalität können wir die Flügel unseres Geistes niemals vollständig entfalten. Unser geistiger Ausdruck bleibt abstrakt, trocken und blutleer, wenn unsere Visionen nicht auch «Hand und Fuß» haben, d.h. auch auf den irdischen Aspekten unseres Menschseins gelebt und verankert werden.

Die Befreiung der natürlichen Feuerimpulse, das Inbesitznehmen unserer ursprünglichen Kraft, ist für viele Menschen ein notwendiger Schritt zum vollen Erblühen ihres kreativen Potentials, ein Schlüssel zur Wiedergewinnung ihrer vollen Lebensfreude.

Auch bei der Erfahrung des Feuerelementes ist eine Grenzüberschreitung möglich. Indem wir uns für die Kraft des Feuers transparent machen und seine Wesenheit zulassen, können wir für eine gewisse Zeit so etwas wie Körperlosigkeit erfahren. Nicht wir tanzen, singen, bewegen uns, sondern *ES* tanzt, singt, bewegt sich in uns und durch uns. Die zur Verfügung stehende Energie erscheint unbegrenzt, während wir nur entspannen, zulassen und vertrauensvoll ja sagen.

Sobald die Angst vor der vielleicht ungewohnten Dynamik und Intensität überwunden ist, sobald wir einen Geschmack von diesem ekstatischen Seinszustand erhalten haben und die Erweiterung unserer Wahrnehmung akzeptieren, werden wir geführt, mitgerissen und erhoben. Keines der Elemente ist gewalttätig oder überfordert uns! Jedes heilt auf seine Art, zeigt uns unsere Vollkommenheit, unser innewohnendes Potential.

Um leichter in das Feuerbewußtsein zu kommen, können wir uns von rhythmischer Musik, am besten von afrikanischen Trommeln, unterstützen lassen. Das Feuer weckt den Krieger, die Kriegerin in uns. Wir sind bereit, für das, was uns wichtig ist, offen und ehrlich einzustehen. Wir verleugnen nicht länger aus Angst oder falscher Rücksichtnahme unsere eigene Kraft, unsere wahre Größe. Wir hören auf, uns klein zu machen, uns zu verstecken, um wohlangepaßt von den anderen in Ruhe gelassen zu werden. Wenn die Glut unseres inneren Feuers unser Herz berührt und entfacht, wissen wir mit jeder Faser unseres Seins, wofür wir wirklich brennen.

Erst, wenn wir etwas in uns gefunden haben, wofür wir bereit sind, durch das Feuer zu gehen, erhält unser Leben jene Ausrichtung und Intensität, die Transformation auf vielen Ebenen ermöglicht.

Feuer reinigt und läutert uns, trennt das Wesentliche vom Vergänglichen. Feuer verwandelt kalte, tote Materie in Wärme und Licht, transformiert und belebt unsere innere Kälte und Dunkelheit.

Zum weiteren Verständnis des Elementes Feuer
können folgende Fragen dienen:

- Wofür brenne ich?
- Was begeistert mich?
- Was erweckt mein inneres Feuer?
- Wofür möchte ich mich noch mehr als bisher einsetzen?
- Was möchte ich neu in Angriff nehmen?
- Gibt es Ängste, Vorstellungen oder Glaubenssätze, die mich bisher daran gehindert haben, meinem Feuer Ausdruck zu verleihen?
- Welche konkreten Schritte werde ich unternehmen, um mein inneres Feuer zu befreien?
- Habe ich die Feuerqualitäten wie Wille, Tatkraft, Temperament, Aktivität, Begeisterung, Neubeginn, Dynamik, Durchsetzungsvermögen oder Einsatzbereitschaft ausreichend entwickelt?
- Welche Feuerqualitäten möchte ich mehr als bisher zum Ausdruck bringen?

Das Feuerritual, das unsere Gruppenarbeit mit diesem Element abschließt, findet in der folgenden Nacht im Freien an einer Feuerstelle statt. Wir überlassen uns ganz der Magie des lodernden Feuers. Gesang und Tanz wechseln ab mit Momenten meditativer Stille, in denen nur noch das brennende Feuer zu uns spricht.

Analog zum Heilen bei der Erde, zum Loslassen beim Wasser, zum Klären bei der Luft, kann das Feuerelement dazu genutzt werden, etwas Neues ins Leben zu rufen. Vernachlässigte Bereiche können neu belebt und empfangene Visionen kraftvoll aufgeladen werden. Ängste, Sorgen, Behinderungen, Blockaden werden mit der Bitte um Transformation den Flammen übergeben und verabschiedet. Dadurch entsteht Raum für neue Erfahrungen, die unserem jetzigen Bewußtsein entsprechen. Das Wesen des Feuers reinigt und läutert alle Bereiche, die wir bereit sind für Transformation und Erleuchtung zu öffnen.

TRANSZENDENZ – UNSER INNERSTES SEIN

Transzendenz ist eigentlich kein Element wie die vier anderen. Sie geht aus ihnen allen hervor und ist in allen enthalten. Sie ist die eine Kraft, die alles durchdringt, die wir Gott nennen. Das Wort Transzendenz ist ein Hinweis auf das große Sein jenseits aller Formen und Gestalten, jenseits aller Worte und Begriffe.

Wie wir gesehen haben, kann jedes der vier Elemente für uns zu einem Tor zum Sein, zum Durchgang für Transzendenz werden. Alles, worauf wir uns vollständig einlassen, was wir intensiv und auch wach genug erleben, ist in der Lage, uns zu Freiheit, Stille, Harmonie und Frieden, also in Seinserfahrungen zu führen. Intensität und Hingabe sind die Meisterschlüssel, die uns jede Lebenssituation als Tor zum Sein erschließen können, sofern wir dazu bereit sind. Naturerlebnisse, Liebesbegegnungen, kreative Tätigkeiten, meditative Übungen bis hin zu unseren ganz alltäglichen Handlungen: Alles kann, wenn wir wach und offen genug sind, den Glanz und die Tiefe einer ganz anderen Dimension in uns aufleuchten lassen.

Alle uns bekannten Wege zur Entwicklung und Transformation des menschlichen Bewußtseins haben eine ganz bestimmte Elementekraft in den Mittelpunkt ihrer Lehre gestellt. Wenn Ernährungslehren und –richtlinien das Herzstück eines Weges zur Transzendenz sind, so ist die Arbeit am Erdelement für die Menschen auf diesem Weg von besonderer Bedeutung. Dasselbe gilt für stark körperbetonte Methoden wie Yoga oder Tiefengewebemassagen (Rebalancing oder Rolfing).

Der Körper soll durch reinigende Nahrung und meditative Übungen transparent und durchlässig und damit zum Gefäß der Transzendenz werden. Erst wenn der Geist die Materie, den Körper, ungehindert durchdringen und erfüllen kann, ist der alte Konflikt zwischen Materie und Geist, Grobstofflichem und Feinstofflichem transzendiert, wird die Dualität überwunden und die Materie transformiert und befreit.

Schulen, die an der Transformation der Sexualkräfte arbeiten, wie z.B. Tantra, Tao Yoga oder Karezza, gehen den Weg über das Wasserelement. Tantra ist der Weg der letzten Hingabe, der Weg des Loslassens, der wertfreien Annahme aller Regungen und Impulse. Ziel ist die kosmische Vereinigung mit dem inneren Geliebten, die *Unio Mystica*, die Vereinigung der Gegensätze, die Rückgewinnung der ozeanischen Einheit. Die Vereinigung mit dem Geliebten im Außen kann Sinnbild und Gleichnis werden für die letztendliche Vereinigung mit dem Ganzen, zum Tor in Seinszustände jenseits der Dualität.

Dem Luftelement gehören alle Wege an, die versuchen, sich über mentale Erkenntnisprozesse der Wahrheit anzunähern. Dazu gehören u.a. das Studium von Philosophien und Weisheitslehren, der bewußte Umgang mit Gedankenkräften sowie alle Systeme, die kontemplativ und systematisch in ein höheres Verständnis vom Wesen der Welt vorstoßen wollen.

Den Weg des Luftelementes beschreiten beispielsweise Systeme wie Astrologie, Numerologie, Tarot, Kabbala sowie alle Weisheitsschulen, die einen mentalen Zugang zur Wahrheit haben. Das Ziel besteht darin, von der Kontemplation, vom Nachdenken, Analysieren und Systematisieren zur Meditation und schließlich zur absoluten ungetrübten Klarheit zu gelangen, vom Denken zum höchsten Wissen, zum Sein.

Dem Feuerelement gehören alle Wege der Kampfkunst an, Wege des Willens, die den inneren Krieger bis zur Makellosigkeit veredeln wollen. Auf diesem Weg strebt ein Mensch danach, fähig zu werden, immer mehr Kraft zu speichern und anzusammeln, bis die persönliche Macht schließlich identisch wird mit dem Willen des Ganzen und in diesen einmündet. Auch hier wird schließlich die Dualität überwunden. Die Stärke des kristallisierten Egos verbindet sich mit dem Licht des Ganzen.

Allen diesen hier angedeuteten Wegen ist eines gemeinsam: Am Ende steht eine kosmische Vereinigung, die Aufhebung der Dualität, des Getrenntseins. Das Ziel ist jener ekstatische, erhabene Zustand des Seins, in dem wir die uns innewohnende Göttlichkeit erkennen und mit ihr eins werden. Doch auch am Ziel wird sich die Erfahrung der Transzendenz in jedem Menschen ganz individuell ausdrücken, gemäß seines Weges, den er entsprechend seinem Naturell und seiner einzigartigen Struktur gewählt hat. Kein Weg ist besser oder schlechter als irgendein anderer! Die Aufgabe des Suchers besteht darin, seinen inneren Impulsen, der Stimme seines Herzens so lange in Offenheit zu folgen, bis er die seinem Wesen entsprechende Ausrichtung gefunden hat. Am Ende war jeder Weg, den wir gegangen sind, der richtige.

DIE PYRAMIDENMEDITATION

Transzendenz steht zu den vier Elementen in Beziehung wie die Spitze einer Pyramide zu ihren vier Ecken. Sie führt zusammen, verbindet, vereint und erhöht. Sie erhebt sich in eine andere Dimension und kreiert dadurch eine neue Dimension, das Gebäude. Zum Verständnis der Transzendenz haben wir eine Pyramidenmeditation entwickelt, die hier in ihren wichtigsten Zügen für den Leser aufgezeichnet ist:

Ich setze mich bequem und aufrecht hin, schließe die Augen und gestatte meinem Körper, jetzt vollkommen bewegungslos zu sein. Das Einzige, das den Körper jetzt noch bewegt, ist der ruhige Fluß meines Atems. Ich verbinde mich über die Wahrnehmung meines Atems nach innen und löse mich von allem, was mich gerade eben noch beschäftigt hat, werde mit jedem Atemzug ein Stück mehr eins mit mir selbst.

Ich öffne mich nach unten zum Boden, zur Erde, die das Gewicht meines Körpers trägt und vertraue mich dem Getragenwerden an. Ich öffne mich nach oben, trete in Verbindung mit den Energien des Kosmos, richte mich aus auf das höchste Licht. Ich erkenne und fühle mich als das, was ich in Wahrheit bin: ein Begegnungsort von Erde und Kosmos. Mein physischer Körper wird durchdrungen von den Energien des Universums.

Nun stelle ich mir vor, daß ich in einer Pyramide sitze, die meinen Körper einschließt. Ich richte mein Bewußtsein auf die Spitze dieser Pyramide und lasse den oberen Teil mei-

nes Kopfes mit ihr verschmelzen. Die Spitze der Pyramide zentriert sich mehr und mehr im oberen Teil meines Kopfes. Ich sehe, wie an dieser Stelle ein sanftes Licht zu leuchten beginnt, und erlaube meinem Bewußtsein, sich mehr und mehr mit diesem Licht zu verbinden.

Von diesem Punkt der inneren Mitte und Zentriertheit wende ich mich jetzt nacheinander zu den einzelnen Ecken der Pyramide. Ich verbinde mich zunächst mit der Ecke, die das Element Erde für mein Leben repräsentiert. Ich schaue von der Spitze der Pyramide aus ohne jede Bewertung die Bereiche der Erde an: meinen physischen Körper, Gesundheit, Ernährung, Wohnung, Kleidung, Geld, Besitz…

Ich betrachte alles, wofür ich glücklich und dankbar bin, aber auch jene Bereiche, die verletzt oder unharmonisch sind. Ich sehe alles an mit der größten Liebe, die mir in diesem Moment möglich ist, und lasse von der Spitze der Pyramide Energie von Licht, Heilung und Harmonie in den Bereich meiner Erde fließen. Ich öffne damit meine Erdbereiche für Transformation. Diesen Vorgang setze ich so lange fort, bis ich fühlen kann, daß die Erdecke voller Licht ist.

Dann wende ich mich der Ecke der Pyramide zu, die das Element Wasser in meinem Leben repräsentiert. Ich schaue in die Bereiche meiner Beziehungen, Gefühle, Sexualität, familiären Angelegenheiten, Liebe…

Wieder lasse ich mir Zeit, alles Schöne, Erfreuliche in diesem Bereich zu sehen, aber ebenso öffne ich mich für die Wahrnehmung dessen, was in diesen Bereichen verletzt und in Disharmonie ist. Von meinem Wahrnehmungszentrum aus, das sich in der Spitze der Pyramide befindet, stelle ich nun eine energetische Verbindung zur Wasserecke her. Ich lasse die Energie von Licht, Heilung und Liebe in die Wasserbereiche meines Lebens fließen. Damit öffne ich diese Bereiche für Transformation. Diesen Vorgang setze ich so lange fort, bis ich fühlen kann, daß die Wasserecke voller Licht ist.

Dann wende ich mich der Ecke der Pyramide zu, die das Element Luft in meinem Leben repräsentiert: Kommunika-

tion, Kontakt, Entscheidungen, Klarheit, Freiheit, Leichtigkeit, Flexibilität...

Ohne zu bewerten, erlaube ich mir zu sehen, wie sich die Aspekte der Luft in meinem Leben ausdrücken. Wieder sehe ich beides: jene Bereiche, in denen ich bereits mein Luftpotential lebe, aber auch jene Bereiche, in denen ich noch viel entwickeln kann. Ich sehe, wo Beziehungen und Situationen noch einengend und unfrei sind oder wo ich unter Mißverständnissen und mangelnder Kommunikation leide. Ich betrachte alles mit der größten Liebe, die mir in diesem Moment möglich ist, und lasse von der Spitze der Pyramide Energien von Licht, Heilung und Harmonie in die Bereiche meiner Luft fließen. Ich öffne damit meine Luftbereiche für Transformation. Diesen Vorgang setze ich so lange fort, bis ich fühlen kann, daß die Luftecke voller Licht ist.

Dann wende ich mich der Ecke der Pyramide zu, die das Element Feuer in meinem Leben repräsentiert: Tatkraft, Handeln, Durchsetzungsfähigkeit, Begeisterung, Einsatz, Intensität, Freude...

Ich lasse mich alles sehen, was ich bereits verwirklicht habe, aber auch jene Bereiche, die noch unterdrückt sind und sich noch nicht in Harmonie befinden. Ohne zu bewerten, betrachte ich wieder alles mit der größten Liebe und lasse von der Spitze der Pyramide Energien von Licht, Heilung und Harmonie in den Bereich meines Feuers fließen. Ich öffne damit meine Feuerbereiche für Transformation. Diesen Vorgang setze ich so lange fort, bis ich fühlen kann, daß die Feuerecke voller Licht ist.

Abschließend nehme ich alle vier Ecken meiner Pyramide gleichzeitig wahr. Sie befinden sich jetzt in Balance und Harmonie. Ich vereinige mein vollständiges Gewahrsein in der Spitze der Pyramide, in dem Licht, das ich bin. Ich mache mir in diesem Moment bewußt, wer ich in Wirklichkeit bin. Ich bin nicht nur dieser erdhafte Körper. Ich bin nicht nur meine fließenden Gefühle und Empfindungen. Ich bin nicht nur meine luftigen Ideen und Gedanken. Ich bin nicht nur meine feurigen Willensimpulse und meine persönliche Ziele. In meiner Essenz bin ich vollkommenes, unsterbliches Bewußtsein. Ich war schon immer, und ich werde immer sein. ICH BIN. Dieses mein Sein ist unsterblich, unverletzlich, unbegrenzt, ewig. Ich entspanne mich mehr und mehr im strahlenden Licht dieses Seins, werde eins mit mir selbst.

Jetzt erkenne ich mich in meiner wahren Größe und Herrlichkeit. Ich erkenne mich in meiner Göttlichkeit. In diesem Erkennen beginnen unendliche Liebe und unendliche Freude zu strömen und zu pulsieren. In meinem Zentrum ist alles still, und gleichzeitig vibriert mein ganzes Sein in ekstatischer Lebendigkeit. Mit jedem Einatmen strömt die Fülle des Lebens in mich hinein, mit jedem Ausatmen strömen Licht und Freude aus mir heraus. Ich habe mich in meiner Vollständigkeit wiedergefunden, habe JA gesagt zu meinem ICH BIN. Mein JA ist uneingeschränkt, meine Liebe bedingungslos. Ich feiere die Fülle meines Seins.

In diesem Bewußtsein gehe ich von nun an durch mein Leben, erfülle ich meine Aufgaben. Ich habe den größten Schatz, den es gibt, wiedergefunden: mich selbst. Nun bin ich wirklich auf dem Weg der Freude, und dafür bin ich aus tiefstem Herzen froh und dankbar.

Mit dieser Dankbarkeit und Freude kehre ich nun langsam wieder zurück an die Oberfläche des Seins, zurück in das Hier und Jetzt. Wann immer ich bereit bin, öffne ich meine Augen und gestatte meinem Körper, sich wieder frei zu bewegen. Ich bin vollkommen präsent und gegenwärtig.

Wie schon mehrfach betont, können wir Probleme in einem bestimmten Lebensbereich in der Regel nicht auf derselben Ebene lösen, auf welcher sie in Erscheinung treten. Bevor wir nicht lernen, die Ebenen zu wechseln und unsere Problembereiche einem höheren Bewußtsein zu öffnen, ist wirkliche Heilung nicht möglich. Probleme, die in unserem äußeren Leben in Erscheinung treten, haben ihren Ursprung in geistigen, feinstofflichen Ebenen. Indem uns diese «Wurzeln» zugänglich werden, können wir jeden Aspekt unseres Lebens für Transformation öffnen. Haben wir einen unerlösten Lebensbereich mit dem Licht unseres wahren Wesens verbunden, so können wir ihn zurücklassen wie die Schlange ihre alte Haut.

Die Sehnsucht nach der transzendenten Einheit, der Erleuchtung, der vollkommenen Befreiung verbindet alle Menschen, auch wenn dies den meisten noch nicht bewußt ist. An das duale Denken gewöhnt, stellen wir uns dieses Ziel außerhalb oder getrennt von uns vor. Alle Erwachten stimmen jedoch darin überein, daß wir das Göttliche nur *in* uns finden und realisieren können. *Die Tür zur Transzendenz geht nach innen auf.* Und nachdem wir sie durchschritten haben – oder sogar schon in den Momenten, in denen wir auf ihrer Schwelle stehen und einen Blick in die andere Wirklichkeit werfen können –, erkennen wir, daß wir nie von unserer Essenz getrennt waren, daß die Trennung eine Illusion war, die uns unser Verstand vorgegaukelt hat. Wir waren und sind in jedem Augenblick am Ziel! Alles, was wir suchen, liegt bereits in uns, wie eine versunkene Schatztruhe, die nur darauf wartet, entdeckt und in Besitz genommen zu werden.

Der Weg der Freude ist nicht ein Weg des Kämpfens, der Überwindung von Hindernissen, sondern ein Weg des Erinnerns und Entdeckens. Wir nehmen das in Besitz, was uns immer schon gehörte. Wir betrachten das Leben immer weniger als ein Problem, das es zu lösen gilt, sondern vielmehr als ein Geschenk, das darauf wartet, von uns ausgepackt zu werden, als ein Mysterium, das nur durch gelebtes Leben ergründet werden kann. Staunend erleben wir die Wunder, die uns an jeder neuen Ecke überraschen, die unser Vertrauen stärken und uns darauf hinweisen, nicht erst in ferner Zukunft, sondern hier und jetzt die Göttlichkeit in uns und um uns herum zu erfahren.

BEGEGNUNG MIT DEN SCHATTEN –
Vom Problem zum Potential

Unterwegs
zu einem liebenden Verhältnis
zu mir selbst,
wuchs ich vorbei an allen Formen des Lichts
auch zur anderen Seite meiner selbst,
in den Schatten hinein,
diese dunkle Seite
voller Geheimnis und Angst.

Da lernte ich, meinen Schatten zu umarmen,
mit ihm zu sprechen,
zu begreifen, daß auch ein Schatten
seine ganz eigene Lichtqualität besitzt.

So brachte ich meinen Schatten heim zu mir.
Ich hielt ihn wie ein Kind,
wie einen Freund.

Ich nahm ihn in meine Mitte auf,
in mein Wesen,
und wurde so vollständig.

(Verfasser unbekannt)

Auf der Suche nach unserem inneren Licht begegnen wir unweigerlich auch unseren Schatten: jenen verdrängten Anteilen in uns, die nicht unserer wesensgemäßen Liebe und Freiheit entsprechen.

Wenn wir unser Bewußtsein nach innen wenden, um unser tiefstes Inneres zu erreichen, stoßen wir zunächst auf diese

Ablagerungen unseres Unbewußten. Anstatt das Innenlicht zu finden, wird es in uns vielleicht dunkler als je zuvor. An diesem Punkte weichen viele Menschen zurück und flüchten sich in ihre oberflächlichen Gewohnheiten, Abhängigkeiten und Beschäftigungen.

Doch wer der Auseinandersetzung mit den inneren (und den nach außen projizierten) Dämonen ausweicht, wird letztlich weit unter seinen Möglichkeiten leben und nie die ganze Fülle seiner Kraft, Klarheit und Liebe voll entfalten. Unseren Schatten zu begegnen bedeutet, unsere Wurzeln zu reinigen und zu stärken, ohne die wir unsere Flügel nicht wirklich gebrauchen können. Wie oft glauben wir, auf unserem Weg ins Licht ohne echte Schattenbegegnungen auskommen zu können. Doch solange wir versuchen, unsere Schatten zu ignorieren oder zu bekämpfen, sind wir unfrei, verlieren wir ständig Kraft, die für unsere Bewußtwerdung so dringend nötig wäre.

Die Schattenarbeit ist unter anderem deshalb so wichtig, weil wir durch sie viel Kraft zurückgewinnen können. Schatten rauben uns auf zweierlei Weise Energie. Zum einen brauchen wir viel Kraft, um sie zu unterdrücken oder uns mit ihnen herumzuschlagen. Zum anderen bergen sie selbst erhebliche Potentiale an Vitalität, Stärke, Liebe und Lebensfreude.

Mit jedem Schattenaspekt, den wir in unser Bewußtsein zurückholen und durch unsere Liebe erlösen, eröffnet sich uns eine neue Quelle aus dem Urstrom unserer göttlichen Macht. Und wenn wir schließlich aufhören, uns mit dem oberflächlichen Schein zu identifizieren, wenn wir uns auf den Weg machen, unser geistiges Erbe anzutreten, wird jeder Schritt eine wundervolle Entdeckung, wird jeder Tag ein neues Geschenk des Lernens und Wachsens.

Dieses Ziel, dieses grundlegende Verständnis sollten wir uns gleich zu Anfang vor Augen führen. Dann erhält unsere freiwillige Begegnung mit den Schattenkräften von vornherein eine besondere Qualität. Wir können sie dann in unmittelbarem Erleben durchleuchten, sie von innen her kennenlernen, ohne uns restlos mit ihnen identifizieren zu müssen. Wir erlauben ihnen, sich deutlich in ihrem Wesen und ihrer Wirkung zu zeigen, um sie dann mit all dem Mut und der Liebe, zu der wir fähig sind, als Teile unseres Selbst anzuerkennen, anzunehmen, zu erlösen, zu er-lieben. Wir holen sie damit als verlorene Wesensteile zurück. Wir durchschauen sie als unsere eigenen Schöpfungen, die uns mehr oder weniger gut dienten, doch unserem erwachendem Bewußtsein nicht länger entsprechen. Wie der Vater, der nach der Heimkehr seines verlorenen Sohnes ein großes Fest veranstaltete, so feiern auch wir unsere zurückgewonnene Ganzheit.

Wenn wir uns nach innen wenden, mag es zunächst ziemlich dunkel sein. Doch mit der Erkenntnis, daß in unserem Inneren die ersehnte Freiheit zu finden ist, und der Entscheidung, es dort zu suchen, entzünden wir ein Licht, das uns in die Tiefen unserer Seele leuchtet. Mit jedem Schatten, dem wir begegnen, jedem alten Schmerz, den wir uns fühlen lassen und annehmen, wird unser anfänglich kleines Lichtlein größer und größer.

Indem wir mutig wagen, unseren Schatten ins Gesicht zu sehen, ja sie in unsere Liebe zu uns selbst einzuschließen, treten diese dunklen Gesellen beiseite; sie geben den Weg frei und werden sogar zu unseren Verbündeten. Die in unseren Schatten gebundene Kraft wird freigesetzt und läßt das Licht der nun gewonnenen Freiheit immer heller leuchten.

KREATIVE TRANCEREISE ZUR SCHATTENGRUPPE

Stelle dir eine Situation vor, in der ein Mensch aus einer ihm vertrauten Umgebung aufbricht, um auf eine Reise in ein unbekanntes Land zu gehen. Wenn du ein Mann bist, stell dir einen Mann vor; wenn du eine Frau bist, eine Frau. (Dies gilt für die gesamte Reise, auch wenn wir der Einfachheit halber die männliche Bezeichnung wählen.) Es handelt sich um einen Menschen von besonderer Schönheit, Kraft, Intelligenz und Ausstrahlung. Laß vor deinem inneren Auge die Gestalt eines wahrhaften Helden entstehen. Er bereitet sich auf eine Reise vor, deren Ziel er nur in seinem Inneren kennt. Er bricht auf, um etwas ganz besonders Wertvolles zu finden. Nie zuvor hat er eine solch wichtige Reise unternommen.

Nun laß dein Bild des Helden langsam mit dir selbst verschmelzen. Schließe für einen Moment die Augen, und fühle, wie du mit der Energie des Helden erfüllt wirst. Du selbst bist der Mensch, der diese abenteuerliche Reise unternimmt.

Du weißt um die Bedeutung deines Auftrags! Etwas in dir fühlt, daß du lieber unterwegs sterben würdest, als zurückzukehren, ohne dein Ziel erreicht zu haben. Laß vor deinem inneren Auge ganz deutlich auftauchen, was das so Unvergleichbare und Wertvolle ist, das du unbedingt finden möchtest. Kannst du ein Symbol erkennen? Ist es ein Gefühl, ein Seinszustand? Was ist das wahre Ziel deines Lebens? Was möchtest du unter allen Umständen finden, bevor du diese Inkarnation abschließt? Laß dir auch wieder etwas Zeit, um in deinem Inneren eine Antwort auf diese entscheidenden Fragen zu erhalten, zu hören, zu sehen, zu fühlen.

Drei magische Kräfte stehen dem Helden auf seiner Reise zur Verfügung: ein feuriges Pferd mit dem Namen «Willenskraft», ein magisches Schwert mit dem Namen «Klarheit», ein leicht zu transportierendes Gefäß mit einem Getränk, dessen Wirkung auch die größten Gegensätze überwindet. Sein Name ist «Liebe». Du magst diese drei Kräfte auf deiner abenteuerlichen Reise vergessen oder dich in den entscheidenden Momenten wieder an sie erinnern. Achte so genau wie möglich darauf, auf welche Weise du in extremen Situationen von deiner Willenskraft, Klarheit und Liebe Gebrauch machst.

Du hast nun die letzten Vorbereitungen getroffen, steigst auf dein Pferd und reitest los. Schau noch einmal zurück, was und wen du zurückläßt! Was fühlt dein innerer Held beim Abschied? Auf welche Weise möchtest du zurückkehren? Was willst du bei deiner Rückkehr bei dir haben oder in dir tragen? Konzentriere dich jetzt auf dieses innere Wissen, und reite unbeirrbar weiter.

Dein Weg führt dich durch unterschiedliche Landschaften. Lange Strecken legst du auf dem Rücken deines Pferdes «Willenskraft» zurück. Die Ruhepausen sind nur kurz. Es drängt dich, rasch vorwärts zu kommen. Du fühlst deutlich, daß du keine Zeit vergeuden solltest.

Außerdem ist das Land, durch das du reitest, nicht sicher. Überall lauern unbekannte Gefahren. Male dir aus, auf welche Weise diese Gefahren dich bedrohen könnten. Wie sehen sie aus? Was ist deine größte Befürchtung? Welche unverhofften Hindernisse könnten auftauchen und dich von der Fortsetzung deiner Reise abhalten? Welche Verführungen oder Verlockungen erwarten dich? Welches wären deine gefährlichen Feinde? Laß dir wiederum etwas Zeit, dir alle möglichen Gefahren auszumalen und auch zu entscheiden, auf welche Weise du deine drei magischen Kräfte «Willenskraft», «Klarheit» und «Liebe» erfolgreich einsetzen wirst.

Lange bist du schon unterwegs. Vielen Gefahren hast du erfolgreich getrotzt, viele Hindernisse und Schwierigkeiten überwunden. Die Landschaft, die du schließlich erreichst, wird nun immer schöner, lieblicher, friedvoller. Eine geradezu paradiesische Weite breitet sich vor dir aus, sonnendurchflutet und voller wunderbarer Farben, Formen und Klänge.

Ganz deutlich fühlst du, daß du dich nun deinem Ziel näherst. Du atmest erleichtert auf, dein Pferd trabt leicht und mühelos. Du genießt die Harmonie und Schönheit, die dich hier umgeben. Erleichtert weitet sich dein Herz voller Frieden und Dankbarkeit. Du fühlst dich so glücklich und erfüllt wie noch nie zuvor in deinem Leben. Fast glaubst du, du seiest schon am Ziel.

Doch in deinem Inneren leuchtet die Vision dessen auf, wofür du auf die Reise gegangen bist. Dir wird bewußt: Die Reise beinhaltet noch viel mehr, als in dieser Landschaft zu finden ist. So richtest du deinen Blick wieder nach vorne, setzt deinen Ritt nach einer kurzen Ruhepause fort. Und tatsächlich siehst du nun deutlich, daß der Horizont von einem überirdischen Licht erleuchtet ist. Etwas in dir weiß: «Dort will ich hin, dort finde ich das Gesuchte».

Aufatmend reitest du weiter. Das Leuchten wird immer deutlicher, und dann, nachdem du einen weiteren Hügel hinaufgeritten bist, siehst du es vor dir: Das goldene Tor!

Alles in dir jubelt. Du hast es gefunden! Nur noch ein kurzes Stück – und alle Härten und Mühen des Weges haben sich tausendfach gelohnt. Die Ausstrahlung des Lichts wird immer stärker und beginnt bereits, deinen ganzen Körper zu durchpulsen. Mehr schwebend als reitend legst du das letzte Stück zurück, in der Gewißheit, jetzt endlich das wertvollste Geschenk deines Lebens empfangen zu können. Du reitest direkt auf das strahlende Tor zu... Da, kurz vor der Schwelle, siehst du plötzlich etwas, was dir für einen Moment das Blut in den Adern erstarren läßt. Ein schrecklicher, furchterregender Dämon erhebt sich und versperrt dir drohend den Weg. Dein Pferd bäumt sich auf. «Nur jetzt nicht aufgeben, nicht zurückweichen» durchfährt es dich. Doch was tun?!

Achte jetzt genau auf alles, was in dieser dramatischen Situation geschieht. Schau genau hin, wie der Dämon in deiner Vorstellung aussieht. Wie ist er beschaffen? Was macht ihn so gefährlich? Welches sind seine Haupteigenschaften? Auf welche Weise bedroht er dich? Hat er einen Namen? Was sagt er zu dir?

Und achte ebenso genau auf deine spontanen Reaktionen. Hast du die Tendenz, in Panik zu geraten, wegreiten und aufgeben zu wollen? Glaubst du, der Dämon sei unbesiegbar, oder hältst du es für möglich, ihn zu bezwingen? Zweifelst du, verlierst du deine Vision aus den Augen oder glaubst du unbeirrt daran, dein Ziel doch noch erreichen zu können? Läßt du dich in einen Kampf verwickeln, oder durchschaust du das Ungeheuer? Bist du dir in diesem Moment deiner drei magischen Kräfte bewußt? Auf welche Weise machst du von ihnen Gebrauch? Erreichst du dein Ziel, überschreitest du die Schwelle oder bleibst du vor dem Tor stehen?

Folge den ersten Impulsen deiner Wahrnehmung, und präge dir die Szenen genau ein. Vielleicht ist dein Erleben jetzt klar und eindeutig, vielleicht möchtest du aber auch unterschiedliche Möglichkeiten durchspielen.

Beende diese Trancereise auf deine eigene Weise, so wie es sich für dich stimmig anfühlt.

Es ist vielleicht sinnvoll, die wichtigsten Erfahrungen und Botschaften aufzuschreiben. Wenn Fragen offen und unbeantwortet bleiben, schreibe auch sie auf. Du wirst in den nächsten Tagen oder beim Lesen dieses Kapitels vielleicht erstaunliche Antworten erhalten.

Jeder von uns trägt bewußt oder unbewußt, klar oder verschwommen ein Wissen in sich, das von unserem Ziel zeugt. In den Momenten unseres größten Sehnens oder in jenen Lebensbereichen, die uns besonders viel bedeuten, finden wir ein Echo unserer inneren Vision. Diese mag uns mitunter kaum bewußt oder völlig unfaßbar sein. Und doch entspricht sie einer tiefen Wahrheit.

In der Regel können wir erst im Rückblick erkennen, wozu eine gewisse Erfahrung nötig und wichtig war. Doch einen tieferen Sinn erhält jeder Moment unseres Lebens nur in dem Maße, wie er von uns in einen größeren, übergeordneten Zusammenhang gesehen und verstanden werden kann. Deshalb legen wir in unserem Transformationstraining so viel Wert darauf, daß jeder Teilnehmer nach und nach ein Gefühl für seine einzigartige Lebensausrichtung und Vision entwickelt.

Auf unserer Reise begegnen wir ständig unseren Schattenaspekten. Auf der Suche nach dem Licht müssen wir uns notwendigerweise mit allem konfrontieren, was diesem Licht im Wege steht. Wer der Auseinandersetzung mit den inneren (und den nach außen projizierten) Dämonen ausweicht, wird sich mit weniger als dem Ganzen zufrieden geben müssen. Er wird immer weit unter seinen Möglichkeiten leben und die ganze Fülle seiner Kraft, Klarheit und Liebe nie voll entwickeln.

Wir können versuchen, unsere Schatten zu ignorieren oder uns im Kampf mit ihnen verstricken – in beiden Fällen wären wir unfrei und würden ständig viel Kraft verlieren. Es gibt eine dritte Möglichkeit, an die wir uns jetzt langsam herantasten.

Wir brauchen unsere Schatten weder zu verleugnen noch zu bekämpfen, wenn wir nur bereit sind, uns offen und ehrlich zu ihnen bekennen. Sie sind ausnahmslos unsere eigenen Schöpfungen und erfüllen als solche eine wichtige Funktion. Sie verdienen unsere Liebe! Wenden wir uns ihnen liebevoll zu, verlieren sie bereits einen großen Teil ihrer Bedrohlichkeit. Erst dann können wir genauer hinsehen und erkennen, daß wir sie möglicherweise in dieser alten Form nicht mehr brauchen. Problembereiche, die uns in der Vergangenheit wichtige Lehren erteilten, sind aufgrund unseres veränderten Bewußtseins unnötig geworden. Wir können ihre Schattengestalten verwandeln oder ganz auflösen, um die in ihnen gebundene Energie an anderen Stellen kreativer einzusetzen.

FORMEN UND WESEN DER SCHATTEN

Zunächst geht es darum, die Erscheinungsformen und das Wesen der Schatten etwas genauer zu betrachten. Als Schatten bezeichnen wir jene tieferen Teile unseres Unbewußten, denen wir aufgrund schmerzhafter Erfahrungen und Prägungen den Zugang zu unserem bewußten Denken und Handeln verwehrt haben. Daher gehören – wie schon betont – echte Schattenbegegnungen in einem geschützten Rahmen unverzichtbar zu einer tiefgreifenden und ganzheitlichen Transformation.

Es ist wichtig, einen aktuellen Bezug zu uns selbst und unseren gegenwärtigen Lebenserfahrungen herzustellen. Dazu beschäftigen wir uns unter anderem mit folgenden Fragen:

- Gibt es gegenwärtig (gab es in den vergangenen Tagen/Wochen/Monaten) Bereiche in meinem Leben, in denen ich mit Schwierigkeiten oder Problemen konfrontiert bin?
- Gibt es Situationen und/oder Personen, die mir das Leben schwermachen?

- Auf welche Weise verhindern diese Probleme mein Glück, meine Lebendigkeit, den ungehinderten Ausdruck meiner Kreativität und Liebe?
- Mit welchen Ängsten komme ich dabei in Berührung? Welche Sorgen und Befürchtungen werden durch die Schwierigkeiten hervorgerufen?
- Welcher negative Glaubenssatz, welche lebensverneinende Überzeugung liegen meinen Ängsten und Problemen zugrunde?

Einen wesentlichen Aspekt unserer Schatten finden wir immer in jenen Bereichen unseres Lebens, die uns Furcht einflößen, Sorgen bereiten und damit veranlassen, uns ängstlich statt liebevoll, defensiv statt kreativ zu verhalten. Erst wenn wir vorhandene Schatten erkennen und annehmen, werden wir nicht mehr von ihnen tyrannisiert. Wir akzeptieren dann bereitwillig die Herausforderungen unseres Lebens, gehen mit Konflikten und Auseinandersetzungen konstruktiv und angstfrei um.

Wenn wir unsere Schatten kennenlernen und befreien wollen, sollten wir bereit sein, uns unseren tiefsten und oft auch unbewußten Ängsten zu stellen, um diese durch unsere Liebe und unser Verständnis mit Licht zu erfüllen und damit zu erlösen. Wir öffnen uns in der Beschäftigung mit den Schatten erneut für Klarheit und Kraft, für die Fähigkeit zu lieben und zu vergeben – gerade in jenen Bereichen, in denen uns dies besonders schwerfällt und die am meisten in der Lage sind, uns von unserem inneren Licht zu trennen.

Die Schattenarbeit gibt uns noch einmal die Gelegenheit, ausführlich und gründlich jene Glaubenssätze zu untersuchen, die nach wie vor die Kraft besitzen, unsere Angst zu schüren und damit unsere Lebendigkeit und Kreativität einzuschränken. Letztlich geht es aber darum, die tiefste Wurzel für die Existenz all unserer Schatten zu erkennen: die Illusion, die im Bewußtsein von Trennung und Dualität liegt. Nur dadurch gelingt es uns wirklich, uns zum Licht hinter unseren Schatten, zur Freiheit hinter unserer Angst durchzuringen.

SCHATTEN UND ANGST

In diesem Zusammenhang sei nochmals zusammengefaßt: Hinter jedem Problem unseres Lebens finden wir einen Schatten. Hinter jedem Schatten versteckt sich eine Angst. Jeder Angst liegt eine Überzeugung, ein Glaubenssatz zugrunde. Jeder lebenseinschränkende Glaubenssatz basiert auf einer Unbewußtheit, einer Illusion, einer Lüge. Jede Unbewußtheit ist eine Form der Trennung, ein Herausfallen aus dem Bewußtsein der Einheit. Dies ist unsere «Vertreibung aus dem Paradies». Wir haben uns in die Dualität begeben, die die Illusion des existentiellen Getrenntseins und damit die Erfahrung von Licht und Schatten mit sich brachte.

Unser Transformationstraining soll das Verständnis dafür öffnen, daß jede Unbewußtheit und ihre Folgen die Abtrennung aus der Einheit zeigen und den Verlust der Verbindung zu unserer tiefsten Wahrheit, zu unserem göttlichen Wesenskern dokumentieren. Finden wir nach und nach zu diesem Bewußtsein unserer Einheit zurück, so lösen sich Unbewußtheiten, Ängste und Schatten in unserem Leben wie von selbst auf. Wir schlagen uns nicht mehr mit Problemen herum, sondern können nun Aufgaben, Lektionen und Herausforderungen bereitwillig annehmen. Die ganze Energie, die in der Unterdrückung oder im Kampf mit den Schatten gebunden war, wird frei und steht uns zur Verfügung für ein kreatives und glückliches Leben.

LICHTE UND DUNKLE SCHATTEN

Wir unterscheiden bei unserer Arbeit zwei Hauptkategorien von Schatten, *lichte Schatten* und *dunkle Schatten*.

Lichte Schatten sind Potentiale der Kraft, Freude, Lebendigkeit, Liebe, die aufgrund von Erziehung, Umwelteinflüssen, Konditionierungen und schmerzhaften Erfahrungen unterdrückt wurden und auf die Erlaubnis warten, angstfrei gelebt und ausgedrückt zu werden. Es handelt sich dabei um Teile, die noch unentwickelt sind und dadurch zu unserer Ganzwerdung fehlen. Die Wirkungen solcher Schatten sind ein nichtgelebtes Leben und damit einhergehend ungestillte Sehnsüchte, unechtes Verhalten, unterschwellige Traurigkeit, geringe Lebendigkeit und Ausstrahlung, Mangel an Vitalität und Lebensfreude.

Die *lichten Schatten* sind auch häufig die Folge von Tabus, die wir aufgrund unserer Erziehung übernommen haben, die jedoch nicht unserem wahren Wesen, unserer tiefsten Wahrheit entsprechen. Betroffen sind meistens die Bereiche von Sexualität, Sinnlichkeit und Lust, aber auch Aspekte wie Durchsetzungsfähigkeit, Willenskraft, Selbstbehauptung oder ganz allgemein Freude und Lebendigkeit.

Eine Begegnung mit solchen Schatten bringt oft eine verborgene Traurigkeit an die Oberfläche, die sich in einer Flut von Tränen endlich entladen möchte. Hinter der Traurigkeit zeigen sich auch häufig bislang versteckte und unterdrückte Schichten von Wut, Zorn und unausgelebter Aggressivität.

Wann immer wir den Mut aufbringen, diesem Spektrum «negativer» Gefühle Ausdruck zu verleihen, mündet der Prozeß schließlich in ein meist lustvolles und ekstatisches Gefühl der Befreiung, in einen großen Zuwachs an Kraft und Lebendigkeit, in ein überwältigendes Gefühl von Freude und Dankbarkeit. Es ist, als ob wir das Licht nach einer endlos erscheinenden Nacht, die Wärme nach einem langen Winter endlich wieder begrüßen und feiern dürfen. Die Tränen trocknen schnell, und man fühlt sich wie neu geboren. Je nach dem, wie wesentlich das verschüttete Potential war und wie tief es vergraben lag, kann dieser Prozeß spielerisch leicht oder höchst dramatisch ablaufen. In jedem Fall überwiegt am Ende die Dankbarkeit und Freude über den zurückgewonnenen inneren Reichtum, das Gefühl wiedergefundener Ganzheit.

Die Begegnung mit den *dunklen* Schatten ist eine Konfrontation mit dem, was wir «das Böse» nennen. Eine solche Schattenbegegnung ist immer erschütternd, schockierend. Sie macht uns tief betroffen, unsicher, verlegen. Wir werden mit etwas konfrontiert, was unserer Meinung nach nicht sein darf, was wir auf keinen Fall sehen wollen. Jeder Mensch zuckt bei einer solchen Begegnung erst einmal zusammen, schreckt zurück, will weglaufen oder sich in panischer Angst verteidigen.

Eine solche Schattenbegegnung bedroht die eigene Identität, erschüttert unsere heile Welt. In der Regel stoßen wir dabei auf mit hoher Angstladung versiegelte Tabus. Begegnen wir ihnen nicht freiwillig, verfolgen sie uns lebenslänglich. Sie behindern unsere Bewußtseinsentwicklung und versperren uns den Zugang zu freieren Räumen des Seins. Wir leben ständig auf der Flucht oder müssen mit Entsetzen zusehen, wie sie uns früher oder später doch einholen – in Form von Unfällen, Krankheiten, Beziehungstragödien, dramatischen beruflichen Fehlschlägen oder auch zunehmend destruktivem Verhalten gegenüber uns selbst, unserer Gesundheit, unseren Mitmenschen oder dem, was wir in langer mühevoller Arbeit aufgebaut haben.

So unangenehm und schockierend auch die freiwilligen Schattenbegegnungen in unserer Arbeit sein können, so sind sie doch jedesmal für den Betroffenen ein Geschenk. Es handelt sich dabei immer um jene Teile, die unserem Tagesbewußtsein nicht oder noch nicht zugänglich sind. Die Tiefe der Dimensionen, die wir damit erreichen, hängt ab von der persönlichen Kraft und der Reife jedes einzelnen Teilnehmers. Wir forcieren daher nichts, sondern ermutigen lediglich, in Offenheit und Wachsamkeit präsent zu sein, bereit, alles zuzulassen, alles anzuschauen, allem zu begegnen.

In der «Schattengruppe» begeben wir uns auf eine Jagd nach Kraft. Wenn wir gelernt haben, mit Intensität umzugehen, ohne uns in ihr zu verlieren, können wir uns auch unseren größeren Dämonen stellen.

Wie bei allen transformatorischen Grenzüberschreitungen bestimmt auch hier das Maß unserer persönlichen Kraft, wie viel oder wie wenig wir an Energiezuwachs in unser Leben integrieren können. Sich vormals unterdrückte Energien anzueignen und nutzbar zu machen, ist ein Akt der Befreiung.

ÜBER DEN UMGANG MIT PROJEKTIONEN

In der Schattenarbeit kommen wir nicht umhin, uns mit dem Wesen von Projektionen auseinanderzusetzen. Projektionen sind jene Filter oder Raster unserer Wahrnehmung, die sich, ohne daß wir uns dessen bewußt sind, aufgrund der gesamten Erinnerungen und Erfahrungen unserer Seele zwischen uns und die Realität schieben.

Für gewöhnlich betrachten wir die Sinne, mit denen wir unsere Welt wahrnehmen, als Öffnungen – Fenster oder Türen –, durch die wir mit unserer Umgebung in Kontakt treten. Psychologen haben jedoch seit langem erkannt, daß unsere fünf Sinne weniger Öffnungen, als vielmehr Filter darstellen, die uns nur jenen Teil der Realität wahrnehmen lassen, der unser beschränktes Weltbild nicht erschüttert. Uns ist jeweils nur ein winziger Ausschnitt des Ganzen bewußt. Und auch dieser kleine Teil ist durch unsere individuellen Filter gefärbt. Auf diese Weise lebt jeder in seiner eigenen Welt, die exakt seinem gegenwärtigen Bewußtsein entspricht.

Um das wirklich zu begreifen, ist es notwendig zu sehen, daß kein Mensch wie ein leeres, unbeschriebenes Blatt auf die Welt kommt. Jede Seele bringt ein ganzes Paket von zum Teil unverarbeiteten Erfahrungen aus früheren Existenzformen mit. Die Geburt, der Eintritt in eine neue Inkarnation, ist lediglich so etwas wie ein relativer Neuanfang. Doch wie wir gesehen haben, sind bereits Schwangerschaft und Geburt prägende Situationen, die unsere spätere Wahrnehmung und Einstellung zum Leben nachhaltig beeinflussen. Ausgehend von diesen ersten Grunderfahrungen häufen sich beim heranwachsenden Kind immer neue, differenziertere Wahrnehmungsfilter an, die schließlich die Brille ausmachen, durch die wir die Welt, von unseren Vorstellungen getönt, erleben und interpretieren.

Das ursprüngliche Licht, mit dem wir ins Leben kamen, erhält zahlreiche Färbungen und wird mehr oder weniger getrübt. Jede Erfahrung, jede Prägung ist wie eine neue Farbe, deren Filter die persönliche Sichtweise von der Welt ausmacht. Wir verlieren die Fähigkeit unmittelbarer Wahrnehmung. Aus den vielen Lagen von Filtern entsteht mit der Zeit so etwas wie ein eigenständiges Bild, eine Gestalt, ein Muster, das ein Eigenleben zu führen beginnt. Diese Gestalt ist die Grundhaltung, aus der wir unser Leben in Angriff nehmen. Diese Art, das Leben wahrzunehmen und zu gestalten, ist das Grundmuster unserer Projektionen. Es ist sehr wichtig, es kennenzulernen, denn es bestimmt und erschafft die Welt, in der wir leben. Erst, wenn wir unsere «Sehstörung» erkannt haben, können wir sie auch korrigieren.Wir werden dadurch frei, das Leben so zu sehen, wie es ist, und fähig, unser Leben unserer inneren Wahrheit gemäß zu gestalten – frei von lebensfeindlichen Mustern.

JENSEITS VON BEWERTUNG

Größte Herausforderung und gleichzeitiges Ziel unserer Schattenarbeit sind die Bereitschaft und die Fähigkeit, alles, was sich zeigt, ohne Bewertung anzunehmen. Dies führt in einen Seinszustand, in dem wir alles – ohne Ausnahme – als

Teil und Ausdruck von Göttlichkeit erkennen. Indem wir zu diesem uneingeschränkten Ja finden, erfahren wir die Fülle und Lebendigkeit der Existenz. Wir verharren nicht länger in Abgrenzung und Konflikt, sondern öffnen unser Bewußtsein für die Qualität von Einheit und All-Verbundenheit.

Jeder bereitwillig gefühlte Schmerz, jede hingebungsvoll erlebte Traurigkeit, jeder freiwillig erforschte Schatten verwandelt sich rasch in etwas anderes: in ein Potential, eine erhebende Intensität, in Kraft, Liebe und Lebendigkeit. Wollen wir unsere Traurigkeit nicht fühlen, hat auch die Freude keinen Raum; wollen wir unsere Wut nicht wahrnehmen, werden wir auch unsere Kraft nicht erkennen. Ein Mensch, der die Fähigkeit entwickelt, bereitwillig zu fühlen, wahrzunehmen und zu erfahren, lebt frei von Trennung und Leiden. Denn Leiden ist die Folge eines Widerstandes, etwas zu fühlen und zu erleben. Solange sich wichtige Aspekte unseres Lebens in der Dualität abspielen, werden wir mit Licht und Schatten konfrontiert. Ob wir weise mit ihnen umgehen oder ihnen lediglich ausweichen, wird daran zu erkennen sein, wieviel Liebe, Klarheit und Kraft durch uns zum Ausdruck kommen.

Das Ausmaß unserer Bewertungen in bezug auf uns selbst und unsere Umgebung spiegelt den Umfang und die Dichte unserer Projektionsfilter. Erst wenn wir beginnen, uns zu entspannen, um die Dinge ohne Urteil oder Lob, ohne Anklage oder Verteidigung anzuschauen und beim Namen zu nennen, nähern wir uns Räumen echter Wahrnehmung. In diesen Seinszuständen wächst ein uneingeschränktes Ja zu allem, was wir sind; zu allem, was ist; zu allem, was gerade in das Feld unserer bewußten Wahrnehmung tritt. Unser Bewußtsein wird dadurch weiter. Wir erlauben uns, mehr zu sehen, mehr zuzulassen als bisher und nennen auch solche Aspekte der Realität beim Namen, die für uns bislang tabu waren.

Indem wir die Bewertungen unserer selbst und der anderen loslassen, verschwindet auch die Angst vor Liebesverlust. Wir zeigen uns in einer neuen Selbstverständlichkeit mit allem, was wir sind, und beenden damit die Tyrannei von starren Idealen und einengenden Vorstellungen. Wir machen uns bereit, alles, was nicht wirklich zu uns gehört, freiwillig loszulassen, und befreien uns damit auch von Schuldgefühlen, Minderwertigkeitskomplexen, Eigendünkel und den verfälschten Formen unseres selbstgebastelten Images. Unsere fremdbestimmte Identität wird durchleuchtet, und wir erkennen hinter den vielen Masken, Schutzpanzern und Verkleidungen, wer wir in Wirklichkeit sind! In einem Raum des Seins, in dem keine Bewertungen existieren, sehen wir uns zum ersten Mal so, wie Gott uns sieht.

Wir erkennen, daß es keinen Grund gibt, uns zu rechtfertigen oder gar anders sein zu wollen, als wir sind. Wir sind genau so, wie wir sein sollten. Hätte der «allmächtige Schöpfer» sich andere Wesen gewünscht, wäre es ihm ein Leichtes gewesen, diese zu erschaffen. Tatsächlich jedoch sind wir selbst die Schöpfer aller Aspekte unseres Lebens. Wir haben diese Form, diese Eigenschaften – bewußt oder unbewußt – gewählt, um bestimmte Erfahrungen zu machen.

Wenn die Bewertungen wegfallen, löst sich gleichzeitig ein gewaltiger Komplex von Angst und Schuld auf. Damit dringt

Licht in unser Bewußtsein, und wir hören auf, uns ausschließlich mit unserer Oberfläche zu identifizieren. Die energetische Ladung unserer Projektionen auf unsere Umgebung, auf andere Menschen und auf uns selbst zeigt uns lediglich das Ausmaß unserer Unbewußtheit und Ignoranz gegenüber dem, was wir in Wahrheit sind. Wir schlafen noch und identifizieren uns mit unseren Träumen. Es ist Zeit, zu erwachen und die Größe und die Grenzenlosigkeit unseres ICH BIN zu erkennen. Dies zieht einen radikalen Wandel unseres ganzen Lebens nach sich.

Damit das Licht, das wir sind, voll und ungehindert durch uns erstrahlen kann, brauchen wir zwei Grundeigenschaften: Wir müssen einerseits durchlässig werden, müssen lernen, Leiter und Kanal für diese hochschwingende Energie zu werden. Andererseits müssen wir aber auch widerstandsfähig werden, indem wir lernen, Unsicherheiten und Intensität auszuhalten. Ebenso wie die Lichtstärke einer Glühbirne aus dem Zusammenspiel von Leitfähigkeit und Widerstand entsteht, brauchen auch wir nicht nur Durchlässigkeit, sondern auch persönliche Kraft, um zum Träger von Lichtenergie zu werden.

HERAUSFORDERUNGEN SIND GESCHENKE

Um diese Qualitäten zu entwickeln, sind die Herausforderungen unseres Lebens wertvolle Geschenke. Sobald Widerstand und Durchlässigkeit in Balance sind, verwandeln sich gerade die schwierigsten Situationen in wertvolle Wachstumshilfen. Wir nehmen dann die Lektionen, die uns das Leben erteilt, immer bereitwilliger entgegen und bewältigen auch unangenehme Prüfungen mit wachsender Leichtigkeit.

Solange wir andere Menschen oder Aspekte unseres Lebens und uns selbst bekämpfen, werden wir uns immer als Opfer der Umstände fühlen, unfrei und ständig unter Druck handeln. Wir leben dann überwiegend aus der Defensive. Sobald wir jedoch beginnen, uns unseren Schatten freiwillig zu stellen, erkennen wir, daß niemand anderes als wir selbst sie geschaffen haben und ihnen die Erlaubnis erteilt haben, uns zu tyrannisieren und die Harmonie unseres Lebens zu stören. Und damit wird klar, daß niemand anderes als wir selbst uns von ihnen erlösen können. Indem wir sehen, wie wir sie erschaffen haben, können wir sie auch wieder auflösen und das in ihnen liegende Potential in Besitz nehmen. Erst dann hören wir auf, uns wie von unbekannten Mächten dirigierte Marionetten zu bewegen; erst dann sind wir in der Lage, bewußt wir selbst zu sein. Nur durch einen solchen Schritt werden wir das, was wir sein sollten, was wir aus der Sicht unseren wahren Selbst bereits sind.

Um dies noch umfassender zu realisieren, bedienen wir uns eines Abschlußrituals, das wir gegen Ende dieser «Schattentage» durchführen. Dazu finden sich nochmals Teilnehmer in einer Kleingruppe zusammen, die noch vor wenigen Tagen ihre Schatten aufeinander projiziert haben. Jetzt geht es darum, jeden Einzelnen in seinem Potential wahrzunehmen. Es handelt sich hierbei um eine Übung, einen anderen Menschen durch alle oberflächlichen Erscheinungen hindurch in einem Zustand seines vollständigen Erblühens zu sehen.

Vor Beginn des Prozesses treten alle Teilnehmer mit Hilfe von meditativer Ausrichtung in einen Zustand erweiterter Wahrnehmung. Sie verbinden sich mit der Präsenz ihres ICH BIN, also mit der Gegenwart ihrer eigenen Essenz. Dabei empfangen sie unter anderem einen Satz, der die Kraft besitzt, alle in den vorangegangenen Tagen entdeckten Negativprogramme zu neutralisieren.

Im Verlauf des nun folgenden Rituals erhält jeder Teilnehmer für eine gewisse Zeit die volle Aufmerksamkeit aller anderen Mitglieder in seiner Kleingruppe. Ohne den Kontakt zu seiner meditativen Mitte aufzugeben, erlaubt er seinem Körper eine Haltung zu finden, welche die energetische Ausstrahlung seiner Affirmation am treffendsten ausdrückt. In dieser «Statue» spricht er den zuvor empfangenen Satz, der mit «Ich bin...» beginnt, mehrere Male aus (z.B.: «Ich bin die strahlende Sonne meines Lebens»).

Die Wirkung einer solchen rituellen Handlung ist immer wieder erstaunlich. Die Energie im gesamten Umfeld verdichtet sich augenblicklich. Es ist, als ob durch die Körperhaltung und die Macht des gesprochenen Wortes sich deutlich spürbar die

Präsenz einer transzendenten Wahrheit einstellt. Die «Beobachter» werden an dieser Stelle aufgefordert, all ihre Bilder und Wahrnehmungen mitzuteilen, die etwas vom Potential der in der gegenwärtigen, symbolischen Körperhaltung verharrenden Person offenbaren.

Der vorgegebene Rahmen macht es dabei möglich, Qualitäten zu sehen und auszusprechen, die wir in der Regel nur auf Helden oder Heilige projizieren. Doch in diesen Momenten weiß jeder, daß diese göttlichen Aspekte nicht unserem Ego angehören, das sich damit aufblähen könnte. Wir verneigen uns damit vielmehr in Dankbarkeit vor der Realität unseres inneren Selbst, mit der sich unser oberflächlicher Verstand niemals brüsten könnte.

Im Erkennen und Zulassen unserer tiefsten Wahrheit werden wir nicht größenwahnsinnig. Vielmehr wird allen nach Macht, Ansehen und Einfluß strebenden Teilen unseres Egos der Wind aus den Segeln genommen.

Das, was wir bereits sind, brauchen wir nicht herauszustellen; wir müssen auch nicht mehr versuchen, es zu erreichen. In den Momenten unseres Erwachens sehen und erkennen wir uns als untrennbaren Teil des Ganzen. Wir sind alles, was unsere Wahrnehmung erfassen kann, und noch viel mehr – in Worten nicht ausdrückbar. WIR SIND ES!

MANN UND FRAU –
Partnerschaft, Sexualität und Liebe

«Liebe ist nur möglich, wenn Meditation geschieht. Wenn Du nicht weißt, wie du in deiner Mitte sein kannst, wenn du nicht weißt, wie du in dir selbst ausruhen und entspannen kannst, wenn du nicht weißt, wie du völlig allein und glückselig sein kannst – dann wirst du nie erfahren, was Liebe ist.»

(Osho)

«Tantra ist für mich das Zusammentreffen von weiblicher und männlicher Energie im Inneren eines Menschen. In diesem Zusammenfließen entsteht Ganzheit, Fülle und das Gefühl, von innen heraus erfüllt zu werden. Diese Erfüllung läßt uns mit anderen Kontakt aufnehmen – aus einem inneren Reichtum und nicht mehr aus einem Bedürfnis heraus.»

(Waduda)

«Die größte Kraft im psychischen Universum ist das Verlangen nach Vollständigkeit, nach Ganzheit, nach Ausgleichung.»

(C.G. Jung)

Mit der Mann-Frau-Thematik setzen wir uns auf einer neuen Ebene mit unserem Streben nach Glück, Ganzheit und Vollständigkeit auseinander. Nirgends tritt dieses Verlangen deutlicher in Erscheinung als in der magischen Anziehung der Geschlechter. Höchstes Glück und bitterste Frustration, größtes Sehnen und tiefsitzende Angst und Abwehr können hier dicht aufeinandertreffen. In kaum einem anderen Bereich sind wir so verletzbar. Immer wieder aufs neue erhoffen wir das

Ende von Trennung und Einsamkeit und werden doch jedesmal wieder auf uns selbst zurückgeworfen.

Weltweit befindet sich die traditionelle Zweierbeziehung in einer tiefen Krise. Glückliche, «funktionierende» Beziehungen scheinen eher eine Ausnahme zu sein. Selbst Paare, die wir lange Zeit als «Traumpaare» bewunderten, gehen plötzlich auseinander oder öffnen sich einer tiefgreifenden und oftmals schmerzhaften Besinnung und Neuorientierung.

Die Begegnung mit unserem andersgeschlechtlichen Gegenpol konfrontiert uns gleichzeitig mit zahlreichen Gegensätzen in uns selbst: Dem Bedürfnis nach Nähe steht der Drang nach Freiheit gegenüber, dem Wunsch nach Verbundenheit das Streben nach Unabhängigkeit, dem Verlangen nach emotionaler und sexueller Erfüllung die Angst vor Zurückweisung, der Suche nach Intensität und Romantik die Gefahr emotionaler Verletzung und Liebesverlust, der Lust auf Sinnlichkeit und Erotik die Furcht vor Verwicklung und Eifersucht.

Es gibt wohl nur sehr wenige Lebensbereiche, die ähnlich stark belastet sind mit Ängsten, Schuldgefühlen, Unfreiheiten und irrationalen Denk- und Verhaltensweisen. Tiefsitzende Moralvorstellungen und Tabus sowie jahrhundertelange sexualfeindliche Konditionierung haben ihren machtvollen Einfluß noch lange nicht verloren und widersetzen sich hartnäckig dem Streben nach mehr Natürlichkeit, Offenheit und Akzeptanz. Die neuen Freiheiten scheinen viele Menschen eher zu überfordern, schaffen sogar oftmals Verunsicherung und Verwirrung.

In unserem eigenen Prozeß einer ganzheitlichen Transformation und Bewußtseinserweiterung kommen wir nicht umhin, uns auch diesem Thema zu stellen. Wenn wir versuchen, es beiseite zu schieben oder zu verdrängen, laufen wir Gefahr, hinterrücks doch immer wieder von den machtvollen Kräften unseres Unterbewußten eingeholt zu werden. Wir gehen sogar soweit zu sagen, daß die Verwirklichung der eigenen *Vision der Freude* nicht gelingen kann, wenn der Bereich von Sexualität und Beziehung nicht intensiv und wahrhaftig durchleuchtet und geheilt wird. Dies kann nur gelingen, wenn wir ihn in unser meditatives Gewahrsein aufnehmen.

In unserem Transformationstraining geben wir den Teilnehmern einige Orientierungshilfen, mit denen sie in ihrem eigenen Leben weiterarbeiten und experimentieren können. Es handelt sich dabei um Erfahrungen, die für uns bedeutsam wurden und immer noch sind.

Wir vermitteln Schlüssel, die für unser Verständnis von Mann und Frau sowie für die Schritte unseres Weges zu bedingungsloser Liebe unentbehrlich geworden sind. Darüber hinaus beziehen wir die wertvolle Vorarbeit anderer mit ein, die in den Bereichen von Tantra, Tao Yoga, Tiefenpsychologie und Schamanismus geleistet wurde.

Wir wenden uns u.a. Fragen zu wie:

- Was bedeutet es für mich, Mann beziehungsweise Frau zu sein?
- Welche einengenden Konditionierungen, welche Verletzungen gibt es zu heilen oder zu befreien?
- Welches Verhältnis habe ich zu meinem Körper, meiner Sexualität?
- Mit welchen Schwierigkeiten und Herausforderungen werde ich immer wieder in meinen Beziehungen konfrontiert?
- Wie finde ich den Partner, der zu mir paßt und mich optimal ergänzt?
- Wie kann ich mit meinem Partner umfassender kommunizieren und tiefer in Verbindung treten?
- Wie kann ich meine Sexualität lustvoll und ganzheitlich erleben?
- Wie erhöhe, verfeinere und lenke ich meine sexuelle Energie?
- Wie erkenne und lebe ich die Beziehungsform, die meiner Individualität, meinem persönlichen Wesen am tiefsten entspricht?
- Wie verbinde ich Sexualität, Liebe und Meditation?

- Wie lerne ich, meine Projektionen auf meine Partner zu unterscheiden von deren menschlicher Realität?
- Wie finde ich Zugang zu meinem inneren Mann, meiner inneren Frau, um zu einer größeren Vollständigkeit in mir selbst zu gelangen?
- Auf welche Weise kann ich meine sexuelle Kraft, meine Sehnsüchte und mein auf den anderen gerichtetes Verlangen zur Bewußtseinserweiterung und Kreativität einsetzen?
- Wie verbinde ich meinen Wunsch nach Nähe, Intimität und Verbindlichkeit mit dem Wunsch nach Freiheit, Eigenständigkeit und Selbstverwirklichung?

Wie in allen anderen Bereichen unserer Selbstverwirklichung, geht es wieder darum, die Ursachen für Glück und Erfüllung nicht nur im Außen, sondern in erster Linie in uns selbst zu erkennen. Was uns im Außen so magisch anzieht, ist etwas, das dieser Partner in uns erwecken, entzünden und zum Vorschein bringen kann. Solange wir diese Eigenschaften nur in anderen Menschen bewundern, anbeten und verehren und nicht den Schritt machen, diese in uns selbst zu erkennen, anzunehmen und zu entwickeln, suchen wir das Verlorene an der falschen Stelle. Und da wir es dort nie finden werden, muß die Suche jedesmal früher oder später in Enttäuschung und Frustration enden. Jede Unzufriedenheit in unseren Beziehungen und unserem Sexualleben – wie auch in allen anderen Lebensbereichen – zeigt uns die Notwendigkeit einer tieferen Selbstbegegnung.

Für gewöhnlich sucht jeder Mensch im Partner das, was ihm fehlt. Begegnen sich nun zwei Menschen, die sich beide im Defizit befinden und vom anderen die Erlösung erwarten, so ist die Enttäuschung vorprogrammiert. Jeder erwartet vom anderen die Erfüllung, und beide degradieren sich unversehens zu Bettlern: «Bitte liebe mich, bitte erhöre mich, ohne dich kann ich nicht sein…» Diese aus innerem Mangel entspringende Armutshaltung ist Ursache für enormes Leid in der gesamten Menschheit.

In der anfänglichen Vereinigung, im Rausch des Verliebtseins, können wir tatsächlich eine Verbundenheit erfahren, die uns einen Geschmack von Einssein vermittelt. Wir glauben, daß wir die erfahrene Glückseligkeit nur durch das Zusammensein mit diesem Partner bekommen können. Voller Idealismus stürzen wir uns dann immer wieder in jenes Durcheinander, das wir «Beziehung» nennen. Und wie oft machen Liebende die Erfahrung, daß sich das Zusammensein, nachdem das anfängliche Feuer erloschen ist, in ein mehr oder weniger gelangweiltes Nebeneinander verwandelt, das überwiegend aus materiellen Pflichten und einengenden Emotionalverträgen besteht. Ursprüngliche Begeisterung und Inspiration verblassen zu einer Erinnerung an schöne Träume. Streit, Eifersucht, emotionale und ökonomische Abhängigkeiten schaffen unversehens starre, enge Grenzen, innerhalb derer man sich entweder zähneknirschend oder zunehmend abgestumpft arrangiert. Die Nähe des anderen und das Miteinander verlieren im Alltag allzuoft den anfänglichen Glanz und verkommen zur Routine.

Die Teile in uns, die dagegen zu rebellieren beginnen, die nach anderen Beziehungsformen suchen und eingefahrene Vorstellungen in Frage stellen, sind wertvolle Kräfte für jede Form der Transformation und Erneuerung. Mit ihnen wagen wir den Ausblick über die gewohnten Grenzen hinaus auf ein Land neuer Möglichkeiten, auf eine Begegnungsweise mit uns selbst und dem Geliebten, die sich immer wieder neu vom abgestandenen Muff eingefahrener Gewohnheiten zu reinigen vermag.

Wieder wird von uns eine Haltung nichtbewertender Offenheit, Mut und Hingabe verlangt. Wieder helfen uns nicht Theorien oder Ideale, sondern unmittelbare Erfahrungen, die ein Erwachen für unsere innere Wahrheit einleiten.

Tatsächlich ist es ja nicht allein der Partner im Außen, der uns beglückt und erfüllt, sondern in erster Linie die Kraft unserer eigenen projizierenden Seelenkräfte, die uns aufblühen läßt. Der andere fungiert lediglich als Auslöser, um uns diese in unserem Inneren plötzlich erwachende Kraft erfahren zu lassen. Könnten wir diesen Vorgang durchschauen und würden wir die innere Erfahrung nicht einfach an den Partner im Außen binden, so könnten wir in jenen Zeiten des Verliebtseins etwas Bleibendes über uns und unsere Potentiale entdecken.

DIE SPIRITUELLE DIMENSION DES VERLIEBTSEINS

Daß Liebe blind macht, ist solange zutreffend, wie wir die erweiternde Erfahrung ausschließlich nach außen projizieren und von unserem Partner abhängig machen. Unser Energieniveau fällt wieder ab, sobald die Projektion in der Auseinandersetzung mit der «Realität» zusammenbricht.

In Wirklichkeit sind wir im Zustand des Verliebtseins vorübergehend in einem höheren, erweiterten Bewußtseinszustand, der uns einen Geschmack geben kann von der Großartigkeit eines Daseins, in dem wir in ständiger Liebe mit uns selbst und der ganzen Existenz sind. Die ekstatischen, ja vielleicht sogar entrückten Momente, in denen wir, ausgelöst durch eine Begegnung mit dem geliebten Menschen, mit den Seelenkräften unseres inneren Mannes (Animus) beziehungsweise unserer inneren Frau (Anima) in Berührung kommen, sollten von uns dankbar anerkannt werden als Schlüsselerlebnisse. Sie zeigen uns unser großartiges ekstatisches Potential. *«Liebende sind Blinde für Leute, die kalkulieren, und Sehende für Menschen, die nicht berechnend sind. Für die letzteren ist Liebe das einzig wahre Auge, die einzig wirklichkeitsgetreue Sehweise. (...) Liebe öffnet die Tür zur Ewigkeit des Daseins. Wenn du je erfahren hast, was Liebe ist, kannst du deine Liebe als Meditationstechnik benutzen.» (Osho)*

Indem es uns gelingt, die machtvolle Energie des Verliebtseins mit meditativer Zentriertheit und Gegenwärtigkeit zu verbinden, öffnet sich ein Tor zu umfassender Einheit. Wenn wir nicht gelernt haben, derartige Gipfelerlebnisse mit den tieferen Ebenen unseres Wesens in Verbindung zu bringen, werden wir immer abschätzig und womöglich peinlich berührt von den Erfahrungen romantischer Liebe reden. Wir werden sie als hormonellen Rausch belächeln, als ausgeflippte Episoden, in denen wir nicht ganz bei Sinnen waren. Wir verkennen und verlieren jedoch mit solchen Urteilen die ungeheure Chance einer buchstäblich grenzüberschreitenden Erfahrung, die uns verwandeln und unsere Sicht von uns selbst, dem Leben und der Welt erheblich erweitern kann.

Natürlich ist eine gewisse Reife Voraussetzung zu einem solchen Verständnis. Wahrscheinlich ist nur ein Mensch, der auch mit Meditation vertraut ist, dazu in der Lage. Die Verwurzelung unseres Seins in Dankbarkeit und Freude ist doch nichts anderes als jenes bedingungslose, allumfassende In-Liebe-Sein mit dem Leben, mit allem, was uns umgibt.

Unsere Fähigkeit, uns in Liebe mit einem Menschen zu verbinden, kann somit zum Schlüssel werden zu einer Verbundenheit mit dem Ganzen. Die Erfahrung des Verliebtseins übernimmt eine Zeitlang Katalysatorfunktion für eine transformatorisch wertvolle Öffnung der Grenzen unseres Egos. Indem wir lernen, über die erhebenden Gefühle hinaus gleichzeitig auch die überpersönliche Ebene zu erfassen, sind wir nicht mehr vom Partner abhängig, indem wir nicht mehr ausschließlich von ihm unsere Erfüllung erwarten. Wir hören auf, den anderen für unser Glück oder für unsere Frustration verantwortlich zu machen. Immer klarer sehen wir, daß der andere nicht mehr – aber auch nicht weniger! – als ein guter Auslöser war, um uns wertvolle und wesentliche Aspekte unserer selbst bewußt erfahren zu lassen.

Diese Erkenntnis nimmt keinesfalls etwas von der Schönheit und dem Wunder einer solchen Begegnung. Ganz im Gegenteil! Denn nun sind beide frei zu entscheiden, ob sie dieser bereichernden Erfahrung weitere folgen lassen wollen oder nicht. Nicht immer ist der Mensch, der in uns eine Animus/Anima-Projektion auslöst, auch der ideale Partner für ein alltägliches, irdisches Zusammenleben. Dies sind zwei völlig unterschiedliche Begegnungsebenen, die oft genug zum Leidwesen der Beteiligten durcheinandergebracht werden. Vergleichsweise selten gibt es jenen «Glücksfall», nach dem sich wohl jeder Mensch sehnt, daß der Partner, der das anfängliche Feuer in uns entfachte, auch weiterhin eine Quelle von emotionaler Nahrung und geistiger Inspiration bleibt. Der «richtige» Partner ist jedoch immer der, mit dem wir am meisten wachsen, nicht unbedingt der, mit dem es sich am einfachsten und bequemsten leben läßt.

DIE INNEREN GELIEBTEN

«Es gibt keinen Weg, mit dem Äußeren zufrieden zu sein. Du mußt dich nach innen begeben. Du mußt deine innere Frau, deinen inneren Mann finden. Die äußere Begegnung kann nur für einen Augenblick sein, aber die innere Begegnung kann Ewigkeit werden.»

(Osho)

Der oder die innere Geliebte sind göttliche Aspekte unseres Wesenskerns, denen wir bereits in anderem Zusammenhang als die «innere Führung», als das «wahre Selbst» oder als die «innere Quelle» begegnet sind. Das Einswerden mit dem inneren Geliebten ist gleichbedeutend mit der bedingungslosen Hingabe an die Energie des Lebens. Oder, wie *Julie Henderson* es ausdrückt: *«Für mich ist nichts so erregend wie die Vorstellung, daß das Leben mein Geliebter ist und daß es immer um mich wirbt. Mich in dieser Weise mit dem Leben zu verbinden, ist Herausforderung und Hingabe, und auf diese Weise werde ich in jeden Augenblick, in dem ich dazu bereit bin, tiefer ins Lebendigsein hineingeführt».*

Die innere Frau eines Mannes (Anima) und der innere Mann einer Frau (Animus) sind Realitäten, die erstmals in der westlichen Psychologie von C.G. Jung aufgezeigt wurden. Sie reichen weit hinein in die allertiefsten Schichten unseres Unterbewußtseins. Sicherlich stellen alle Versuche, sie unserer bewußten Vorstellung zugänglich zu machen, eine starke Vereinfachung dar. Wir ahnen, auf welche unermeßlichen, nicht mehr beschreibbaren Räume die Mystiker aller Zeiten hinweisen, wenn sie vom «kosmischen Orgasmus», der «mystischen Hochzeit» oder der «letztendlichen Vereinigung» sprechen.

Anima und Animus sind Aspekte unserer Seele, denen wir in der Regel nur durch die Projektion auf Partner des anderen Geschlechts begegnen. Wenn wir anfangen, uns unseren Traummann oder unsere Traumfrau vorzustellen und zu beschreiben, zeichnen wir damit ein Bild unserer inneren Männer und Frauen. Diese sind seelische Kräfte, die uns dazu drängen, ganz und vollständig zu werden, indem wir nach und nach alle Aspekte des menschlichen Potentials verwirklichen.

Jedesmal, wenn wir uns verlieben, erleben wir die machtvolle Wirkung einer Anima/Animus-Projektion. Das aufregende, prickelnde Gefühl des Fremden und doch so Vertrauten, das uns in der Nähe des Geliebten überkommt, schreiben wir automatisch seiner Ausstrahlung, Schönheit und seinen Fähigkeiten zu. Die emotionale Intensität, mit der es uns zum anderen zieht, zeigt uns die Dringlichkeit der Entwicklung und Integration jener Aspekte, die wir als Besonderheit und Schönheit im Geliebten wahrnehmen. Wir brauchen den anderen als Spiegel für unsere inneren männlichen und weiblichen Kräfte, die in uns nach Vereinigung drängen. Deshalb sind Begegnungen und Beziehungen so wichtig für die Erfahrung unserer selbst!

Früher oder später sind wir jedoch aufgefordert, das, was wir über die Projektion im Außen gelebt haben, zu uns selbst zurückzunehmen. Dies ist um so leichter möglich, wenn wir lernen, den Vorgang der Projektion zu verstehen. Was geschieht wirklich, wenn wir uns verlieben?

Die meisten Menschen identifizieren sich mit ihrem Körper – und der ist entweder männlich oder weiblich. Der andere, verborgene Teil wird ignoriert und bleibt weitgehend ungelebt. Ein Mann hat dann Mühe, seine inneren weiblichen Anteile, seine Weichheit, Verletzlichkeit, Hingabefähigkeit, Emotionalität und Empfindsamkeit zu leben. Eine Frau wiederum wird ihre männlichen Anteile unterdrücken, die sich äußern könnten in intellektueller Klarheit, Stärke, Unabhängigkeit, Handlungsfähigkeit und Willen.

Die unterdrückten und nicht gelebten gegengeschlechtlichen Anteile müssen dann zwangsläufig nach außen projiziert werden. Wir verlieben uns somit immer wieder in neue Aspekte unserer selbst und haben dann das Gefühl, den schönsten und großartigsten, den idealen Partner gefunden zu haben. Solange dieser Mensch die Projektion unserer eigenen Energie aufrechterhält, paßt er natürlich perfekt zu uns.

Damit haben wir jedoch gleichzeitig einen erheblichen Teil unserer eigenen psychischen Kraft und Lebensenergie abgegeben und die uns fehlenden Eigenschaften an den anderen delegiert. Als Individuum fühlen wir uns erneut unvollständig. Dies soll nun für immer anders sein, denn wir haben ja den Partner gefunden, der endlich alles besitzt und verkörpert, was wir sonst vermissen. Wir sind überzeugt, daß seine Nähe und Zuwendung uns von dem unerträglichen Zustand der inneren Leere und Unvollständigkeit erlösen.

Tatsächlich machen wir anfangs oft die Erfahrung des Einsseins und der All-Verbundenheit. Gewaltige Energiemengen werden frei, und die Intensität des Erlebens erreicht Dimensionen, die – wie bereits ausgeführt – als spirituell bezeichnet werden können. Hier liegt das wertvollste Geschenk einer solchen Erfahrung.

Eine Gefahr entsteht jedoch immer dann, wenn dieses innere Erleben ausschließlich an den Partner gebunden bleibt und von diesem abhängig wird. Dies ist leider immer noch bei den meisten Liebesbeziehungen der Fall. Wenn wir die schönsten Aspekte unseres inneren Geliebten auf einen anderen Menschen übertragen, so verleihen wir dieser Person enorme psychische Energie und Macht. Solange wir in unserer Projektion gefangenbleiben und nicht erkennen, daß der Partner lediglich ein Auslöser für die gesteigerte Erfahrung unserer eigenen Lebensenergie war, laufen wir Gefahr, von den Hochgefühlen, die wir anscheinend nur in seiner Nähe erleben können, abhängig zu werden.

Die durch den anderen gesteigerte innere Urkraft ist in der Tat lebensnotwendig, und so sind die Gefühle, ohne den anderen nicht mehr leben zu können, in gewissem Sinne berechtigt. Das Zusammensein mit dem Geliebten wird zur Droge, zur Sucht. Ohne ihn scheint das Leben sinnentleert, grau und öde zu sein. Uns fehlt jeder Antrieb, jede Motivation weiterzuleben.

Tatsächlich können wir nicht erfüllt und vollständig sein ohne unsere ganze Energie, ohne die spirituelle Dimension unserer inneren Geliebten! Daher ist es für unsere Selbsterfahrung so wichtig zu lernen, unsere auf andere Menschen gerichtete Projektionen zu erkennen und sie nach und nach zurückzunehmen.

Das Geschenk, das uns durch diesen Akt der Bewußtheit und Reife zuteil wird, ist ein Doppeltes: Zum einen wird jede aufregende, prickelnde Begegnung mit einem anziehenden Menschen für uns zu einer bewußten Begegnung mit unserem inneren Geliebten, das heißt auch mit unserer eigenen Schönheit, Ausstrahlung, Weisheit, Inspiration und überströmenden, ekstatischen Lebensfreude. Wir fühlen uns immer seltener von anderen abhängig, sondern teilen aus der Fülle unseres inneren Reichtums. Die Quelle unserer Freude am Dasein kann verstärkt sprudeln. Wir erlauben der Lebensenergie, uns in Räume erweiterter Wahrnehmung zu tragen. Denn in den Momenten innigster Verbundenheit bekommen wir einen Geschmack von Zeit- und Grenzenlosigkeit. Wir brauchen den anderen dann nicht mehr festzuhalten oder in Besitz zu nehmen, denn wir erkennen, lieben und verehren seine Qualitäten auch in uns selbst und unseren Geliebten als Teil von uns selbst.

Die andere Seite des Geschenkes der Rücknahme von Projektionen liegt darin, daß wir – vielleicht zum ersten Mal – wirklich liebes- und beziehungsfähig werden. Wir verlangen dann nicht mehr von unseren Partnern, daß sie unsere Projektion bestätigen, sondern können sie als die menschlichen Wesen wahrnehmen, die sie sind. Das ist eine ungeheure Entlastung und Befreiung für beide Seiten.

Liebe ist ihrem Wesen nach bedingungslos. Indem wir uns selbst (und ebenso unsere Partner) so annehmen und lieben lernen, wie wir sind, können wir entspannen und ganz neu die Schönheit im sogenannten normalen Alltag erfahren. Wir öffnen unsere Augen und sind bereit herauszufinden, wer der andere nun wirklich ist. Wir beginnen vorurteilslos zu untersuchen, mit welchem Menschen uns das Leben zusammengeführt hat – und damit nehmen wir gleichzeitig unsere eigene Menschlichkeit an. Auch das ist eine aufregende Entdeckungsreise, aus der die zarte Blume tiefer Dankbarkeit und aufrichtiger Liebe erblühen kann. Sind wir dem Partner in der anfänglichen Projektion vorwiegend auf überpersönlicher Ebene begegnet, so kommt jetzt auch noch die Nähe einer persönlichen Intimität und Vertrautheit hinzu. Dies kann erneut intensiv und beglückend erlebt werden.

LERNEN UND WACHSEN IN BEZIEHUNGEN

Es gibt keine «richtigen» oder «falschen», «guten» oder «schlechten» Beziehungsformen. Nur das, was aus unserem eigenen, authentischen Erleben und Verstehen hervorgeht, kann als Grundlage für unsere persönlichen Beziehungen dienen. Immer wieder aufs neue sollten wir uns von allen herkömmlichen Vorstellungen lösen, wie Mann und Frau miteinander umzugehen und zu leben haben. Je aufrichtiger ein Mensch sich selbst in seiner tiefsten Wahrheit zu begegnen und zu erkennen bereit ist, desto sicherer schenkt ihm das Leben auch in der Begegnung mit den richtigen Partnern die Lern- und Wachstumsimpulse, nach denen er sich sehnt.

Jede der vielen unterschiedlichen Beziehungsformen ist dazu da, uns unserer eigenen Vollständigkeit näherzubringen. Gerade dann, wenn unsere Art, wie wir mit anderen in Kontakt treten, sich verändert, können wir sicher sein, daß wir uns in einem wünschenswerten Lern- und Wandlungsprozeß befinden.

Wenn wir unser bisheriges Leben betrachten, können wir leicht erkennen, daß es in der Regel mehrere Menschen gab, die für eine Zeitspanne für uns von äußerster Wichtigkeit waren, die jedoch jetzt – verglichen mit aktuellen Verbindungen – ihre vordringliche Bedeutung verloren haben. Vielleicht erinnern wir uns noch an den Abschiedsschmerz und daran, wie wir versuchten, den betreffenden Menschen in unserem Leben zu behalten. Aus einiger Distanz, konnten wir später erkennen, wie wichtig die Trennung damals war, um dem Größeren und Besseren in unserem Leben Platz zu machen.

Keine Beziehung geht auseinander, wenn nicht gleichzeitig etwas anderes, Wichtigeres auf uns wartet. Natürlich können wir aus unserer jeweils beschränkten Perspektive dies nicht immer gleich erkennen. Solche Situationen werden uns geschenkt, damit wir eine größere Liebe erfahren können, von der jede Liebesäußerung zwischen Menschen lediglich ein Gleichnis darstellt.

Wenn wir einen Menschen sehr lieben und auch von ihm geliebt werden, kommen nach einer gewissen Zeit alle persönlichen Bereiche ans Licht, die dieser hohen Liebesenergie nicht entsprechen. Wir werden deutlicher als jemals zuvor mit den Schattenseiten unserer Persönlichkeit konfrontiert, mit allen Eigenschaften, die wir unterdrücken oder verbergen. Dann erscheinen die hohen Erwartungen und Ideale, mit denen wir unserem Partner begegnet sind, illusionär. Dies kann uns in Angst und Verzweiflung stürzen. Wir erzittern vor der verwandelnden Macht der Liebe, die uns nicht mehr in rosaroter Romantik wiegt, sondern alles an die Oberfläche bringt, was unser wahres Wesen verdeckt.

An diesem Punkt brauchen wir viel Mut und Hingabe, uns dem Reinigungs- und Heilungsprozeß zu stellen, für den wir jetzt reif geworden sind. In diesem Prozeß werden wir immer wieder unerbittlich darauf hingewiesen, daß letztlich alles, was wir im Außen zu finden hoffen, nur in uns selbst verwirklicht werden kann. *Unsere Fähigkeit, uns in Beziehungen einzulassen, hängt ab von unserer Bereitschaft, gerade die unangenehmsten Teile in uns, die wir am meisten verstecken wollen, zu erkennen und zu klären. Nur in dem Maße, in dem wir uns auf uns selbst eingelassen haben, können wir uns für andere Menschen öffnen und Nähe zulassen.*

Es gibt keine wirkliche Hingabe an einen anderen Menschen ohne ein gleichzeitiges tiefes Sicheinlassen auf sich selbst. Ohne einen solchen Akt der Selbstverantwortung, wird die Beziehung zum anderen nur dazu benutzt, von sich selbst abzulenken, um den Mangel im eigenen Inneren zu überdecken.

Wir können dieses Phänomen überall in unseren «Liebesbeziehungen» beobachten; es scheint das Normale zu sein. Und genau daran kranken so viele Beziehungen. *In dem Maße, in dem wir uns nicht mehr mit Oberflächlichkeiten zufriedengeben können und wollen, werden wir reif für eine tiefere Begegnung mit uns selbst und dem anderen. Wir erkennen und lieben dann unsere Partner als Teile unserer selbst, als Weggefährten und Lehrmeister, die sich in Freiheit entschlossen haben, ein Stück des Weges gemeinsam zu gehen.*

Unsere zwischenmenschlichen Beziehungen werden mehr und mehr zu Reflektionen einer größeren Beziehung, die dem Sehnen nach der kosmischen Einheit, aus der wir gekommen sind, entspringt. Denn dieses Verlangen ist es schließlich, das uns auf der Suche nach dem Geliebten antreibt. Die natürliche Sehnsucht nach Einheit kann auf Dauer nicht durch die Beziehung zu einem anderen Menschen gestillt werden!

Je intelligenter ein Mensch ist, desto schneller wird er sich bewußt, daß die Verbindung zum Ganzen nicht bei einem anderen Teil zu finden ist. Unreife Menschen beschuldigen an dieser Stelle ihre Partner für deren angebliche Unzulänglichkeiten. Sie überhäufen sie mir Anklagen und Vorwürfen, um dieselbe Erfahrung beim nächsten Partner zu wiederholen.

Was wir suchen, ist die Verbindung zu unserem göttlichen Kern, zu unserem inneren Geliebten. Wir werden immer wieder auf uns selbst zurückgeworfen, bis wir erkennen, daß nur in uns selbst die Quelle der Einheit mit allem zu finden ist. Menschen, die sich in diesem Wissen begegnen und miteinander eine Verbindung eingehen, sind wahrhaft beziehungsfähig.

Wenn wir lernen, unsere Beziehungen als Tore und Initiationen in die Erfahrung der kosmischen Einheit zu sehen, erhält das Leben, das wir miteinander teilen, etwas Wirkliches und Tiefes. Wir erleben eine neue Art von Freiheit, indem wir erkennen, daß wir auch ohne den anderen die Verbundenheit mit dem Ganzen erfahren können. Unsere persönliche Liebe ist vielleicht so etwas wie ein Schlüssel, eine wertvolle Hilfe; sie ist jedoch kein Ziel an sich. Wenn wir das zutiefst begreifen, können alle unsere Beziehungen eine große Bereicherung darstellen, denn sie sind im Einklang mit dem Ganzen.

Auch das Thema Beziehung bleibt ein Wunder und Mysterium, das gelebt werden will, kein Problem, das wir «lösen» sollten oder könnten. Liebe in all ihren Erscheinungsformen und Äußerungen gehört sicher zu den intensivsten und machtvollsten Erfahrungen, welche das Menschsein für unsere Bewußtwerdung bereithält. Wir sind hier, um uns dieser Energie zu stellen und sie zur Erfahrung von Vollständigkeit, Freiheit und Transzendenz zu nutzen.

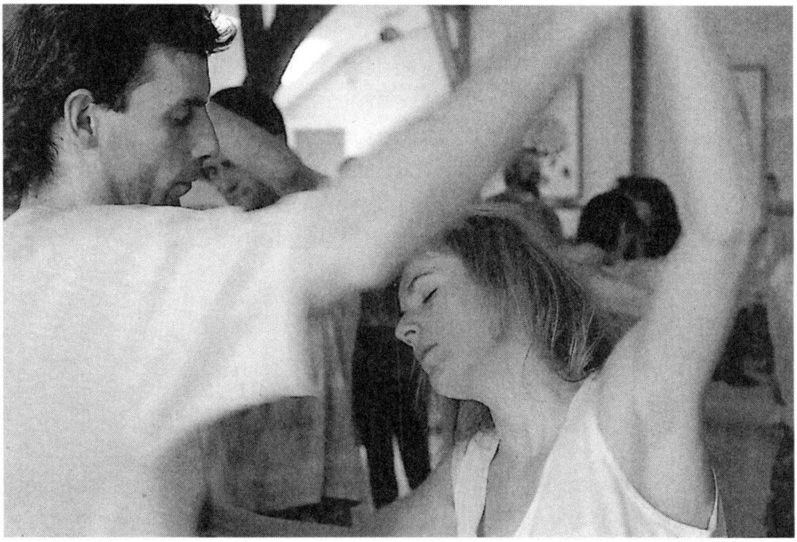

SEXUALITÄT

In unserer konkreten Trainingsarbeit nehmen Übungen zur Heilung und Befreiung der Sexualenergie sowie zu deren Erhöhung und bewußten Lenkung einen wichtigen Raum ein. Lustvoll und achtsam zugleich, erlauben wir der Kraft und dem Ausdruck unserer Sexualität, Teil eines ganzheitlichen Transformationsprozesses zu werden. Anstatt diesen unmittelbaren Ausdruck unserer Lebensenergie zu verleugnen, betrachten wir ihn als eine Urquelle von transformatorischer Energie, die es kennenzulernen und zu verfeinern gilt. Indem wir Möglichkeiten erforschen und einüben, die energetische Ladung im Körper aufzubauen, zu halten und bewußt zu lenken, verbinden wir die Lust des Beckens mit der Offenheit des Herzens. Dort, wo sich sexuelle Energie mit der Liebe zu sich selbst und innerer Stille verbindet, öffnen sich Grenzen und Gegensätze. Verbundenheit und Einssein werden unmittelbar erfahren.

Wir können die vielfältigen Aspekte unserer Sexualität nur dann wirklich betrachten und ergründen, wenn wir bereit sind, uns gleichzeitig meditativ einzustimmen. Sonst analysieren wir nur, werfen mit Begriffen um uns, aber verbinden diese wichtige naturgegebene Basiskraft nicht mit unserem ganzen Wesen. Dazu bedarf es der Befreiung von Schuldgefühlen und negativen Glaubenssätzen sowie der Verfeinerung.

MÄNNER- UND FRAUENKREISE

Eine weitere besondere Form der Selbsterfahrung ergibt sich, wenn sich die Frauen und Männer unserer Trainingsgruppen drei Tage lang trennen und in eigenen Räumen weiterarbeiten, um sich in eine vertiefte Erfahrung des Mann- bzw. Frauseins zu begeben.

Wenn wir in den getrennten Gruppen zu Beginn Raum geben für den spontanen Ausdruck von Empfindungen und ersten Eindrücken, sind diese in der Regel durchaus gegensätzlich. Das Spektrum reicht von Euphorie und Begeisterung, der Erfahrung einer neuen Art von Verbundenheit, Vertrautheit und Nähe einerseits, bis hin zu schmerzvollen Erinnerungen an Verletzungen durch Konkurrenz, Rangordnungen, Grobheiten und Machtkämpfen andererseits.

Ganz allgemein besteht bei vielen Frauen und Männern ein erhebliche Verunsicherung, was ihre Identität des eigenen Geschlechts betrifft. Sie spüren, daß das gesellschaftlich gültige, oberflächliche Rollenverhalten nicht ihren tieferen, wahren Empfindungen entspricht. Viele können und wollen nicht einfach die Rollen ihrer Väter und Mütter übernehmen. Immer wieder wird deutlich, wie sehr in Kindheit und Jugend positive Leitbilder für Männlichkeit und Weiblichkeit fehlten. Zahlreiche Männer wie Frauen leiden unter einem erheblichen Defizit an Orientierungsmöglichkeiten, was ihre eigene Geschlechterrolle betrifft. Daraus resultiert eine häufig anzutreffende innere Leere, wenn es um Fragen unserer Aufgaben als Mann oder Frau in dieser Welt geht. Die Angst vor Nähe im Kontakt mit gleich- und gegengeschlechtlichen Partnern wurzelt auch in einem mangelnden Kontakt mit sich selbst.

Nach unserer Erfahrung können Männer durch andere Männer und Frauen durch andere Frauen zu einer tiefen Bejahung und Heilung ihrer eigenen Männlichkeit beziehungsweise Weiblichkeit finden. Und damit geschieht immer auch ein wesentlicher Schritt zu einer weiteren Dimension ihrer Selbstannahme und Selbstliebe. Wir sind jedesmal tief beeindruckt von der Achtsamkeit und Würde, mit der sich nach kurzer Zeit der Umorientierung Männer und Frauen in ihren eigenen Gruppen begegnen. Allein dadurch wird ein Prozeß der Heilung vieler alter Verletzungen in Gang gesetzt. Indem wir einmal bewußt unsere zwanghaften und einengenden Vorstellungen von klischeehaften Verhaltensmustern loslassen und uns für ganz neue Erfahrungen öffnen, erleben wir erstaunt, wie reich die oftmals vernachlässigte Begegnung mit Menschen des eigenen Geschlechts sein kann. In ihr liegen erhebliche, doch vielfach ungenutzte Potentiale zur Selbstfindung und Heilung.

Viele Männer und Frauen erleben diese Tage als eine Art Einweihung ins eigene Mann- beziehungsweise Frausein sowie als Beginn einer neuen Einstellung zum anderen Geschlecht. Der Abschluß und gleichzeitige Höhepunkt ist die rituelle Zusammenführung der beiden Gruppen. Es läßt sich kaum beschreiben, welch erhöhte Präsenz und Wachheit allein die Vorgänge von Abschied, Trennung und Wiedervereinigung bei allen Beteiligten auslösen. Das Miteinander verliert alle Routine und Selbstverständlichkeit. Nach den Tagen getrennter Erfahrungsprozesse begegnen sich Männer und Frauen mit neuem Bewußtsein und erweitertem Verständnis.

Die Wiederbegegnung wird als ein feierliches Ritual vollzogen. Alle kleiden sich festlich. Der Gruppenraum ist wie ein

Tempel mit Kerzen, Düften, Tüchern und Ritualgegenständen geschmückt. Begleitet von Gesängen, Musik und meditativer Stille begrüßen und beschenken sich Männer und Frauen in der Freude einer zarten Wiederbegegnung. Viele entdecken eine ganz neue Ebene der Begegnung, des Zusammenschwingens und freudigen Genießens.

Am nächsten Morgen setzen sich Frauen und Männer im Plenum nochmals getrennt gegenüber. Beide Gruppen erhalten Zeit und Raum, sich gegenseitig ihre wichtigsten Erfahrungsprozesse mitzuteilen. Immer wieder aufs neue berührt es uns, wieviel Achtung, Anerkennung, Vergebung, Respekt und Liebe dabei ausgedrückt und geschenkt werden. Der Prozeß der Heilung und Versöhnung, den Frauen und Männer in ihren Gruppen jeweils unter sich erfahren haben, wird jetzt geteilt und fortgesetzt. Sie treten sich wahrhaft gleichberechtigt gegenüber und teilen bedingungslose Akzeptanz und Verehrung.

An das Ende dieses Kapitels stellen wir die Aufzeichnungen einer Teilnehmerin. Sie geben in vortrefflicher Weise wieder, wohin die Suche nach unseren inneren Geliebten führt:

«Das größte Geschenk, das ich in dieser Gruppe bekommen habe, war die Erfahrung, daß ich ein vollständiges Wesen bin. Ich selbst habe alles in mir, was ich brauche. Was für mich im Kreis der Frauen geschehen konnte, war Heilung meines Frauseins. Ich erkannte, wie stark die Liebe und all die weiblichen Qualitäten tatsächlich in mir sind und daß ich diese Liebe nicht in mir trage, um sie nur nach außen zu geben, damit ich etwas zurückbekomme, sondern daß sie da ist, damit ich sie mir selbst schenke.

Die Erfahrung, ich selbst sein zu können und mich selbst mit allem Schmerz, allen Verletzungen der Vergangenheit und allen dunklen Aspekten des Frauseins lieben und annehmen zu können, war Heilung für mich. Ebenso zu erkennen, daß niemand im Außen verantwortlich ist für meinen Schmerz und in meiner Sexualität für meine Lust. Ich selbst kann entscheiden, ob ich ein lustvolles Wesen sein möchte oder nicht, unabhängig von meinen Erfahrungen, die ich in meiner Vergangenheit mit Sexualität gemacht habe.

Ich fühle mich durch die Erfahrung in dieser Gruppe ganz bei mir selbst angekommen, und es war auch diese Qualität, mit der mein Partner und ich wieder aufeinandertrafen nach den Tagen der Trennung. Ich habe einen Geschmack davon bekommen, was Beziehung wirklich bedeuten kann, und in mir ist die Erkenntnis, daß eine dauerhafte, nährende und erfüllende Beziehung mit einem anderen Menschen nur möglich ist, wenn beide bei sich selbst angekommen sind.

Seit dieser Gruppe erlebe ich das Alleinsein, jede Trennung von meinem Partner viel mehr als ein Geschenk und als eine Einladung, wieder ganz zu mir selbst nach Hause zurückzukehren, um immer wieder die Erfahrung machen zu können, daß ich alles in mir habe, um glücklich sein zu können.»

DAS MYSTERIUM VON TOD UND WIEDERGEBURT – Die Suche nach dem Unsterblichen in uns

«Das größte Mysterium im Leben ist nicht das Leben selbst, sondern der Tod. Der Tod ist der Höhepunkt des Lebens, die endgültige Blüte des Lebens. Im Tod wird das ganze Leben zusammengefaßt, im Tod kommst du an. Das Leben ist eine Pilgerreise zum Tod. Von Anfang an kommt der Tod herbei. Vom Augenblick der Geburt an beginnt der Tod, zu dir zu kommen, fängst Du an, dem Tod entgegenzugehen.

Wenn Du gegen den Tod bist, entgeht dir das größte Geheimnis. Und gegen den Tod sein heißt auch, das dir das Leben selbst entgeht – denn sie sind tief miteinander verwoben. Sie sind nicht getrennt. Das Leben wächst, der Tod ist seine Blüte. Die Reise und das Ziel sind nicht getrennt – die Reise endet im Ziel.»

(Osho)

DEM TOD BEWUSST BEGEGNEN

Der Tod ist eines der großen Mysterien der Existenz. In allen Einweihungsschulen wurde die Begegnung mit dem Tod genutzt, zur Erkenntnis dessen zu gelangen, was unsterblich ist. Die Auseinandersetzung mit dem Tod ist essentiell und von unschätzbarem Wert für unser Leben. Mit großem Respekt und Achtung nähern wir uns einem Mysterium. Wir brauchen Mut, uns diesem Thema zu stellen.

Jeden Tag, jede Stunde kommt der Tod uns näher. Wir wissen nicht, wenn wir schlafen gehen, ob wir am nächsten Morgen wieder erwachen. Sind wir bereit, dem Tod zu begegnen? Warum haben wir solche Angst vor ihm?

Tod bedeutet eine radikale Veränderung unseres Lebens. Im Angesicht des Todes müssen wir alles uneingeschränkt loslassen, was uns lieb und vertraut ist: Familie, Freunde, unser Zuhause, den Beruf, unsere Katze, ja auch all unsere Wünsche und Ziele. Doch in der Regel klammern wir uns an das Leben und identifizieren uns mit scheinbar beständigen und unveränderlichen Dingen. Damit bauen wir auf falsche Sicherheiten. Der Tod stellt uns unweigerlich vor die Tatsache der Vergänglichkeit. Er fordert uns auf, alles hinter uns zu lassen und in ein völlig unbekanntes Land zu reisen. Wir wissen nicht, wie es jenseits der Schwelle sein wird. Allein, ohne die gewohnten Sicherheiten und auf uns selbst zurückgeworfen, betreten wir die Schwelle des Unbekannten.

Wenn viele Aspekte unseres Menschseins noch ungelebt sind, fällt es uns besonders schwer, loszulassen. Die Aussicht, verbittert und unzufrieden sterben zu müssen, ist erschreckend. Sind wir unvorbereitet, erfahren wir den Tod als Feind und fühlen uns ihm gegenüber hilflos ausgeliefert. Wenn uns alles Irdische genommen wird, was bleibt dann noch übrig? Wenn alle unsere Identitäten sich auflösen, wer sind wir dann? Das sind existentielle Fragen, auf die wir keine vorschnellen Antworten finden sollten.

Die Thematik des Todes und des Sterbens haben wir normalerweise aus unserem Leben verbannt und verdrängt. Wir wollen nicht wahrhaben, daß auch wir eines Tages «dran» sind. Deshalb tabuisieren wir diesen Aspekt unseres Lebens; wir beschäftigen uns damit nur in Ausnahmesituationen. Das Sterben geschieht irgendwo außerhalb unseres alltäglichen Lebens. Die abwehrende Haltung macht es schwer, uns angemessen auf den Tod vorzubereiten. Und wenn er uns dann doch plötzlich überfällt, geraten wir in einen Schockzustand.

Wir sind aufgefordert, uns jetzt und heute, solange wir noch gesund sind, mit unserer eigenen Sterblichkeit auseinanderzusetzen. Das befähigt uns, mit der Erschütterung des Sterbens wacher umzugehen. Es ist ein großes Geschenk, innerhalb einer Gruppe von Gleichgesinnten sich den wichtigen und manchmal auch beängstigenden Fragen über den Tod zu stellen. Er ist nicht das Ende, sondern der Höhepunkt unseres Lebens.

Es geht in unserer Arbeit nicht nur um das eigene Sterben, sondern ebenso um den Tod uns nahestehender Menschen. Wieviele Menschen vollziehen dieses große Ereignis ohne Unterstützung, ohne Vorbereitung, irgendwo in einer anonymen Umgebung! Es ist an der Zeit, daß wir eine neue Ethik des Sterbens entwickeln. Jeder Mensch möchte würdevoll und in Frieden sterben.

Wir müssen nicht auf schwere Schicksalsschläge warten, sondern wir können uns in freiwilliger Intensität dem Mysterium annähern. Wenn wir es wagen, uns mit dem Tod auseinanderzusetzen, wird unsere Lebensqualität um ein Vielfaches erhöht. In dem Wissen, daß es nur eine begrenzte Zeit zu Leben und zu Lieben gibt, werden wir wachsamer und lebendiger. Der Tod wird dann zu unserem Lehrmeister, der uns aufweckt und der Wahrheit ins Gesicht sehen läßt, wann immer wir den Blick für das Wesentliche verlieren. Der Tod zwingt uns, das Leben auf seine Stimmigkeit und Sinnhaftigkeit zu prüfen. Wir werden aufgefordert, unsere Werte und Lebensausrichtung neu zu definieren. Unwesentliches fällt ab, Wesentliches rückt in den Vordergrund.

Wenn wir dem Tod nicht ausweichen, gewinnen wir neue Maßstäbe für unser Leben. Wir werden uns der Vergänglichkeit des Lebens bewußt. Daraus erwachsen tiefe Dankbarkeit und Liebe für unser Menschsein. Wir entdecken die unschätzbare Kostbarkeit jedes Augenblicks. Mehr Liebe und Freude halten Einzug in unser Alltagsleben. Wenn wir unsere Maßstäbe neu setzten, lassen wir uns nicht mehr so sehr von außen bestimmen, sondern wir fangen endlich an, uns selbst zu leben, uneingeschränkt. Die Identifikation mit den äußeren, materiellen und vergänglichen Aspekten unserer Realität verliert an Bedeutung, und wir öffnen uns für die tiefere Erfahrung unserer unsterblichen Essenz. Erst in der Freiheit dieses Wissens werden wir unser Leben umfassend feiern und genießen.

Der Reichtum an innerem Wissen, der uns dann zufließt, ist so unermeßlich, daß es mit keinem Gold auf dieser Erde aufzuwiegen ist. Indem wir uns immer wieder aufs neue daran erinnern, wer wir in Wirklichkeit sind, erhält unser Leben einen neuen Glanz, eine nie zuvor gekannte Schönheit und Erfüllung. Der Tod ist dann kein schrecklicher Feind mehr, sondern eher ein weiser Ratgeber und unbestechlicher Verbündeter.

Mit tiefem Respekt und Achtung denken wir an Nijati zurück. Sie war damals 33 Jahre alt und Mutter eines neunjährigen Sohnes. Seit vier Jahren war sie an Leukämie erkrankt und glaubte, nach einer Knochenmarks-Transplantation geheilt zu sein. Plötzlich erlitt sie einen Rückfall. Die Ärzte teilten ihr mit, daß sie nur noch für kurze Zeit zu leben habe. Sie offenbarte uns ihre Gefühle als Sterbende in Texten und in einem bemerkenswerten Film. Sie setzte sich intensiv mit ihrem Schicksal auseinander und sprach sehr offen über ihre Empfindungen auf der letzten Strecke ihres Weges. Wochen vor ihrem Tod schrieb sie unter anderem:

Ich warte eineinhalb Stunden auf die Diagnose. Es ist wie vor einer Hinrichtung. Ich habe ein Gefühl von Enge und gehe raus aus der Station. Ich will alleine sein.

Alles ist plötzlich friedlich und still geworden, und ich spüre sehr viel Ruhe. Ich habe das Gefühl: Es gibt für mich jetzt gar nichts zu tun. Auch alles, was ich denke, ist im Grunde bedeutungslos. Es hat keine Auswirkungen mehr. Ich habe keinen Einfluß mehr auf das, was jetzt gerade geschieht. Das einzige, was für mich jetzt zu tun ist: Ich bin einfach da und halte diesen Moment aus; ich tauche nicht weg in Träume oder Wünsche oder werfe mich jemandem in den Arm und werde ein kleines Kind – diese ganzen Impulse sind da, aber ich merke: Nein, das ist es alles nicht. Ich bin jetzt da und bin lebendig, und ich kann dableiben; und ich kann der Wirklichkeit meines eigenen Todes ins Auge sehen. Das hab ich auch vier Jahre lang üben dürfen, mit diesem Thema zu sein. Jedes Mal, wenn ich einen Rückfall hatte oder es mir schlechter ging, war ich konfrontiert mit der Tatsache des Todes; eine Konfrontation, die jedes Mal anders war. Ich habe das Gefühl, daß ich Ebene um Ebene tiefer gegangen bin.

Es ist alles ein ganz großes Geheimnis. Ich selbst kann mich nur ganz langsam dafür öffnen, und ich kann mir bewußt werden über meine Begrenztheit und mein minima-

les Verstehen von dem, was geschieht. Dadurch kommt so etwas von Demut, so eine Art Hingabe auf. Ich sage einfach: «Ich weiß es nicht. Es gibt etwas Größeres, was ich nicht verstehen kann, einen größeren Plan, in dem alles enthalten ist und den ich nicht kenne. Ich bin einfach ein Teil dieses Planes. Und ich kann mich als Teil fühlen und erleben, und nicht mehr so als isolierte Person. Ja, ich bin ein Teil, und ich kann mich nur dem hingeben, was mit mir passiert, dem, was die Existenz mit mir vorhat, oder Gott oder wie immer man sie nennen will, diese große Kraft, in der ich mich aufgehoben fühle.»

Uns berühren ihre letzten Worte zutiefst. Welch eine großartige Lektion hat sie im Angesicht ihres Todes bewältigt. Sie mußte alles zurücklassen, was ihr am Herzen lag: ihren Sohn, ihre Familie, all ihre Wünsche und Ziele. Mit welcher Hingabe und Vertrauen ihr dies gelang, ist bewundernswert. Es war für sie sicher eine große Unterstützung, schon seit Jahren tiefe Meditationserfahrungen gemacht zu haben. Meditation hilft uns, die Verbindung zu dem unsterblichen Aspekt in uns zu vertiefen. Nijati hinterließ uns mit ihrem Vorbild ein großes Geschenk. *Richtig sterben zu können ist eine Fähigkeit, die es wert ist, weitergegeben zu werden.*

DIE INNERSTE ESSENZ

«Meditation und Tod sind sehr ähnliche Erfahrungen. Im Tod verschwindet Dein Ego, und Dein reines Sein bleibt übrig. Das gleiche geschieht auch in Meditation: das Verschwinden des Egos und die Gegenwart des reinen Seins, Deines Wesens. Die Ähnlichkeit ist so groß, daß sich die Menschen vor Meditation genauso fürchten wie vor dem Tod. Andererseits, wenn Du Dich nicht vor Meditation fürchtest, fürchtest Du Dich vor keinem von beiden. Meditation bereitet Dich auf den Tod vor.»

(Osho)

Aus buddhistischer Sicht hat unser Geist zwei Aspekte: das gewöhnliche, denkende Tagesbewußtsein und das reine, ursprüngliche Gewahrsein. Das gewöhnliche Bewußtsein stirbt, wenn wir sterben. Aber das Gewahrsein, unsere wahre Natur jenseits des Alltagsbewußtseins, ist unsterblich. Daher ist es für jeden Menschen, der sich mit seinem wahren Selbst verbinden will, so wichtig, durch Meditation und Praxis die wahre Natur seines Geistes mehr und mehr zu enthüllen. Sie liegt jenseits von Geburt und Tod. In der Stille und Präsenz der Meditation ist es möglich, einen Blick auf unsere Buddhanatur zu erhaschen.

Im geschäftigen Trubel des Alltagslebens verlieren wir oft den Bezug zu unserem wahren Wesen. Wenn jedoch Herz und Geist in tiefer Ruhe und Entspannung ganz gelöst sind, sind wir mit der höchsten Quelle von Heilkraft verbunden. Wir alle tragen sie in uns.

Unsere wahre Natur zu entdecken, ist unser letztendliches Ziel. Verstehen wir unsere eigene Natur, dann verstehen wir auch das Göttliche in allem – es eröffnet uns das Mysterium des Lebens und des Todes.

Zahlreichen Menschen, die klinisch tot waren, haben im nachhinein die Loslösung vom physischen Körper in den höchsten Begriffen von Freude, Frieden, Licht und Harmonie beschrieben. Stefan von Jankovich geht in seinem beeindruckenden Buch *«Ich war klinisch tot»* so weit zu sagen, daß seine Nahtoderfahrung während eines schweren Autounfalls das schönste Erlebnis seines gesamten Lebens gewesen sei. Sie habe ihm die Augen für die Wirklichkeit einer höheren Dimension geöffnet. Im Rückblick, steht für ihn heute fest: *«Durch die Erfahrung des Sterbens habe ich erst richtig leben gelernt.»*

Genau darum geht es im Rahmen unseres Trainings, wenn wir uns mehrere Tage lang intensiv dem Thema Tod und Sterben zuwenden. Wir öffnen uns für alle Gemütsregungen, die damit zusammenhängen, und bleiben doch gleichzeitig offen für unsere Essenz, die von all diesen Regungen nicht berührt wird.

All unsere Ängste sind letztlich rückführbar auf die Angst vor dem Nichtsein. Sie zeugen daher von unserer Unwissenheit gegenüber unserem wahren Sein und gegenüber der Schwelle zwischen den verschiedenen Existenzebenen, die wir Tod nennen.

Zwei Hauptfragen stehen in unserer Auseinandersetzung mit dem Thema Tod und Sterben im Vordergrund.

1. Auf welche Weise können wir uns dem Mysterium von Tod und Wiedergeburt annähern, um unsere eigene transzendente Wirklichkeit noch tiefer und umfassender zu erkennen?
2. Welche Auswirkungen hat die bewußte Erfahrung von Todesnähe, Sterben und Transzendenz auf die Art, wie wir unser gegenwärtiges Leben begreifen und führen? Oder: Auf welche Weise kann der Tod zum Lehrmeister und weisen Verbündeten für mein gegenwärtiges Leben werden?

VORBEREITUNG AUF DAS STERBEN

In Todesnähe erhält das Leben eine ganz eigene, selten zuvor erfahrene Intensität. Nichts ist mehr selbstverständlich. Unsere Wahrnehmung erhält eine größere Tiefe und Weite. Mit ungewöhnlicher Schärfe tritt das Wesentliche hervor und alles Unwesentliche in den Hintergrund.

Wenn wir dies nachvollziehen wollen, erlauben wir uns doch einmal die Vorstellung, wir hätten nur noch kurze Zeit zu leben. Nachdem wir uns folgende Fragen gestellt haben, hören wir einfach still in unser Inneres – auf Antworten oder auch auf eine emotionale Resonanz:

- Bin ich bereit, mein Leben abzuschließen?
- Bin ich bereit, geliebte Menschen, soziale Rollen und materiellen Besitz loszulassen?
- Bin ich bereit, meine eigenen Bedingungen, Anforderungen und Ansprüche an das Leben loszulassen?
- Bin ich bereit zu gehen, wenn ich gerufen werde?
- Bin ich bereit zu einem uneingeschränkten Ja, einer uneingeschränkten Hingabe?
- Bin ich bereit, mich dem Ganzen zu überlassen?
- Bin ich bereit dem Tod offen und wach zu begegnen, den Übergang bewußt und feierlich zelebrierend zu vollziehen?
- Habe ich so gelebt, daß ich sterben könnte?
- Wie möchte ich gelebt haben, wenn ich sterbe?

Ja, es sind viele Fragen, mit denen uns der Tod konfrontiert. Um die Geschenke der Bewußtseinserweiterung, die diese existentielle Erfahrung mit sich bringt, auch wirklich empfangen zu können, brauchen wir vor allem zweierlei:

1. Hingabe und Vertrauen: Die Bereitschaft und Fähigkeit, Abschied zu nehmen und loszulassen. Die bedingungslose Einwilligung zu gehen, wohin immer die Existenz uns ruft.
2. Meditative Präsenz: Wachheit und die Fähigkeit, mit hoher Intensität, d.h. mit starker Energie umzugehen, ohne Halbherzigkeit oder Identifikation mit angstbeladenen Emotionen.

An der Entwicklung von beiden Aspekten haben wir im Laufe des gesamten Trainingsjahres gearbeitet. Die «Todesgruppe» ist gewissermaßen ein Test, zu wieviel Hingabe und meditativer Präsenz wir nun in der Lage sind.

Die Vorbereitung auf die eigentliche Begegnung mit dem Tod verläuft über mehrere Tage und hat unterschiedliche Stufen, die alle darauf angelegt sind, diese beiden Qualitäten in jedem Teilnehmer zu erhöhen. Auf verschiedenen Ebenen, die hier nicht näher beschrieben werden sollen, üben wir das Loslassen und Sichfallenlassen. Wir untersuchen, welche Lebensbereiche uns unabgeschlossen erscheinen und wovon uns ein Abschied besonders schwerfallen würde. Schließlich üben wir die Loslösung beim Schreiben von Abschiedsbriefen, die wir an jene Menschen richten, die uns ganz besonders nahestehen. An dieser Stelle möchte ich den Brief eines neununddreißigjährigen Teilnehmers vorstellen, der mich sehr tief berührt hat. Er nimmt darin von seiner Geliebten Abschied, mit der er seit kurzer Zeit zusammenlebt. In diesem Abschiedsbrief drückt sich ein Mensch mit großer Bereitschaft zur Hingabe aus.

Meine Geliebte!
Mit einem weiten Herzen voller Liebe teile ich Dir mit, daß mich mein göttliches Selbst aufgefordert hat, diese Lebensspanne noch heute zu beenden. Es kommt sehr plötzlich und überraschend, doch ich weiß, daß auch dieser Entschluß getragen ist von unendlicher Weisheit und Liebe…, und so gehe ich freudig ins Licht. Sei nicht traurig, Ge-

liebte! Das Band unserer Zuneigung und Liebe wird dadurch nicht zerstört! Wir werden uns auch weiterhin in Liebe begleiten und wiedersehen, wenn unsere Zeit gekommen ist.

Ich danke Dir aus tiefstem Herzen für alles, was Du mir geschenkt hast, was ich durch Dich lernen konnte, für Deine Ehrlichkeit, Offenheit und Liebe. Die Zeit mit Dir war ein unbeschreiblich wertvolles Geschenk. Ich habe so viel durch Dich und mit Dir lernen dürfen! Danke für die Höhen und Tiefen, für die ekstatischen Momente, für alle die glücklichen, seligen und stillen Stunden! Danke auch für die schwierigen Zeiten, die Tränen, die Trauer, die Schmerzen… Alles war gut, weil es in Aufrichtigkeit geschah. Du hast mir wie kein anderer Mensch geholfen, mein Bewußtsein zu erweitern. Damit hast Du mir eines der größten Geschenke meines Lebens ermöglicht…

So schwer mein plötzlicher Abschied für Dich jetzt auch sein mag, ich hoffe und wünsche, daß auch Du in ihm die Geschenke des Wachsens erkennen und annehmen kannst. Ich weiß, wie sehr auch Du Dich nach dem Licht sehnst, zu dem ich noch heute heimkehren darf. Ich fühle jetzt an der Schwelle, die wir Tod nennen, noch deutlicher als je zuvor, wie wunderbar es ist, sich der Existenz bedingungslos und freiwillig zu überlassen. Ich kann jetzt sehen, daß es in Wirklichkeit keinen Abschied gibt. Wir sind und bleiben in Liebe verbunden! Lebe wohl!

In der Regel sind es Geliebte, uns nahestehende Menschen oder unabgeschlossene kreative Werke, von denen wir uns angesichts des Todes schwer trennen können. Es lohnt sich sehr, sich einmal die Zeit zu nehmen und Abschiedsbriefe in der Vorstellung zu schreiben, daß uns nur noch sehr kurze Zeit zu leben übrig bleibt. Wenn du willst, probier es einmal aus. Du wirst erstaunt sein über die Intensität und Gefühlstiefe, in die dich diese Übung führen kann.

In Todesnähe erkennen wir klarer und deutlicher, welchen Wert die unterschiedlichen Aspekte, Begebenheiten und Ereignisse unseres bisherigen Lebens haben. Wir sind im Angesicht der Ewigkeit in der Lage, aus höherer Warte zu sehen und zu bewerten. Menschen mit Nahtoderfahrungen berichten immer wieder davon, daß in den Momenten des Austritts aus dem physischen Körpers der gesamte Lebensfilm sekundenschnell, jedoch mit äußerster Präzision wie ein phantastisches Theaterstück aus unzähligen Bildern und Szenen abläuft. Dabei wird wie im Zeitraffer eine Bilanz der zurückliegenden Lebensspanne gezogen. Die Bewertung des eigenen Verhaltens erfolgt dabei nicht nach irdischen Moralgesetzen, sondern nach dem kosmischen Harmoniegesetz der Liebe. Im Jenseits gelten andere Maßstäbe, die unsere Moralbegriffe von Gut und Böse außer Kraft setzen. Unbestechlich und klar können wir Wesentliches von Unwesentlichem unterscheiden.

Teil der Vorbereitung auf die Begegnung mit dem Tod ist eine Rückführung, in der die Teilnehmer stufenweise durch ihr bisheriges Leben geführt werden bis zum Moment ihrer Geburt. Dabei werden immer wieder Fragen gestellt wie:

- Was hast du aus deinem Leben gemacht, und was hast du erreicht in bezug auf Liebe und Weisheit?
- Wie möchtest du gelebt haben, wenn du stirbst?
- Wie hast du deine Liebe ausgedrückt?
- Welche Bedeutung haben deine «Siege» bzw. deine «Niederlagen» angesichts des Todes?

Eine solche Rückführung und die Auseinandersetzung mit den obigen existentiellen Fragen führen zu einer grundlegenden Klärung des eigenen Lebenslaufes aus höherer Sicht. Wir können nur dann in Frieden sterben, wenn wir im reinen sind mit den wichtigen Stationen unserer Vergangenheit.

Obwohl wir im Laufe des Trainingsjahres bereits in anderen Gruppen intensiv mit der Bereinigung unserer Vergangenheit gearbeitet haben, kommt es immer wieder vor, daß gewisse Bereiche unbearbeitet liegenblieben, weil sie vom wahren Selbst des betreffenden Teilnehmers noch nicht «freigegeben» wurden.

Die Bereitschaft zur Vergebung sowie die Befreiung von tiefsitzender Schuld sind selten so zugänglich wie in Todesnähe. Eines der wertvollsten Geschenke, die wir vom Tod erhalten, ist die Einsicht, daß es aus höherer Warte so etwas wie Schuld nicht gibt. Mit der Erkenntnis unserer Schwächen und Fehler bekommen wir gleichzeitig auch eindeutige Hinweise, wie wir Herausforderungen und Prüfungen annehmen und meistern können. Verhaltensweisen und Taten, die nach irdischen Moralgesetzen als tugendhaft oder aber als verdammungswürdig gelten, können im Licht kosmischer Maßstäbe exakt die gegenteilige Wertung erhalten. Und gleichzeitig können wir sehen, daß kein Außenstehender, kein Gott oder astraler Richter die Urteile über uns fällt, sondern einzig und allein wir selbst. Wir sind diejenigen, die Probleme und Prüfungen kreieren, um Erfahrungen zu sammeln. Und wir sind es ebenso, die beurteilen, ob eine Lektion bewältigt wurde oder ob weitere Erfahrungen dieser Art benötigt werden, um Erkenntnisprozesse zu vervollständigen.

Um die innere Erfahrung von Sterben und Tod zu vertiefen und zu integrieren, erhalten die Teilnehmer in einem etwa vierundzwanzigstündigen Isolationsritual nochmals eine Gelegenheit, ihr Sein jenseits von Raum und Zeit zu erfahren. Sie werden weitgehend von allen akustischen und optischen Reizen isoliert. Ein Team von Assistenten versorgt sie mit Getränken und begleitet sie bei Bedarf zu den Toiletten.

«Geh in die Dunkelheit... schließ deine Augen und sieh nach innen. Zuerst fühlst du vielleicht einfach Dunkelheit, weil du nicht daran gewöhnt bist. Berühr sie tief. Versuche, in diese innenliegende Dunkelheit hineinzuschauen. Berühre sie – und nach und nach wirst du viele Dinge spüren. Ein inneres Licht beginnt zu leuchten.»

(Osho)

In der weitgehenden Losgelöstheit von der Außenwelt erfahren wir unser innerstes Sein mit erhöhter Intensität. Ausgerichtet auf das Unsterbliche in uns, lassen wir uns in uns hineinfallen. Da unsere Sinne nicht durch äußere Reize in Anspruch genommen werden, können wir im Isolationsritual auf die Suche gehen nach den inneren Botschaften.

Für viele Teilnehmer führt die Isolation zu weiteren grenzüberschreitenden Erlebnissen, in denen das zuvor Berührte eine neue Dimension erhält. Wie ein Samenkorn, das geduldig in der Erde ruht, bis seine Zeit gekommen ist, um als Sproß von neuem Leben zu künden, so erleben viele die Zeit der Isolation als eine Phase, in der sie in ihren innersten Tiefen neue Kräfte ansammeln. In der Regel fühlen sich die Teilnehmer nach dem Isolationsritual gestärkt, geklärt, gereinigt und geläutert, bereit, die Vielzahl der neuen Erfahrungen im Alltag anzuwenden und umzusetzen.

Denke immer daran,
daß der Tod kommt –
und der Tod ist der Prüfstein:
Was auch immer der Tod widerlegt,
ist widerlegt.
Was auch immer der Tod anerkennt,
ist anerkannt.
Was auch immer
jenseits des Todes gehen kann,
was auch immer machtvoller sein kann als der Tod,
ist die Wirklichkeit.
Das Wirkliche kann nicht sterben.
Das Unwirkliche stirbt tausend und einen Tod.

(Osho)

DAS ERBLÜHEN DER VISION –
Teilen mit der Welt

VISIONEN

sind stets der Ausdruck einer Kraft,
die größer ist als wir.
Pläne werden geschmiedet,
doch Visionen werden empfangen.
Pläne entspringen dem menschlichen Wollen,
Visionen erwachsen
dem Willen des Ganzen.
Pläne sind konkret, festgelegt und starr –
Visionen sind weit,
unbegrenzt und offen.
Wir empfangen Visionen in den Momenten,
wenn unsere innere Intensität
die Grenzen zum Göttlichen öffnet.
Visionen werden stets
aus einer Haltung der Dankbarkeit
wie ein Geschenk empfangen.
Jede Vision
war schon immer Teil von uns,
latent, unentdeckt, unberührt.
Die Erfahrung einer Vision
ist immer eine ekstatische Erfahrung
des tiefen Erkennens,
der Einsicht,
der Öffnung,
der Befreiung
und der unbegrenzten Freude.

DIE VISIONSSUCHE

Jeder Mensch möchte seine Einzigartigkeit leben und sein volles Seelenpotential ausdrücken – in Freiheit und Freude! Jeder Mensch sehnt sich danach, sein innerstes Sein in der Welt zu verwirklichen. Dies bedeutet wirkliche Erfüllung, ja, es ist das Höchste und einzig Sinnvolle.

Das Ringen nach dem Sinn des Lebens und der eigenen Bestimmung ist als «Visionssuche» schon bei den ältesten Stammeskulturen bekannt. Sie entspricht einem Urbedürfnis des Menschen, mit der eigenen Vision, mit der eigenen Wahrheit in Verbindung zu sein. Es ist sogar lebenswichtig, sich mit seinen Visionen zu befassen. Eine tiefere Einsicht in den Plan unserer Seele und damit unserer Lebensaufgabe setzt unermeßlich viel Kraft, Klarheit und Lust frei. Wir machen uns auf in eine von uns selbst gewählte und bewußt gestaltete Wirklichkeit. Unsere gesamte Schöpferkraft wird entfesselt und bewegt uns stetig und unaufhaltsam in Richtung unserer Lebensaufgabe. Wir sind glücklich, wenn wir uns auf der Spur unserer Bestimmung befinden, das heißt, wenn wir das leben und ausdrücken, was wir uns für dieses Leben auf der Seelenebene vorgenommen haben.

Der Ausdruck «Vision» leitet sich ab vom lateinischen Wort für «Sehen». Es ist jedoch ein anderes Sehen, als wir es gewohnt sind. Vision – im Sinne einer Lebensschau – entspringt einer Erweiterung unseres Bewußtseins und findet als ein *inneres* Sehen statt. Damit meinen wir jene Klarheit und Gewißheit, die sich einstellt, wenn wir nicht nur partiell, sondern auf vielen Ebenen unseres Wesens wahrnehmen. Der eine Mensch fühlt es, ein anderer sieht innere Bilder oder empfängt Worte, der nächste hat ein inneres Wissen. Es gibt viele Formen, die eigene Wahrheit, die eigene Bestimmung zu erkennen.

Visionen können nicht vom Verstand aus gedacht werden. Vielmehr zeigen sie sich in Momenten tiefer Losgelöstheit und Ausdehnung. Sie tauchen aus der Tiefe unseres eigenen Wesens auf, aus dem unerschöpflichen Reservoir menschlicher Möglichkeiten. Durch visionäre Einsichten in unseren Seelenplan können wir zu unserer Heilung und Ganzheit finden.

Um in die Gnade einer Vision zu kommen, waren in vielen Kulturen oft langes Fasten, Meditieren, Rückzug aus der Gemeinschaft, Mutproben und auch Drogen von Bedeutung. In der einsamen Wildnis konnte Sinnsuche und Selbstheilung gefunden werden. Allein, ohne Nahrung und irgendwelche Ablenkungen sich den elementaren Kräften und Botschaften der Natur anzuvertrauen, war ein Weg zur Rückverbindung an die eigene innere Quelle und Wahrheit.

Ähnliche Erfahrungen wollen wir den Teilnehmern während dieses letzten Trainingsabschnittes ermöglichen, jedoch der heutigen Zeit gemäß. So wählt sich beispielsweise jeder seinen Kraftplatz aus, den er während dieser acht Tage immer wieder aufsucht, um dort mit seinen essentiellen Fragen zu sein. Rituale, Stille, leichte Ernährung und die intensive Verbundenheit mit der Natur tragen dazu bei, daß Antworten und Neuausrichtung aus der Tiefe des eigenen Wesens auftauchen können.

Das ist ein großes Geschenk. Niemand greift von außen manipulierend in die Suche ein. Jeder wird auf sich selbst zurückgeführt, um sich vertrauensvoll den eigenen inneren Botschaften zu öffnen. Vertieft wird diese individuelle Visionssuche mit dem indianischen Gemeinschaftsritual der Schwitzhütte. Viele Einsichten und Erkenntnisse, die noch unterhalb der Bewußtseinsschwelle liegen, können sich in der Intensität dieses kraftvollen Rituals auf erstaunliche Weise zeigen.

KRAFTRITUALE

Menschliches Leben besteht aus einem andauernden Wachstumsprozeß, begleitet von stetiger Veränderung. Besonders in bestimmten Übergängen des Lebens, wie zum Beispiel Pubertät, Partnerschaft, Berufsfindung, Elternschaft, Wechseljahre und Ruhestand, sind Rituale wertvoll, um den Übergang bewußt und konstruktiv vollziehen zu können. Heftige Erschütterungen und dramatische Krisen, wie zum Beispiel der Verlust eines geliebten Menschen, plötzliche Krankheit oder

KRAFT UND AUSDRUCK DES FRAU-SEINS

Um unser Frau-Sein lust- und kraftvoll leben zu können, ist es hilfreich, unsere Schattenbereiche anzuschauen und zu heilen. Oft fühlen wir uns hilflos, unklar und ohnmächtig in unserer Identität als Frau. Oder wir sind im anderen Extrem und wollen Macht und Kontrolle über alles und jeden ausüben. Damit verhindern wir ein natürliches Fließen. Im Frauenheilkreis schärfen wir unser Bewußtsein dafür, unsere Kraft als Frau auszudrücken, ohne sie zurückzuhalten oder uns klein zu machen und ohne aus Selbstbezogenheit oder unbewußter Rachsucht andere damit zu verletzen. In gemeinsamen Gesprächen finden wir heraus, worum es für uns Frauen in dieser Zeit in Wirklichkeit geht. Wir öffnen uns dem transpersonalen Raum, indem wir uns mit der «Großen Mutter» verbinden und so unser einzigartiges Potential als Frau erfahren und lernen, es im täglichen Leben auszudrücken. Auch ist es sehr heilsam, wenn wir uns vermehrt der Liebe zu unserem Körper und unserer Sexualität widmen. Einfache tantrische Übungen unterstützen uns, genuß- und kraftvoll im Körper zu sein und uns als erotische Wesen zu genießen.

DIE VERBINDUNG ZUR INNEREN QUELLE

Losgelöst von negativen und begrenzenden Selbstbildern, die unser Wesen verschleiern, öffnen wir uns für unsere Essenz, für unser wahres, strahlendes Selbst. Das Erkennen unseres wahren Selbst ist das Größte, Wertvollste und Erfüllendste, was wir uns und der Welt schenken können. Dies sind die Räume in uns, in denen wir wahre Liebe und Geborgenheit erleben. Wir stärken und pflegen die Verbindung zu unserer inneren Quelle in Ritualen und Meditationen, so daß wir den Kontakt zu dieser Kraft in jeder auch noch so dramatischen Situation niemals ganz verlieren. Dies beinhaltet täglich neues Lernen, Üben und Rückbesinnen. Hierin finden wir die Freiheit und Unabhängigkeit, nach der wir doch immer wieder suchten.

Ohne die unmittelbare Erfahrung unseres göttlichen Wesenskerns, in der wir unserer wahren Größe und Kraft begegnen, kann Heilung und Problemlösung nur teilweise und unvollständig geschehen. In Verbindung mit unserer inneren Quelle, mit unserem wahren Selbst, ist es viel leichter, den neurotischen und krankhaften Aspekt unseres Frau-Seins nach und nach schmelzen zu lassen. Neuer Raum kann entstehen für eine erweiterte und liebevollere Sichtweise über uns und das Leben. Unser Blick bleibt nicht nur auf Mangel und Begrenzung fokussiert, sondern er richtet sich mehr und mehr auf das Gesunde, Kraftvolle und sich entfaltende in uns und unserem Leben. Ein solcher Wechsel der Sichtweise bewirkt eine ganz natürliche Heilung und Stärkung unseres Frau-Seins und unseres Selbstwertgefühls.

In Verbindung mit unserer inneren Quelle werden wir mühelos und voller Freude unsere ganze Liebe, Weisheit und Intuition in Familie, Beruf und die Welt der Männer einfließen lassen können, überall dorthin, wo unser Wissen gebraucht wird. So tragen wir zu wirklichem Frieden bei.

DER WEG DER FREUDE

*«Was ist Freude?
Freude ist die Freiheit, sich zu bewegen,
ohne unterbrochen zu werden.
Und die Freiheit, sich auszudrücken, ohne daß darüber
geurteilt wird.
Und die Freiheit, ohne Angst und Schuldgefühle zu sein.
Freude bedeutet zu wissen,
daß wir das Leben nach unseren Vorstellungen schaffen.
Es ist die erhabene Bewegung des freigelassenen Selbst.
Freude ist der großartigste Daseinszustand.
Denn wenn wir im Zustand der Freude sind,
sind wir im Fluß dessen, was Gott ist.
Wir werden die große Schönheit und das wunderbare
Geheimnis
unseres Seins erfahren und verstehen.
Wenn wir glücklich und voller Freude sind,
lieben wir Gott und sehen ihn in allen Dingen.
Im Zustand überströmender Freude
sind wir mit allem um uns herum in Frieden.
In einem Zustand der Freude sind wir erfüllt und
vollständig.
Leben, Weisheit und Kreativität
fließen wie ein mächtiger Strom durch unser Sein.
Im Zustand der Freude sind wir auf höchste Weise
inspiriert
und können am tiefsten fühlen.
Es gibt im Leben keinen höheren Sinn,
als für die Liebe und die Erfüllung des Selbst zu leben.
Denn nur aus dieser Umarmung des Selbst kann Freiheit
existieren.
Und aus dieser Freiheit wird die Freude geboren.»*

(RAMTHA)

Das Ziel jedes kleinen oder größeren Lebensabschnittes ist das Erkennen, das Annehmen und das Lernen der in ihm enthaltenen Lektionen. Die Hingabe an dieses Ziel soll und kann in jedem Augenblick stattfinden. Sie geht einher mit einem erhobenen Lebensgefühl der Freude. Deshalb nennen wir unseren Weg den *Weg der Freude.*

Wenn wir die Gesetzmäßigkeiten der Freude erkannt und verstanden haben, so zeigt uns die Abwesenheit von Freude, daß etwas in unserem Leben nicht stimmt. Wir fühlen uns dann von innen her aufgefordert, auf die Suche nach diesem Fehlenden zu gehen, bis wir es wiederentdeckt und in unser Leben integriert haben. Wenn uns das mit Glück und Freude erfüllt, können wir sicher sein, einen weiteren Schritt zu unserer Vollständigkeit getan zu haben. Wenn nicht, war das, wonach wir strebten, nur eine Versuchung, ein Umweg, eine Illusion.

Freude ist eine der grundlegenden Kräfte des Neuen Wassermann-Zeitalters. Sie bedeutet ein Sich-Öffnen für hochschwingende, expansive Energien, in deren Wirkungsfeld sich Begrenzendes auf allen Ebenen klärt und umwandelt. Der Weg der Freude ist eine Revolution gegenüber aller Orientierung am Leiden, das im Fischezeitalter im Vordergrund stand. Mit den Augen des Herzens gesehen, erkennen wir, daß alles, worauf wir mit Dankbarkeit und Freude reagieren, etwas von unserer inneren Wahrheit offenbart. Indem wir uns dieser Tatsache voll und ganz stellen, tragen wir diese Schwingungen nach innen zu tieferen und höheren Orten der Freude, der Stille, des Glücks und der Ekstase.

Das schließt selbstverständlich mit ein, daß wir Erfahrungen von Schmerz, Traurigkeit, Verlust oder Trennung nicht ausweichen. Ganz im Gegenteil. Indem wir auch diese Aspekte unseres Menschseins liebevoll in unser Herz aufnehmen, werden wir zu einem tieferen Verständnis geführt. Dies bewahrt uns vor einer nur oberflächlichen Form der Freude an aufgebauten Illusionen, die bei genauer Prüfung wie Seifenblasen zerplatzen.

Auf dem Weg der Freude müssen wir große Ehrlichkeit uns selbst gegenüber entwickeln. Wir sollten in jeder neu erreichten Situation selbstkritisch und offen fragen: «Ist es das, was ich eigentlich will? Bin ich jetzt wirklich zufrieden und glücklich?» Dies führt zu einer Hingabe, die es möglich macht, tiefer zu sich selbst und damit zur eigenen Wahrheit vorzudringen.

Hingabe ist kein Akt der Selbstaufgabe, sondern ein Schritt, der aus Kraft und Liebe erwächst. Hingabe ist letztlich immer nur das bedingungslose Ja zu dem wahren Wesen, das in jedem Menschen darauf wartet, erkannt zu werden, so daß ES die Führung unseres Lebens übernehmen kann.

Den Weg der Freude können wir gehen, wenn wir zunächst einmal erkennen, daß das Leben als Freude gedacht ist, daß wir nicht nur ein Recht, sondern in gewisser Weise sogar eine Verpflichtung haben, Freude zu verwirklichen!

Auf jeden Fall dürfen wir gewiß sein, daß das Leben uns ständig, in jeder Sekunde des Tages einlädt, uns zu freuen! Dafür gibt es keine «logischen Beweise». Wir können jedoch lernen, mit den Augen des Herzens zu sehen, wie es in Saint-Exuperys *«Der kleine Prinz»* heißt. Mit den Augen des Herzens sehen wir, daß die ganze Existenz eine immerwährende Bereitschaft und Chance zur Freude und zum Feiern in sich trägt. Wenn wir das Leben als Geschenk der Freude annehmen, dann begreifen wir, daß wir in den Momenten höchsten Glücks unserem wahren Wesen, unserer Essenz nahe sind.

Wir begreifen dann auch, daß Ereignisse, die wir als «Unglück», «Krankheit» und «Depression» bezeichnen, uns nur darauf hinweisen, daß wir uns von der inneren Wahrheit entfernt haben, daß unser Bewußtsein einer Erweiterung bedarf. Aus dieser Perspektive sind auch Schmerzen wertvolle Geschenke des Lebens. Wie sonst wären wir in der Lage zu erkennen, wo wir vom Weg abgewichen sind und wie wir wieder dorthin zurückfinden können?!

Es sei in diesem Zusammenhang nochmals betont, daß positives Denken – wie wir es verstehen – keinesfalls bedeutet, sich lediglich auf die angenehmen, schönen und hellen Seiten des Lebens zu konzentrieren. Das Motto «Mach es wie die Sonnenuhr, zähl die heit'ren Stunden nur» ist für uns keine angemessene Art des Umgangs mit der Wirklichkeit. Wer auf diese Weise positives Denken und den Weg der Freude mißversteht, dem wird es möglicherweise bald schlechter gehen als je zuvor. Vielmehr geht es darum, zunehmend in der Lage zu sein, gerade in den schwierigen und problematischen Aspekten unseres Lebens die Chancen des Lernens und der Bewußtwerdung zu sehen und zu ergreifen.

Durch eine solchermaßen erweiterte Sicht verwandeln sich auch die größten Probleme und schmerzhaftesten Ereignisse in sinnvolle Erfahrungen und kostbare Bereicherungen. Wir sind dann in der Lage, die Liebe zu erkennen, die allem zugrunde liegt und die uns darin unterstützt, immer mehr wir selbst zu sein.

Selbstannahme ist die erste Voraussetzung für Selbsterkenntnis. Durch die bedingungslose Bereitschaft, auf alle inneren Impulse zu hören, lernen wir uns selbst kennen. Wie sollten wir uns beobachten und erkennen, wenn wir uns in unserem So-Sein fortwährend verurteilen? Das, was ich nicht liebe, kann ich auch nicht erforschen. Der Weg der Freude beinhaltet, uns selbst und das Leben mehr und mehr zu lieben.

Freude ist ein Kind der Liebe und kann ohne diese niemals erfahren werden. Es gibt keine wahre Freude ohne Liebe. Wie die Luft für das Atmen, so ist Liebe die Voraussetzung für jeden Aspekt von Freude. Liebe, die stärkste Kraft in diesem Universum, durchdringt alles. Wir sind ständig von ihr umgeben und können sie in jedem Augenblick wahrnehmen, wenn wir unser Bewußtsein weit genug öffnen. Warum sollten wir nicht jetzt, in diesem Augenblick, damit beginnen?

FREIWILLIGE INTENSITÄT

Im Transformationstraining *Vision der Freude* arbeiten Leiter und Teilnehmer daran, ein hochschwingendes Energiefeld zu erzeugen, in dem persönliches Wachstum beschleunigt stattfinden kann. Indem wir uns entspannen und uns mühelos der Kraft und Führung unseres wahren Wesens überlassen, schaffen wir die optimale Grundlage für persönliches Wachstum.

Voraussetzung ist, daß wir die Wachheit und Bewußtheit, die unsere Seele braucht, um die erforderlichen Lern- und Wachstumsschritte zu tun, auch tatsächlich und freiwillig zulassen. Bis heute beziehen die meisten Menschen die notwendigen Impulse für Transformationsprozesse leider aus Situationen des Leidens, der Bedrängnis und Angst. Dies ist bislang nur deshalb notwendig, weil wir die Wege der «sanften» Geburt aufgrund von Unbewußtheit und Trägheit noch nicht ausreichend kennengelernt haben. Unser Weg der Freude bedarf eines gewissen Maßes an persönlicher Bereitschaft. Dies öffnet Räume für Wachheit, eine Intelligenz des Herzens sowie ein angemessenes Engagement für die eigene Befreiung.

Transformation ist ein Prozeß von Sterben und Wiedergeborenwerden, ein Überschreiten von inneren und äußeren Grenzen. Alle Menschen, die zu einer neuen Ebene des Bewußtseins vorgestoßen sind, beschreiben diese Erfahrungen in Begriffen höchsten Glücks und kaum zu fassenden Seligkeit. In der Regel berichten sie aber auch von vorangegangenen Zeiten der Angst und Verzweiflung. Im nachhinein stimmen alle darin überein, daß das vorangegangene Leiden die Folge von Unbewußtheit und Widerstand war. Schließlich jedoch wurde die Dunkelheit so stark, daß sie zu einer Erschütterung der alten Strukturen führte. Dies ermöglichte dann den Durchbruch in Seinsebenen von Licht, Klarheit und Befreiung.

Der unbewußte, schlafende Mensch wird in Lebensphasen, in denen eine echte Grenzüberschreitung ansteht, das heißt eine grundlegende Veränderung äußerer und innerer Lebensumstände, alles daran setzen, diese Wandlung zu vermeiden oder hinauszuzögern. In unserer durchschnittlichen Schwerfälligkeit und Trägheit brauchen wir oftmals einen Schlag oder Stoß, durch den wir «gezwungen» werden, ob wir wollen oder nicht, einen Schritt in einen neuen oder erweiterten Rahmen für unser Leben zu tun, der bessere Bedingungen für unser Wachstum schafft.

Lernen wir jedoch mehr und mehr in Verbindung zu treten mit unserer inneren, göttlichen Quelle, mit der Weisheit unseres wahren Selbst, dann werden wir in Lebenskrisen nicht verzweifeln, sondern können sie kreativ und gewinnbringend nutzen. Dann werden Phasen unseres Lebens, in denen tiefgreifende Veränderungen oder Umstellungen von uns gefordert werden, zu Lebensabschnitten äußerster Fruchtbarkeit und beschleunigtem Wachstum. Jede noch so schwierige oder problematische Situation birgt dann in sich ein unermeßliches Potential an Bewußtwerdung, Transformation und erhöhter Lebensintensität.

Erkennen wir dies, so hören wir auf, unser Leben in gute oder schlechte Zeiten einzuteilen. Wir hören auf, uns selbst und unsere Welt zu be- und verurteilen. Wir fragen vielmehr in aller Offenheit: «Was wollen mich diese Ereignisse, Begebenheiten, Erfahrungen lehren? Warum habe ich sie in mein Leben gerufen und notwendig gemacht?»

Es ist nicht immer erforderlich, gleich eine intellektuell befriedigende Antwort zu erhalten. Dies wäre oftmals vorschnell und oberflächlich. Mitunter erkennen wir erst viel später, wenn wir einen Lebensabschnitt aus der Distanz betrachten können, wofür bestimmte Erfahrungen wichtig waren und was wir durch sie gewonnen haben.

Die demütige Haltung des ehrlichen Fragens gegenüber dem Mysterium des Lebens schenkt uns sehr Wertvolles: Offenheit, Wachheit, Achtsamkeit, eine Haltung des Nicht-Bewertens. Indem wir auf vorschnelles Urteilen verzichten, lernen wir die geheimnisvolle Sprache des Lebens verstehen und öffnen uns für die ursprüngliche Intensität eines Kindes, das ohne Vorurteile seine Welt erkundet. Seine Bereitschaft, zu lernen und zu entdecken, entspringt keinem äußeren Zwang, sondern erwächst aus seiner Lebendigkeit und der puren Freude, mit der es die Welt und das Leben erkundet. Ebenso spielerisch können wir uns auf dem Weg der Freude unseren geistigen Wachstumsprozessen hingeben. Unser Antrieb zur Bewußtwerdung entspringt dann nicht länger nur leidvollen Erfahrungen und «Schicksalsschlägen», sondern der Freude an Grenzüberschreitung und Heilung.

Prentice Mulford drückt dies in seinem Buch *«Unfug des Lebens und des Sterbens»* folgendermaßen aus: *«Es gibt zwei Wege tiefster Erschütterung, auf daß der Mensch außer sich gerate und also über sich hinaus: den Weg der Qual und den Weg der Freude. Der Weg der Freude hebt an, sobald die (...) Gesetze des unendlichen Bewußtseins befolgt werden, nicht aus Angst vor dem nun wohlbekannten Leid, (...) nein, aus innigster Bejahung (...) Seit eh und je war Furcht das Fundament aller Gesetze, von nun an soll es die Freude sein.»*

Den Weg der Freude in freiwilliger Intensität zu gehen bedeutet:

- Wir begegnen den Schatten, *bevor* sie uns einholen.
- Wir fragen nach dem Sinn des Daseins und nach unserer ganz persönlichen Lebensaufgabe, *bevor* uns Lebenskrisen dazu zwingen.
- Wir achten auf unsere Gesundheit, *bevor* Krankheit uns auf Fehlverhalten oder Fehleinstellungen aufmerksam macht.
- Wir suchen nach unserer eigenen Wahrheit und leben ihr gemäß, *bevor* wir uns durch Unfreiheiten und Verstrickungen immer weiter von uns selbst entfernen.
- Wir gehen in die Stille, *bevor* wir uns in der Oberflächlichkeit und in dem Streß des Alltags verlieren.
- Wir erinnern uns an die Erfahrungen der Einheit und Liebe, *bevor* wir uns durch die Identifikation mit dem äußeren Schein in Isolation oder Existenzangst verfangen.

- Wir entscheiden uns für unsere höchste Wahrheit, *bevor* wir im unaufhörlichen Kampf mit unseren inneren Impulsen und dem Druck von Außen aufgerieben werden.
- Wir begegnen dem Tod, *bevor* er uns überrascht.

Erkennen wir, daß Leiden aus der Verzögerung von notwendig gewordenen Schritten zur Bewußtwerdung entsteht! Es ist viel besser, Fehler zu machen und aus ihnen zu lernen, als rückblickend versäumte Gelegenheiten und nichtgelebtes Leben zu bedauern. Auf dem Weg der Freude entwickeln wir zunehmend die Bereitschaft, uns in Wachheit zu beobachten und mit dem Strom des Lebens mitzufließen. Dies nennen wir «freiwillige Intensität»!

HIMMEL UND ERDE VERBINDEN

Wenn die Liebe zum Göttlichen
uns dieser Welt entfremdet,
so ist sie nichts weiter
als Scheinheiligkeit und Flucht.

Wenn die Liebe zum Irdischen
uns das Göttliche vergessen läßt,
ist die Materie nichts weiter
als ein goldenes Gefängnis.

Wo die Liebe zum Irdischen
sich mit der Liebe zum Göttlichen verbindet,
wird die Erde zum Paradies,
zur sichtbaren Manifestation
des Lichts.

Spirituelle Entwicklung – wie überhaupt jede Entwicklung – findet immer im Spannungsfeld von Gegensätzlichem statt. Eine der grundlegenden Spannungen liegt in der Polarität des Verwurzeltseins in der Erde, der materiellen Welt einerseits und der Sehnsucht nach Entgrenzung und Transzendenz andererseits. An beiden Polen kann es ein Zuviel oder Zuwenig geben. Zu starke Verhaftung bedeutet eine übermäßige Identifikation mit dem Materiellen, die leicht zu einer Erstarrung und Eingrenzung des Geistes führt. Mangelnde Verwurzelung bedeutet, haltlos, blutleer und abgehoben zu sein. Ideen können dann nicht auf der Erde kommuniziert oder manifestiert werden.

Die sichtbare Umsetzung unserer kreativen Impulse ist jedoch wie kaum etwas anderes Teil unserer Bestimmung. Indem wir die Gesetze der Manifestation in unserem eigenen Leben anzuwenden lernen, entwickeln wir unsere eigenen Schöpferpotentiale. Dadurch wird uns ein tieferes Verständnis zuteil für die kosmischen Gesetzmäßigkeiten, die bis hinein in die Ebenen der grobstofflichen Materie wirksam sind. Dies ist einer der fundamentalen Gründe unseres Hierseins, unseres Lebens auf der Erde.

Indem wir dieses Energiespiel genießen, erleben wir uns als das, was wir in Wahrheit sind: ein Treffpunkt von Erde und Kosmos. Wir sind Bürger beider Welten. Ein Teil von uns, unser physischer Körper, gehört zur Erde. Ein anderer Teil, unser Lichtkörper, gehört zum Kosmos. Erde und Kosmos begegnen sich in uns und streben danach, in uns eine harmonische, vollkommene, heilende Verbindung einzugehen. Indem wir dies bewußt wahrnehmen, erkennen wir unsere Bestimmung: Wir sind hier auf dieser Erde Träger des kosmischen Lichts. Durch uns geschieht das Wunder der Transformation der Materie, ein Geschehen, das allein durch uns bewirkt werden kann.

In dieser Begegnung von Erde und Kosmos liegt der Same, aus dem jede sichtbare Manifestation in der Welt der Materie hervorgeht. Jede Kristallisation von Gedanken, die sich feinstofflich in uns als Wunsch- oder Schöpferkraft ausdrückt, strebt danach, in der sichtbaren Welt Form anzunehmen. Stellen wir uns dafür bewußt als Kanal zur Verfügung, so erleben wir die Freude einer Kreativität, die uns deshalb so sehr beflügelt, weil wir durch ihre Erfahrung einen wesentlichen Aspekt unseres göttlichen, schöpferischen Potentials verwirklichen.

WIR SIND ES

«Je mehr wir die Strahlung der Freude in unser Leben einbeziehen, desto eher werden wir selbst zu strahlen beginnen. Das ist unsere Evolution zurück zum Licht. Die damit verbundene Erfahrung von Verzückung, Glückseligkeit und Ekstase ist unser Geburtsrecht...»

(Chris Griscom)

Wenn auf dem Weg der Selbsterkenntnis die Freude fehlt, haben wir uns verirrt; wo immer Freude auftaucht, sind wir dem Wesentlichen auf der Spur – ganz gleich, was unser bewertender Verstand einwenden mag.

Wir sind am Ziel! Das Ziel ist unser Alltag, unsere Aufgaben, unsere Absichten, unsere Visionen. *Das Ziel sind wir selbst.* Wir sind hier und jetzt am Ziel! Wir waren es schon immer und werden es immer sein. Am Ziel zu sein bedeutet nicht, perfekt sein zu müssen. Ganz im Gegenteil! Am Ziel zu sein bedeutet, im Bewußtsein der Einheit zu leben und damit alles, was diesem höchsten Bewußtsein nicht entspricht, als unwesentlich zu erkennen. Diese umfassende Erkenntnis ist eine wahre Neugeburt. Wir fangen wieder ganz von vorne an, denn wir spüren, daß diese Wahrheit alle Aspekte des Lebens von Grund auf wandelt. Wir lernen, uns vollkommen neu zu orientieren – jedoch nicht in Vorsicht und Angst, sondern in Achtsamkeit und unbändiger Freude.

Entscheidungen, die wir aus Angst und nicht aus Freude und Liebe treffen, können niemals zu unserer Befreiung dienen. Schritte, die allein unser kalkulierender Verstand vorschlägt, die jedoch unser Herz nicht wirklich berühren, werden uns immer wieder einengen und uns Kraft rauben. Ganz gleich, wie gut unsere Absichten sein mögen: Solange sie aus Angst, das heißt aus der Illusion der Getrenntheit hervorgehen, kann die Ernte keine wirklich befreite Freude sein.

Sobald wir jedoch den Mut haben, zu unserer inneren Wahrheit zu stehen, indem wir den Spuren unserer tiefsten Freude folgen, werden selbst Krisen und scheinbare Mißgeschicke zu kostbaren Chancen des Lernens. Wir werden in dem Maße Freude erleben, in dem wir uns auf sie ausrichten und uns nicht mit weniger zufriedengeben. Da Freude und Liebe untrennbar zusammengehören,werden jede Handlung, jede Entscheidung, jeder Lebensschritt und jeder Gedanke, der dieser Grundqualität entspricht, uns unserer inneren Wahrheit näherbringen. Auf diesem Grund und mit dieser Substanz können wir die Gebäude unserer Lebensbestimmung bauen.

Wenn wir erkannt und akzeptiert haben, daß unsere Bestimmung höchstes Glück ist, wissen wir, daß auch die Schritte dorthin von Glück und Freude begleitet werden. Ja, es gibt Phasen des Loslassens, der Reinigung, des Sterbens, Zeiten, in denen Gebärprozesse stattfinden, die mitunter schmerzhaft sein können. Wir sollten uns jedoch stets daran erinnern, daß solche läuternden Prozesse nicht die Schritte selbst, sondern lediglich deren Vorbereitung sind. Verabschieden wir uns von der unsinnigen Vorstellung, nur mit Druck und Leiden zum Wesentlichen, zur tieferen Wahrheit, zur Realität gelangen zu können. Das Gegenteil trifft zu: Wenn wir nicht bereits die Schritte zum Ziel wertschätzen und feiern, werden wir uns dem Ziel nie wirklich nähern. Am Ziel sind wir und das Licht, wir und die Freude, wir und die Glückseligkeit eins!

Das Höchste, das wir uns vorzustellen vermögen, ist das Mindeste, was die kosmische Ordnung und unsere innere Führung für uns bereithalten. Wie könnten wir auch je etwas fühlen, denken, erbitten, ersehnen, was nicht bereits in uns angelegt ist?!

Dies ist der eigentliche Sinn unseres Lebens: unser letztendliches Ziel schon hier und jetzt – nicht erst in ferner Zukunft – erfahrbar zu machen. Wenn dies auch nur einmal gelingt, kann es früher oder später zum Grundgefühl unseres Lebens werden. Nichts lohnt sich mehr, als diesen Weg in Freude bis an sein Ende zu gehen!

Wenn wir der Freude, die wir sind, in unserem Inneren Raum gewähren, reflektiert die ganze Existenz unseren inneren Reichtum. Lassen wir uns doch einfach einmal auf die Bilder ein, die in unserer Seele auftauchen und sich vielleicht zu einem Gemälde formen oder zu einer Melodie. Lassen wir uns sensibel und wach zugleich auf einen Tanz unserer Seele ein.

Verbinden wir uns mir dem weichen, weiten Atem des Morgens über der Wiese, wenn die ersten warmen Sonnenstrahlen sanft die Blüten und Gräser berühren und Schmetterlinge und Bienen darüber ihr Leben tanzen! Vereinen wir uns mit dem Flug der Schwalbe, die sich schnell, wendig und kühn bald in die Tiefe stürzt und sich dann wieder in ungeahnte Höhen aufschwingt! Werden wir zum stillen Berg, der in sich ruht, als ein Teil der Erde, und Menschen und Tieren friedvolle Sicherheit vermittelt, ohne daß diese sein Wirken bemerken! Verwandeln wir uns in das Meer, das sein Antlitz immerfort ändert, von der tiefen Dünung zur gischtenden Brandung, von wuchtigen Gezeiten bis zur lustigen kleinen Welle! Öffnen wir uns für die Melodie der Flöte, deren Töne wie Perlen erklingen und dazu einladen, sich auf den Schwingen der Seele in hohe, lichte Räume zu erheben! Vereinen wir uns mit Donner und Blitz, in denen sich Urgewalten des Erdenlebens auf überirdische Weise entladen! Geben wir uns der Tiefe unserer Seele hin, aus deren Kraft die Freude des Lebens pulsierend nach Ausdruck drängt! Halten wir inne, und verbinden wir uns mit unserem wahren Selbst, das nichts mehr hat und nichts mehr will und nur noch weiß: *ICH BIN!* Erleben wir uns als einen unaufhörlichen Strom allgegenwärtiger Freude, die ohne einen bestimmten Grund und ohne ein konkretes Ziel besteht, die einfach da ist!

Ja – WIR SIND ES!

Von ganzem Herzen wollen wir noch einmal an eine Einsicht erinnern, eine Verheißung, eine wundervolle schöpferische Kraft:

Wer sein Selbst erkennt, wird für sich selbst tiefe Achtung und Liebe empfinden. Wer seinem Selbst Liebe entgegenbringt, wird auch seine Umgebung mit Liebe erfüllen. Ein Mensch, der die Erfüllung seiner wesentlichen Wünsche in den Dienst der Selbsterkenntnis und Transformation stellt, macht sein Leben zur Vision der Freude.

Freude hat viele Ebenen und Dimensionen. Wenn wir ihnen bis zum Schluß folgen, gelangen wir in einen Raum der Stille, des Friedens, der Glückseligkeit, der universellen Liebe, in dem keine Worte, keine Ausdrucksformen mehr nötig sind. Und dennoch ruft uns die Freude des Teilens immer wieder auf, etwas von den auf dem Weg gemachten Erfahrungen an andere weiterzugeben. So kann Freude die Nahtstelle zwischen Dualität und Transzendenz sein – ein Tor zum Licht.

ANHANG

VISION DER FREUDE – EINE SEKTE?

Um die Arbeit von *Vision der Freude* gegenüber üblichen Sektenpraktiken abzugrenzen, bedarf es einer kurzen Zusammenfassung ihrer Ausrichtung und Ziele sowie der damit verbundenen Ethik.

Wenn etwas neu ist und den Horizont des Althergebrachten überschreitet, kann die Art und Weise, wie Menschen darauf reagieren, unterschiedlich und widersprüchlich sein. Es gibt Menschen, die mit Freude und Dankbarkeit reagieren, wenn sie von anderen Menschen erfahren, die etwas ausdrücken, was sie vielleicht schon selbst gefühlt und wonach sie sich – bewußt oder unbewußt – gesehnt haben. *Vision der Freude*-Teilnehmer sagen oft: «*Hier finde ich etwas, was ich schon immer gesucht habe. Und ich fange an, mich wieder lebendig zu fühlen, mich selbst und das Leben zu lieben.*» Was zahlreiche Teilnehmer besonders tief bewegt: «*Ich habe hier wieder die Verbindung zum Göttlichen, zu meiner eigenen Quelle gefunden.*»

Es ist jedoch auch verständlich und nachvollziehbar, wenn das, was noch unbekannt ist, vorsichtig und abwartend betrachtet wird. Menschen zu erleben, die intensive Erfahrungen von Selbstbefreiung erfahren und Liebe und Offenheit ausstrahlen, oder von Orten zu hören, an denen das geschehen soll, lösen vielleicht eine solche Vorsicht aus. Eine gesunde Skepsis hilft, eigene Entscheidungen zu treffen und der eigenen Wahrheit vertrauen zu können. Wenn diese Skepsis jedoch in irrationale Angst umschlägt, wird diese Angst zur Grundlage für Vorurteile und eine Abwehr von allem Unbekannten. Dabei steht dann nicht die Bereicherung der eigenen Erfahrungen im Vordergrund, sondern lediglich das ängstliche Bewahren des Altvertrauten als schützende Bastion vor jedem möglichen

Feind. Wenn wir ehrlich sind, erkennen wir, daß wir viele unserer alten Überzeugungen und Gewohnheiten nicht deshalb bewahren, weil sie uns wirklich von Nutzen sind, sondern überwiegend aus der Angst vor Neuem. Doch wie lange noch wollen wir unsere eigene Ethik durch Regeln von Außen ersetzten lassen? Wie lange noch geben wir die Entscheidung darüber, was uns guttut, an andere Menschen – und seien sie noch so wohlmeinend – ab?

Obwohl wir wissen und es wertschätzen, daß es auch in den etablierten Kirchen zahlreiche Menschen gibt, die sich für Offenheit, Selbstbestimmung und Toleranz einsetzen, scheint es jedoch immer noch massive Tendenzen zu geben, Macht auszuüben, neue Impulse zu unterdrücken und eigene Überzeugungen als die einzig wahren zu postulieren.

Uns ist nicht bekannt, ob sich die sogenannten «Sektenbeauftragten» die Mühe machen, unsere Teilnehmer kennenzulernen und zu verstehen. Ebenso scheint es sehr zweifelhaft, ob sie überhaupt das Interesse mit uns teilen, Menschen zu helfen, ihrer *eigenen* Wahrheit und *der Rückverbindung mit dem Göttlichen* näherzukommen. Tatsache ist, daß uns Versuche bekannt geworden sind, *Vision der Freude* als Sekte und die Leiter als «Sektenführer» zu diffamieren.

Wir haben uns nie abfällig über die Arbeit der Kirchen geäußert. Wir halten Toleranz für eine sehr wichtige Grundhaltung anderen Menschen gegenüber, besonders auf dem Wege der Bewußtseinsentwicklung. Unseres Erachtens ist es notwendig, daß es nicht nur eine, sondern viele Orientierungsmöglichkeiten gibt, die nach dem Prinzip der Resonanz unterschiedlichen Menschen auf ihren verschiedenen Wegen dienen können. Wir haben einen tiefen Respekt vor der Einzigartigkeit eines jeden Seelenweges.

Es sieht so aus, als ob diese Haltung der Offenheit und des Respektes Andersdenkenden gegenüber heute – wie schon zu allen Zeiten – bei bestimmten Vertretern der herrschenden Richtungen nicht zu finden ist. Dies ist insofern verständlich, als das Bewußtsein vieler Verantwortlicher dort offensichtlich von Angst geprägt ist: Angst, die eigenen Interessen nicht mehr durchsetzten zu können; Angst, Macht und Einfluß zu verlieren; Angst auch vor dem Verlust von Kontrolle und finanziellen Einnahmen. Es scheint, als habe sich seit der Zeit der Inquisition gar nicht so viel verändert. Die Methoden sind heimlicher und subtiler geworden. Doch auch heute noch erweist sich die Verbreitung von Unwahrheiten und Verdrehungen als ein rechtes Mittel, um Vorurteile zu schüren, Menschen zu verunsichern und sie davon abzuhalten, sich ihre eigene Meinung zu bilden.

Aus diesem Grunde halten wir es für angebracht, im Rahmen dieses Buches eine kurze «Sektenabgrenzung» zu geben. Diese ist auch als Orientierungshilfe gedacht, denn bei aller Aufgeschlossenheit und Toleranz ist es gleichwohl sehr wichtig, die vielen «heilverkündenden» Angebote kritisch und wach zu prüfen.

Was verstehen wir also unter einer Sekte? Welches sind die Eigenschaften von Organisationen, die man zu Recht als Sekte bezeichnen könnte?

1. *Eine Sekte propagiert festgelegte Glaubensgrundsätze und Dogmen. Kein Zugehöriger darf von diesen Grundansichten abweichen, ohne massiv unter Druck gesetzt zu werden. Die Richtlinien für Glaube, Einstellung und Verhalten können nicht hinterfragt werden. Ihre Befolgung wird kontrolliert; Abweichler werden nicht geduldet.*

   Im Gegensatz dazu gibt es bei *Vision der Freude* völlige Glaubensfreiheit. Ja, die Teilnehmer werden regelrecht unterstützt, nichts blind zu glauben oder zu übernehmen, ohne es sorgfältig erforscht und geprüft zu haben. Andere Standpunkte, von denen es so viele gibt, wie Menschen existieren, werden nicht nur respektiert, sondern für die Erforschung von Wirklichkeiten genutzt. Es gibt keine Dogmen, und niemand behauptet, die «absolute Wahrheit» gefunden zu haben. Jeder Teilnehmer kommt zu seinen persönlichen Erkenntnissen, die der eigenen, unmittelbaren Erfahrung in einer unterstützenden, liebe- und respektvollen Umgebung erwachsen.

   Höchstes und wichtigstes Ziel der *Vision-der-Freude*-Lebensschule ist der Kontakt der Teilnehmer mit ihrer eigenen Wahrheit, mit ihrer eigenen Göttlichkeit. Selbstverständlich bieten die Gruppenleiter Werkzeuge an, die ihnen selbst hilfreich waren und sind, jedoch sind alle Teilnehmer vollkommen frei, sie in ihrem Sinne, gemäß ihrer eigenen Wahrheit zu nutzen. Im Vordergrund stehen weder das Erlernen einer Praktik noch das Erreichen eines äußeren, vom Gruppenleiter vorgegebenen Zieles, sondern immer die Begegnung des einzelnen mit sich selbst. Wenn es so etwas wie ein Konzept der *Vision der Freude* gibt, dann ist es das Wissen um die Schönheit und Göttlichkeit jedes Menschen und die Achtung vor seiner damit verbundenen Würde und Einzigartigkeit. Dies ist jedoch weniger ein Konzept, als die grundsätzliche Haltung der Initiatoren gegenüber allen Menschen, einschließlich den Teilnehmern ihres Trainings.

2. *Eine Sekte übt Einfluß auf den Alltag und das Privatleben ihrer Mitglieder aus. Sie versucht, soziale Bindungen zu schaffen und vermittelt ihren Mitgliedern das Gefühl, ohne die Zugehörigkeit zur Sektengemeinschaft unerfüllt, lebensunfähig oder nicht vollwertig zu sein.*

   Im Gegensatz dazu beeinflußt *Vision der Freude* weder das Privatleben noch die persönlichen Entscheidungen der einzelnen Teilnehmer. Niemand muß seine Glaubensrichtung ändern, seine Lebensumstände verlassen oder sich selbst in irgendeiner Weise einem idealen Menschenbild anpassen. Jeder wird in seiner eigenen Art, sein Leben zu gestalten, respektiert und – noch mehr als das – darin auch unterstützt. Alle Veranstaltungen und Übungen dienen dazu, das Vertrauen in sich selbst und in die eigenen Fähigkeiten zu stärken.

   Die Begründer und Leiter von *Vision der Freude* vermitteln ihren Teilnehmern kein konkretes Konzept von einem idealen Leben, das zum Beispiel Glück, Wohlstand usw. zur Folge haben soll. Diese Art von Konzepten fördern Abhängigkeit und Unselbständigkeit, weil der Schlüssel zum Glück scheinbar in fremden Händen liegt. Wie ein Mensch sich selbst in dieser Welt ausdrückt, wird immer ihm persönlich überlassen bleiben. Die Unterstützung, die er dabei erfahren kann, liegt in der *Ermutigung,* sich selbst und die eigenen Qualitäten, den eigenen inneren Reichtum zu erforschen.

Selbstverständlich beraten wir auch unsere Teilnehmer in ganz persönlichen Lebensfragen, jedoch nur, wenn diese uns ausdrücklich darum bitten und unsere Impulse wünschen. Wir können und wollen niemandem die Entscheidungen über sein eigenes Leben abnehmen. Wir können jedoch dem einzelnen helfen, gewisse Probleme oder Herausforderungen aus unterschiedlichen Perspektiven zu betrachten, um dann selbst zu fühlen und zu wissen, was der nächste Schritt ist, der getan werden will.

Wir achten darauf, nicht zu indoktrinieren oder zu manipulieren, sondern behutsam den eigenen Erkenntnisprozeß zu begleiten. Mitunter begleiten wir Menschen durch Phasen inneren Ringens in bezug auf existentielle Themen und Lebensentscheidungen. Wir bieten keine vorschnellen und vorgegebenen Lösungen, sondern lediglich Orientierungshilfen an. Dabei wird die Fähigkeit des Ratsuchenden, für sich selbst und das eigene Leben die volle Verantwortung zu übernehmen, mehr und mehr geschult.

3. *Eine Sekte versucht, ihre Mitglieder auf längere Zeit, in der Regel lebenslänglich, an sich zu binden.*

   Bei *Vision der Freude* ist die gemeinsame Arbeit auf wenige Wochen innerhalb eines Jahres begrenzt. In der Spanne eines Jahrestrainings sollen die Teilnehmer so viel gelernt und erfahren haben, das sie den Weg ihres Lebens, ausgerüstet mit wertvollen Übungen und Werkzeugen, vollkommen allein gehen können. Die weiterführenden Veranstaltungen und die Verbundenheit im Netzwerk sind angebotene Möglichkeiten, jedoch absolut keine Notwendigkeiten, sich automatisch über das Basisjahr hinaus anschließen zu müssen.

4. *In jeder Sekte gibt es Führer und Kultpersonen, die sich von den Anhängern verehren lassen. Das Verhältnis zu ihnen ist von subtiler oder offener Abhängigkeit und Hörigkeit geprägt. Oftmals verlangen sie Gehorsam, versu-*

chen, ihre Anhänger in vorgegebene Rollen zu pressen, beziehungsweise sie zur Verfolgung vorgegebener Ziele zu bewegen. Es wird versucht, das Individuum aus seinen bisherigen Bindungen zu lösen und zu vereinahmen.

Bei *Vision der Freude* verstehen sich die Projektleiter und Trainer als freundschaftliche Begleiter und Weggefährten auf einem gemeinsamen Weg zu mehr Bewußtheit, Liebe und Freiheit. Es gibt keine Hierarchie im Sinne von Über- oder Unterlegenheit. Wir teilen unsere eigenen Erfahrungen und Erkenntnisse in dem Wissen, daß jeder Mensch, der sich danach sehnt, entsprechende Schritte in seine Lebensfreude und innere Befreiung hinein vollziehen kann.

Nichts an uns ist besonders im Gegensatz zu anderen Menschen. Wir sind dankbar für jeden, der unserer Einladung folgt, mit dem wir etwas von unserer Liebe und Freude teilen können. Jede Heilung, jeder Bewußtseinsschritt, jede Befreiung, die in unserem Energiefeld geschieht, ist für alle Beteiligten und für die ganze Erde ein so wertvolles Geschenk, daß sich jeder Einsatz lohnt. Und wir Leiter wissen zutiefst, daß so etwas niemals unser «Verdienst» ist, und auch, daß wir so etwas niemals «machen» können. Es ist vielmehr ein Geschehen, das unter bestimmten Voraussetzungen und Rahmenbedingungen möglich und als Geschenk aus einer göttlichen Dimension erfahren wird. *Es erwächst aus der Kraft und Größe des eigenen Wesenskerns eines jeden Menschen, der sich für seine innere göttliche Quelle öffnet. Wen sollten wir verehren und wem gehorchen, wenn nicht dieser uns allen innewohnenden Einen Kraft?!*

Wir hoffen, daß dieser Text zur Klärung bezüglich des Sektenthemas beiträgt und hilft, sich wach und kritisch, jedoch auch angst- und vorurteilsfrei zu orientieren. Der Grund, weshalb eine solche Abgrenzung zum Sektierertum überhaupt notwendig scheint, ist die Tatsache, daß Außenstehende den Geist und die Ausrichtung unserer Arbeit oftmals nur schwer erfassen können. Sie spüren eine Form von Intensität, Begeisterung und auch Mut zur Grenzüberschreitung, die sich leicht mit Begleiterscheinungen von Sektentätigkeiten, zum Beispiel Euphorie und Fanatismus, verwechseln läßt. Jedoch ist es wichtig, den Unterschied zu sehen, denn die Begeisterung und Freude, die Menschen erfahren, wenn sie die Möglichkeit bekommen, ganz sie selbst zu sein, sowie auch die Dankbarkeit denen gegenüber, die sie dabei unterstützen, sind von einer ganz anderen Qualität.

Wir leben in einer Kultur, in der Begeisterungsfähigkeit und Lebensfreude, vielleicht aufgrund früherer Erfahrungen, eher mit Mißtrauen begegnet wird. Diese Gefühle begleiten jedoch ganz natürlich jeden Prozeß der Selbsterkenntnis und sind eher ein Indikator für die Freiheit und Kraft eines Menschen als für seine Unterdrückung.

Jeder Mensch, der seinen eigenen Weg betritt, ist eine Bereicherung für diese Welt. Und dabei ist es völlig unwichtig, aus welchen Schulen oder Glaubensrichtungen er dafür Impulse und Anregungen erhält. Was auch immer ihn in seiner Selbstliebe und -verantwortung unterstützt, ist wertvoll und wichtig. In diesem Geiste versteht sich die *Vision der Freude* niemals abgrenzend gegenüber anderen, auf ihre eigene Weise arbeitenden Lebensschulen oder Institutionen. Vielmehr ist sie Teil eines immer größer werdenden Netzwerkes von ehrlichen Suchern und spirituellen Weggefährten, von Menschen, die sich aufgemacht haben, das Wesentliche hinter den scheinbar voneinander getrennten Phänomenen dieser Welt zu erkennen und in ihrem Leben auszudrücken.

Abgrenzung kann immer nur an der Oberfläche stattfinden, wo sie oft notwendig und sinnvoll ist. Der Geist von *Vision der Freude* geht über die Oberfläche hinaus in die Tiefe, wo Verbundenheit die wahre Realität ist.

TEILNEHMER GEBEN RÜCKMELDUNGEN ZUM JAHRESTRAINING

Seit dem Beginn des Jahrestrainings hat sich in meinem Leben so viel Befreiendes ereignet, daß ich selbst nur immer wieder staunend und dankbar zurückblicke. Ich bin selbstbewußt geworden und stehe für mich und meinen Weg ein. Ich erfuhr und erfahre sehr viel Wertschätzung durch andere, beruflich, im Freundeskreis, eigentlich überall, wo ich hinkomme. In meinem Herzen ist so viel Freude, daß es immer wieder auf andere überspringt und ich auch vielfach gefragt werde, was ich denn gemacht hätte, was diese Veränderung bewirkt hätte. Es ist ja jetzt nicht so, daß ich keine Herausforderungen mehr hätte, aber durch das Erkennen der negativen Glaubenssätze, durch ein tiefes Verstehen meiner Muster, bin ich in der Lage, vieles aus einer anderen Position zu betrachten, und so manches Mal lache ich im Hintergrund und denke: «Ach, Du schon wieder!» Da dachte ich, daß ich damit jetzt aber durch bin, doch wie aus dem Nichts heraus stehe ich wieder vor der altbekannten Situation. Nur eben nicht mehr so blind und hilflos, sondern ich weiß, was es ist, wodurch es ausgelöst wird, kann es bis zum Auslöser zurückverfolgen und dadurch mit mehr Leichtigkeit die Schwere auflösen.

Durch das Verstehen und Annehmen meiner selbst kann ich auch meine Mitmenschen leichter verstehen und annehmen. Viele Konfliktsituationen sind dadurch vermeidbar geworden. Ich erinnere mich an die Geburtsgruppe, als es hieß: «Nun machen wir diese wunderbare Übung. Jeder singt bis zu drei Stunden.» Mein erster Gedanke: «Das schaffe ich nie, ich werde husten müssen, ich werde vor Durst umkommen, mein Rücken wird zerbrechen und überhaupt, was soll das alles!» Ich habe mich trotz dieser Bedenken eingelassen, einfach mit dem Gedanken, daß ich ja jederzeit aussteigen kann, und dann habe ich gesungen und nichts von meinen Befürchtungen hat sich realisiert. Im Gegenteil, irgendwann war ich in einem Raum der Mühelosigkeit, und *es sang einfach.* Und dann in der Elementegruppe, als es darum ging, sich auszuziehen und über seinen Körper zu sprechen – wie ein Blitz war ich raus aus dem Gruppenraum: «Das mache ich nicht, das will ich nicht. Hilfe!» Doch wieder die Stimme meines Unterbewußtseins: «Laß Dich ein! Was kann schon passieren?» Und ich ging zurück und ließ es zu. Was für eine Heilung für meinen Körper und für meine Seele! In diesen Momenten ist so viel erinnert worden und soviel mit mir passiert. Eine Gnade.

Nach der Sommergruppe war ich dann in der Lage, erstmals eine Liebesbeziehung einzugehen, mir meine Lust einzugestehen und sie vor allem voll und ganz auszuleben. Im Jahr davor hätte ich diesen Mann überhaupt nicht wahrgenommen. Und heute bin ich so dankbar für diese wunderbare Liebe, die wir gemeinsam leben und erforschen. Es war bestimmt nicht immer leicht, aber mit meinem Rüstzeug habe ich von meinem Herzen zu seinem Herzen gesprochen, mich auch verletzlich und klein gezeigt und gespürt, ich werde auch dann geliebt. Ich darf alles sein, wenn es wirklich meiner Wahrheit entspricht.

Dann begegnete ich den Schatten, die zunächst so beängstigend waren und sich bei näherem Hinsehen als gute Freunde erwiesen. So viel uralter Schmerz hat sich im Laufe dieses Jahres befreit. Ich habe viel geweint, aber auch viel gelacht und geliebt. Vor allen Dingen habe ich mich selbst immer besser kennengelernt und gelernt, mich wertzuschätzen. Es war eine sehr gute Führung, die mich zu euch gebracht hat. Aus all der Dümpelei heraus gab es plötzlich Licht am Horizont. Und mit einem Mal habe ich nicht nur wundervolle Lehrer, sondern auch noch zwei Meister in der geistigen Welt, mit denen ich reden kann und deren liebevolle Führung ich spüre.

Das Wichtigste ist: Ich bin bei mir zu Hause angekommen, und ich habe die absolute Freiheit zu sein, wie ich bin. Ich allein bin verantwortlich für mich, und ich habe diese Verantwortung angenommen. Es wäre ja so manches Mal schön zu sagen, der und der ist an allem schuld, zugegebenermaßen! Aber es funktioniert nicht mehr. Ich kann mich selbst nicht mehr belügen.

Vision der Freude bedeutet für mich: die Freiheit, ich selbst zu sein, und die Freude, diesen wundervollen Weg gehen zu dürfen, auf dieser schönen Erde, verbunden mit Menschen, die ich liebe und von denen ich mich geliebt weiß. Meditation gehört jetzt zu meinem Leben, ist ein tiefes Bedürfnis geworden. Auch dadurch ist Friede in mir eingezogen.

(Julia Vedanta Ahlefelder, Bochum)

Das Jahrestraining hat mich zu meinem Wesen geführt. Allein der Entschluß, *Vision der Freude* zu besuchen, hat in meiner Ehe und in meinem Alltag eine Wende eingeleitet. Ich bin nahezu 30 Jahre verheiratet und in den ganzen Jahren vor dem Jahrestraining haben wir nicht so viel miteinander gesprochen und intensiv erlebt, wie jetzt. Es ändert sich die Struktur unserer äußeren Welt (Firma – Familie), Personalentscheidungen werden anders getroffen. Wir beobachten, daß bestimmte Menschen uns verlassen und ein anderes Potential nachkommt. Das Arbeiten wird freudvoller. Unsere Kinder öffnen sich. Innerhalb des größeren Rahmens unseres «Familienclans» herrscht wieder mehr Harmonie (Eltern – Geschwister). Es ist, als sei ein Tropfen auf die Oberfläche des Wassers aufgetroffen. Nun zieht er seine Kreise immer weiter.

Das Wichtigste war für mich, daß ich in diesem Jahr zum ersten Mal wirklich auf dieser Erde ankam, um dann zu mir selbst nach Hause kommen zu können. Ebenso war es ganz wichtig für mich, Licht und Schatten in mir zu vereinen. Ich gehe meinen Weg weiter in Richtung Reiki-Meisterschaft, die ich im April erlangen werde. Ein kleines Zentrum wird mir in den nächsten Jahren zur Verfügung stehen, in dem ich aktiv mit Menschen arbeiten möchte. Schon heute kommen viele zu mir und wünschen meine Hilfe. Ich spüre und traue mir zu, meine innere Weisheit weiterzugeben und in anderen Menschen Türen zu öffnen für einen eigenen Weg.

Die *Vision der Freude* ist für mich eine Möglichkeit, ins Leben geboren zu werden, Wenn ich mich für das Leben ganz bewußt öffnen kann mit allem, was ist, kann mich ohnehin auf meinem Weg nichts mehr aufhalten.

(Rita Hert, Saarwellingen)

Für mich bedeutet *Vision der Freude,* bei mir anzukommen, mich zu erfahren und kennenzulernen nach so vielen Irrungen und Wirrungen des Lebens. Sie ist ein tägliches Ankommen bei mir, mit dem, was gerade ist. Das bedeutet, mich ständig neu zu entdecken und genau das im Alltag zu leben.

Vision der Freude ist der Beginn eines Lebens in Freude, Frieden und im Sosein, wie ich bin.

Sie ist kein Selbstzweck, sondern eine Pforte, das Tor zu mir. Nachdem im Trainingsjahr die Last von den Schultern wich, die Opferrolle abgelegt wurde und der Genuß Einzug hielt in mein Leben, erfahre ich täglich mehr, wer ich bin. Ich entdecke, was ich hier auf der Erde will, was ich erleben und verwirklichen möchte, für mich, die Mitmenschen und die Erde.

Für mich ist das der Schlüssel zum Glück schlechthin. Es beinhaltet den Wunsch, Glück voll auszuleben in all meinen Alltagssituationen und alle Menschen in meinem Umkreis anzustecken. Ich möchte sie neugierig machen, in ihnen Mut entstehen lassen, sich selbst, die eigenen Bedürfnisse und Erfahrungen im So-Sein zu erforschen. *Vision der Freude* ist mein Weg nach Hause zu mir, zu meiner Kraft, zu meiner Liebe. Sie ist der Schlüssel zu mir selbst.

Ich bin, wie ich bin, und so, wie ich bin, bin ich richtig, jeden Augenblick wieder neu. *Vision der Freude* ist für mich Verbundensein mit allem, was ist, es wertzuschätzen und seinzulassen, wie es ist, Raum zu haben und Raum zu geben.

Vision der Freude ist mein Elternhaus, in dem ich erwachsen wurde und Kind zugleich. Sie hat mich stark gemacht, nun selbst «Kinder» zu haben in vielfältiger Form, die sich entfalten, ausbreiten und sich erfahren können, damit auch sie diese Essenz hinaustragen in das Leben.

Vision der Freude ließ mich endlich auf der Erde ankommen, meine Wurzeln entfalten und fest verankern.

(Freyja Knorr, Loxstedt)

Das Jahrestraining stellt mein Leben auf ein neues Fundament: Schritt für Schritt lasse ich mich tiefer auf mich ein, gewinne Vertrauen zu mir selbst, entdecke meine Lebendigkeit, mein Herz und meine Liebe zu mir, zu anderen Menschen, zur Existenz. Ich beginne zu schmelzen, zu tanzen, zu fließen und entdecke die Farbigkeit meines Lebens. Meine Kreativität bricht sich Bahn, wie eine Pflanze die Erde aufbricht. Der Sprung ins Leben, das Staunen und Wundern vereint sich mit Vertrauen. Ja, es geht immer noch eine Schicht tiefer in mich hinein, jedes Highlight wird mit dem Loslassen und Leerwerden zu einer wundervollen Erfahrung, zu einer Zwischenstation auf dem Wege meines Erwachens. *Vision der Freude* ist der Startpunkt für MEIN bewußtes Leben, hinein in die Kraft meiner inneren Stille, aus der mir alles erwächst. Sie ist Vorbereitung und Ausrichtung für ein Geschehenlassen und den Wunsch, andere Menschen dabei zu begleiten. In Liebe, Dankbarkeit und Verbundenheit – ein Herz, das seine Flügel erhalten hat.

(Ralf Biehl, Herleshausen)

Um es einmal so zu sagen: Für mich ist es – ruhig geworden. In meinem Leben zeigt sich das dadurch, daß ich zu all den Projekten, den Plänen, den Wunschvorstellungen über mich und mein Leben auf Distanz gegangen bin. Es gibt das alles noch, aber es ist nicht mehr so wichtig. Es kann auch etwas ganz, ganz anderes passieren; jedenfalls fühle ich mich offen dafür. Und diese Offenheit erlebe ich als ein großes Geschenk. Nach all den Jahren des Kampfes um Ansehen und Erfolg – plötzlich diese Gelassenheit und auch Sorglosigkeit! Es kommt, was kommt; viel mehr gibt es nicht zu sagen.

Dabei dürft ihr euch das nicht so vorstellen, als wäre mir alles egal geworden. Gerade das ist es nicht! Ganz im Gegenteil, ich lege immer größeren Wert auf meine regelmäßige Meditationen und bin auch in der Beurteilung von Ereignissen, die mich betreffen, eher schärfer als sanfter geworden.

Dabei hilft mir, daß mein Körper angefangen hat, ganz massiv Mitspracherecht einzufordern, was ich einfach toll finde. Anders gesagt, ich drücke mich mehr aus, sowohl mir selbst, als auch anderen gegenüber. Vielleicht kommt das daher, daß ich den möglichen Reaktionen, die daraus resultieren, ebenfalls offener gegenüberstehe. Alles in allem – *fürchte* ich mich einfach viel weniger. Ich fürchte mich weniger vor dem Leben und weniger vor den anderen; ich brauche keine Pläne mehr zu machen, um das Leben in Schach zu halten; ich brauche keine Masken mehr, um vor den Menschen sicher zu sein.

Neben der «Neuen Einfachheit», von der ich eben sprach, sind es Momente von «Einheitserfahrung», die mir sehr wichtig sind. Vielleicht wißt ihr, daß ich früher einmal Philosophie studiert habe und mich eigentlich mein ganzes Leben lang mit der «Sinnfrage» beschäftigt habe. Nun, ich hatte längst aufgegeben, auf so etwas wie «Sinn» zu hoffen – und etwas ist in diesem Jahr der *Vision der Freude* geschehen, was ich nie für möglich gehalten hätte: Es mag abgedroschen klingen, aber ich *glaube* wieder. Ich habe selbst erlebt (und eben nicht bloß erdacht), daß ich eine Verbindung habe zu Dingen, die weit über mich hinaus gehen. Was das für «Dinge» sind, kann ich gar nicht richtig sagen; wichtig für mich ist aber, daß sie sich mir nicht als Konzepte, sondern als unmittelbare Erfahrung erschließen.

Es hat wohl in der Geburtsgruppe angefangen, daß ich so etwas wie eine «mystische Gottesschau» hatte, das ganz deutliche Empfinden, *in* etwas Göttlichem zu sein. Ich konnte das nicht in Worte fassen, es war ein Gefühl. Naja, ich habe es damals so abgetan und mir gesagt, daß es in der Tat toll ist, was der menschliche Geist so alles projizieren kann. Folgerichtig habe ich in der Todesgruppe dann das Ende all dieser «Projektionen» erlebt: Gott, Sinn, Ich Bin – alles ging den Bach herunter, nichts blieb. Nichts blieb – bis auf ein sanftes Streicheln von Wind auf meiner Haut, in das ich ganz und gar versank. Und ehe ich wußte, wie mir geschah, erblühte aus dieser schieren Augenblicklichkeit wiederum ein Erlebnis tiefer Verbindung zu einer Art zeitlosem Wesen meiner selbst. So zeitlos wie der Augenblick, in dem ich versank, ist das ewige *ich bin* schließlich auch! Ganz wichtig ist mir dabei, daß ich dieses Ich Bin nicht «hinter» oder «unter» der reinen Augenblicklichkeit spüre, sondern ganz und gar *in* ihr. Im Augenblick zu sein heißt für mich seitdem, bei Gott (oder wie immer man das nenne mag) zu sein.

Als Letztes kam dann in der Visionsgruppe das Erlebnis von Liebe dazu. Die Verbindung von Augenblick und Sein geschieht nur in der Liebe. In der Schwitzhütte habe ich gespürt, wie wahr das ist. Es gibt jetzt etwas in mir, das das Leben und die Menschen liebt. Das Herz geht mir über, manchmal lache und weine ich zugleich, wenn ich es spüre. Mehr wünsche ich mir nicht.

(Dieter Hombach, Berlin)

Für mich war es so, daß ich bereits nach meiner Eröffnungsgruppe das Gefühl hatte, jetzt hat mich jemand wach gerüttelt. Es war für mich wunderschön und gleichzeitig auch eine kleine Sensation, mein Herz wieder zu spüren; zu spüren, wieviel

Liebe in mir ist und wieviel Liebe ich für andere Menschen empfinden kann. Ich hab mich noch nie so glücklich und von mir selbst angenommen gefühlt wie nach dieser Gruppe. Vor allem hab ich auch gemerkt, daß Glück nicht von äußeren Faktoren abhängig ist, sondern daß es einfach aus mir selbst kommt.

Generell hab ich das Gefühl, daß während des Jahrestrainings ein Schloß nach dem anderen geknackt wurde. Der Tempel von Damanhur ist dafür ein schönes Bild: Ich öffne eine Tür, gehe in einen Raum, erforsche diesen und stehe dann erneut vor einer Tür, die, wenn ich dazu bereit bin, sie zu durchschreiten, mir neue Räume eröffnet usw.

Ich habe viel Ballast hinter mir lassen und mich von vielen Blockaden und Verboten lösen können. So war für mich die «Innere-Kind-Gruppe» eine der größten Herausforderungen. Mir selbst die Erlaubnis zu geben, meine Eltern und vor allem meine Mutter anzuklagen, hat mich körperlich total an meine Grenzen gebracht. Gleichzeitig die Befreiung dadurch zu spüren und hinterher dieses tiefe Mitgefühl zu empfinden, zu erfahren, wie heilsam – natürlich in erster Linie für mich selbst – die Vergebung ist. Das kann ich auch immer mehr in meinem Alltag nachvollziehen. Je mehr ich in meinem Inneren frei von Anklage bin, desto friedlicher und harmonischer fühle ich mich.

Was mir auch sehr viel Heilung gebracht hat, war in Italien beim Element Erde das Ritual, in dem jeder seine Kleidung abgelegt und sich so gezeigt hat, wie er wirklich ist. Ich habe seit meiner Kindheit mit dem Thema Körper «zu kämpfen». Zu meinem Körper zu stehen, so wie er aussieht, war immer sehr schwer für mich. In diesem Bereich sind bei mir auch sehr viele Verletzungen, natürlich auch im Zusammenhang mit Männern. Ich hatte vor dieser Übung eine unbeschreibliche Angst. Als ich dann nackt vor meinen drei Begleitern stand, war es wunderschön. Der ganze Streß war weg, die tiefe Angst: «Wenn ich mich so zeige, wie ich bin, will mich keiner haben.» Die Nähe, die durch diese Befreiung entstand, habe ich total genossen.

Ich könnte noch ganz viele andere, wunderschöne Erlebnisse mitteilen. Aber ich möchte mich in erster Linie auf die

Essenz beschränken. Durch das Jahrestraining habe ich entdeckt, worum es im Leben überhaupt geht. Ich könnte hier nun den Text der «Ich-Bin-Meditation» anführen, daß ich nicht mein Körper und meine Gefühle bin, auch wenn ich einen Körper und Gefühle habe. Ich spüre deutlich, daß ich durch das Training mittlerweile so «wach» geworden bin, daß ich ziemlich genau erkennen kann, was für mich in bezug auf mein inneres Wachstum wichtig ist. Momentan habe ich das Gefühl, daß sich diese vielen Seminarerlebnisse in mir integrieren und meine Entwicklung in meinem Alltag weitergeht, auch ohne daß sich große Dinge tun.

(Claudia Finkel, Dietmannsried)

Vision der Freude ist für mich ein Ort, der meinen inneren Räumen entspricht. Die Essenz, Substanz von *Vision der Freude* schwingt mit meiner.

Ich weiß, sie bietet mir die Möglichkeit, zu wachsen. Ich kam als Mädchen und fand meinen Platz, ich wuchs und wurde eine Frau. Ich wachse immer weiter, und die *Vision der Freude* tut es auch. Sie ist kein starres, rigides Gebilde, sondern ein lebendiges Wesen, ein atmendes, sich entfaltendes Geschöpf.

Die *Vision der Freude* unterstützt mich in meiner Selbst-Werdung und wird gleichzeitig genährt und geführt von all den wunderbaren Menschen, die sich in ihr bewegen. Ich muß keine besonderen Anforderungen erfüllen, um Mitglied dieser Idee und Vision zu sein. Es gibt nichts, was mich daran hindert, meinen Weg zu gehen und Teil der Familie zu sein! Ich muß nichts von dem, was ich bin, verleugnen.

Es gäbe niemals etwas, eine Ideologie z.B., für die ich mich einsetzen würde, wenn ich dafür meinen Weg verlassen müßte. *Vision der Freude* lebt von Menschen, die sich selbst treu sind. Das macht für mich ihre Einzigartigkeit und Größe aus.

Vision der Freude ist also keine Ideologie oder Glaubensgemeinschaft, sondern ein Zusammenschluß von Menschen, die ihre Wahrheit leben wollen. Sie ist eine Grundhaltung dem Leben, den Menschen, sich selbst gegenüber und etwas, das jeder Mensch in sich finden kann, wenn er dazu bereit ist.

Vision der Freude bedeutet mir so viel, wie ich mir bedeute. Ich vertraue meinem eigenen Weg der Freude, daß er mir immer meinen Platz in der Welt zeigen wird, an dem ich meine Liebe weiterschenken kann.

(Luna U. Müller)

Vision der Freude kennenzulernen, war für mich eine Offenbarung: «Es gibt das, was ich immer (schon mein Leben lang) gesucht habe, wonach ich mich schon immer, seit ich zurückdenken und -fühlen kann, sehne.»

Das ist für mich: die Befreiung von uralter Pein, von inneren Schmerzen und Qualen, von Verzweiflung und Begrenzung in meinem Selbstausdruck. Das ist für mich auch Heimat, innere Heimat; eine Heimat für meine Ideale, für mein Sehnen nach einer neuen Qualität von zwischenmenschlichen Begegnungen und für den gemeinsamen Einsatz für eine Vision. Hier bin ich umgeben von gleichgesinnten Menschen, mit denen ich mich tief verbunden fühle und denen ich auf einer Ebene begegnen kann, die ich für mich als *wesentlich* bezeichne. Es geht hier für mich um das Eigentliche, um das, was ich in meinem Leben als wirklich wichtig und wertvoll empfinde: Begegnung auf Herzensebene, Arbeit an der Erhöhung der Schwingung von Liebe und Freude, Kanal und Lichtträger werden und ganz und gar dasein in der Welt mit dem, was ich bin.

Vision der Freude ist für mich ein Weg, Menschen zu ihrem Potential zu führen, sie in Verbindung mit ihrem inneren und äußeren Reichtum zu bringen. Ich sehe darin die sinnvollste Arbeit, die man überhaupt tun kann, weil sie an der Wurzel der Ursachen ansetzt und den Weg in die Befreiung öffnet.

(Kirsten Epp, Mühltal)

Konkret kann ich mich nicht mehr erinnern, welche Vorstellungen ich hatte, als ich das Jahrestraining begann. Ist auch nicht mehr wichtig. Aber der Kern meiner Vision damals war, daß sich vieles und Grundlegendes in meinem Leben verändern wird, wenn ich auch noch nicht ahnte, was und wohin.

Das, was sich jetzt erfüllt hat, überstieg damals einfach meine Vorstellungskraft.

Alle Trainingsabschnitte waren für mich gleich wichtig. Und in jedem Abschnitt hatte ich das Gefühl, daß dies in diesem Lebensabschnitt genau das Richtige ist.

Ich habe gelernt, daß alles, was ist, in mir und außerhalb von mir, sein darf. Es war eine ungeheuer befreiende Erfahrung, daß sogar alle diese «negativen» Gefühle sein dürfen, für die ich mich so abgrundtief geschämt und gehaßt habe. Ich habe erfahren, daß ich mit meinen Problemen ganz und gar nicht allein bin, sondern in all meinen Befürchtungen und Ängsten, Kämpfen und Widerständen, Gefühlen und Sehnsüchten viele Brüder und Schwestern habe, und daß das Teilen von alldem einen Raum von Geborgenheit, Annahme, Freude und tiefer Verbundenheit schafft.

Ich habe erfahren, daß alles, was mir im Außen begegnet, ein Spiegel meines Inneren ist. Meine innere Führung präsentiert mir im Außen immer gerade das, was integriert oder erlöst werden möchte.

Gewußt habe ich schon lange, daß ich gegen mich selbst kämpfe. Durch das Hineingehen in meine Widerstände habe ich mit allen Sinnen, mit meinem ganzen Sein, erfahren, mit welch unglaublicher Kraft und schier unbegrenzter Kreativität ich gegen meine Seele gekämpft habe. Es wurde mir tief bewußt, daß ich all die Jahre gegen mein göttliches Wesen, gegen Gott selbst, gekämpft habe. Als ich erschüttert über diese tiefe Erkenntnis meine Seele um Verzeihung gebeten habe, bekam ich zur Antwort: «Ich liebe Dich unendlich.»

Das Jahrestraining hat mir Räume in meinem Inneren eröffnet, von denen ich noch nicht einmal etwas geahnt habe. Mein ganzes Leben, einschließlich der sehr schmerzvollen Erfahrung meiner Kindheit und meines Frau-Seins, wo ich oft darüber gegrübelt habe, was denn der Sinn gewesen sei, hat sich eingefügt in ein größeres Ganzes.

Ich habe eine Ahnung davon bekommen, wer ich in Wirklichkeit bin. Und jetzt habe ich den Mut, mein wahres Selbst anzunehmen, und das Vertrauen, daß meine innere Führung mich zu dem führt, was unsterblich ist. Mein Leben erfüllt mich mit Freude, jetzt weiß ich wirklich, daß mich viel Schönes erwartet.

Vieles von dem, was mir früher existentiell wichtig erschien, insbesondere mein Etwas-leisten-müssen, um überhaupt ein Existenzrecht auf der Erde zu haben oder um geliebt zu werden, ist jetzt unwichtig geworden oder hat sich sogar als eine Illusion herausgestellt. Heute kann ich für alles Anerkennung empfinden, was ich mir in meinem Leben kreiert habe.

Ich habe im Jahrestraining Werkzeuge in die Hand bekommen, die mir große Sicherheit und Vertrauen geben, mein Leben «spielend» meistern zu können, mir mein Leben so zu kreieren, wie ich es mir sehnlichst wünsche. Ich habe mir vorher nicht vorstellen können, daß zwischen – zunächst fremden – Menschen so viel Offenheit, Vertrauen und Liebe sein kann.

Ich bin endlich auf der Erde angekommen und freue mich, Mensch zu sein, jetzt.

(Maria Heine, Düsseldorf)

Ich begann das Training, als ich innerlich völlig verzweifelt war. Nirgends wurde meine Sehnsucht gestillt, und ich wußte nicht, wie ich sie selbst stillen könnte. Meine Entscheidung für die *Vision der Freude* hat mir das Leben gerettet, glaube ich heute.

Durch das Trainingsjahr hat mein Leben einen neuen, wunderbaren Sinn erhalten. Ich habe wieder gelernt, meine «Instrumente» zu nutzen und in Einklang mit meiner Seele zu bringen.

Die größten Erfahrungen geschahen für mich in der Einführungsgruppe, wo ich eine Wiedergeburt durchlebte und eine intensive Begegnung mit meiner inneren Führung hatte. Spirituell war das trotz meiner damaligen «Unreife» das größte Erlebnis. Das beweist für mich, daß die tiefsten Erfahrungen aus der Unschuld eines Kindes heraus geschehen können.

Jede Gruppe gab die Gelegenheit zu wichtigen Erfahrungen. Meist hatte ich das Gefühl, daß alles zum richtigen Zeitpunkt geschah, weise geführt von der geistigen Welt. Schon ganz zu Beginn hat sich mein Gottesbild völlig verändert und ich habe damit eine wundervolle Stütze erhalten.

Schlüsselerfahrungen waren jedes Mal, wenn Heilprozesse geschahen und in uns allen die Liebe zum Ganzen spürbar wurde. Daher halte ich Körperarbeit, Atemarbeit und karthartische Meditation für Juwelen der Selbsterfahrung.

(Frank Weckesser, Frankfurt)

Das Jahrestraining war für mich ein tiefgreifender Prozeß. Ich erinnere mich, daß ich mich und meinen Körper vorher nie gefühlt habe und auch nicht fühlen wollte. Heute bin ich in meinem Körper angekommen, und die Qualität meines Menschseins hat enorm zugenommen.

Der wichtigste Schritt im Jahrestraining war für mich, mich anzuerkennen, so wie ich bin, und Frieden mit mir und meinem Leben zu schließen. Ich muß nicht mehr kämpfen und kann alles so sein lassen. Ich habe Vertrauen in mein Leben, und aus diesem Vertrauen heraus konnte ich mich von meinem Studium und meiner Berufswelt lösen und bin jetzt frei für eine Arbeit mit Menschen. Ich habe jetzt auch das Vertrauen und das Wissen, daß das Richtige *mühelos* zu mir kommt.

Ich habe mich lange geweigert, Glück und Freude in mein Leben zu lassen. Jetzt ist der Knoten geplatzt und ich kann die Sonne aus meinem Herzen strahlen lassen. Wichtig war für mich in den letzten Tagen auch zu erkennen, daß es für mich nicht darum geht, irgendein Buchwissen weiterzugeben oder eine Ausbildung mit Diplom zu machen. Für mich geht es darum, mein inneres Wissen, meine Wahrheit und meine Wahrnehmung, die ich ganz tief in mir fühlen kann, zu leben und mit der Welt zu teilen.

(Reinhard Fuhrich, Frankfurt)

Ich begann das Training zu einem Zeitpunkt, als ich beruflich und privat an einem absoluten Tiefpunkt in meinem Leben angekommen war. Es schien keine Perspektiven für mich zu geben, und ich fühlte mich in einem tiefen schwarzen Loch, in dem es keine Sonne, kein Vertrauen, keine Liebe gab. Inzwischen habe ich meine Kraft, mein Vertrauen, meine Liebe wiedergefunden und habe wieder ungeheure Lust zum Leben. Beruflich werde ich einen Neubeginn starten, und privat habe ich erfahren, wie es ist, von einem Partner wirklich geliebt und geachtet, anstatt für eigene Zwecke mißbraucht und ausgenutzt zu werden. Meine Selbstachtung ließe die Art der Beziehungen, wie ich sie früher führte, nicht mehr zu.

Ich habe begriffen, was es heißt, Verantwortung für mich und mein Leben zu übernehmen, und konnte mich aus alten Opferhaltungen befreien. Und ich habe erkannt, daß alles, was ich brauche, in mir vorhanden ist. Meditation ist ein wichtiger Bestandteil in meinem Leben geworden. Ich habe die Gewißheit, auf dem Weg zu mir und meiner Bestimmung zu sein, wenn ich vertrauensvoll meiner Liebe und Freude folge. *Vision der Freude* beinhaltet für mich, mein Leben darauf auszurichten, was meinem wahren Wesen entspricht.

(Ute Söhner, Augsburg)

Bei *Vision der Freude* habe ich wieder zu meinen spirituellen Wurzeln gefunden. Sie waren «verschüttet», und ich konnte sie wieder freilegen, auf eine Art, die meinem Wesen entspricht. Zum ersten Mal habe ich mich – im Gegensatz zu früheren «Therapien» – ganz angenommen gefühlt. Ich durfte so bleiben, wie ich bin, und hatte die Freiheit, mich für inneres Wachstum und Licht zu öffnen.

Zum ersten Mal waren alle Aspekte meiner selbst angenommen, fanden alle Teile von mir Nahrung: Körper, Geist, Seele und Spiritualität. Kreativität konnte sich auf allen Ebenen entwickeln, und ich spürte die Energie, endlich auch meine Ideen in Taten umsetzen zu können.

Vision der Freude gab mir viele, viele Impulse für mein Leben. Mein ganzes Leben hat sich innerlich und äußerlich verändert. Ich bin jetzt ganz bewußt in einem Wachstumsprozeß, der mehr und mehr mein wahres Wesen zum Vorschein kommen läßt. Mein Leben hat eine andere Dimension erhalten. Licht und Freude, Dankbarkeit und Liebe begleiten mich täglich.

Ich lebe in dem Gefühl, mit meiner Wahlfamilie verbunden zu sein, angeschlossen zu sein an ein größeres Netzwerk des Lichts. Ich habe neue Freunde, die mit mir einen Weg gehen, und erhalte von ihnen Unterstützung.

Ich habe ein reiches Leben, und ich gebe mehr und mehr an andere Menschen weiter.

(Jutta Bellstedt, Marl)

Ich habe meine kraftvolle und kreative Seite kennen- und auch liebengelernt. Ich habe das Vertrauen entwickelt, diese mehr und mehr in mein Leben zu integrieren. Ich spüre, daß sehr viele meiner alten Verletzungen des Herzens geheilt wurden. Dadurch habe ich meine Angst vor tiefen Gefühlen und Erfahrungen verloren und bin mehr ins Fließen gekommen.

Ich habe erkannt, wie wichtig für mich meine innere Verbindung zur Stille und zu Gott ist, daß der Reichtum, nach dem ich mich sehne, in mir ist. Ich bekomme eine Ahnung meiner wahren Größe!

Ich bin wieder offener, hingebungsvoller und flexibler geworden. Da ist einfach *Freude* in mir!

Meine Visionen, die sich auf mein inneres Sein, meine Verbindung zu mir bezogen, sind nahezu hundertprozentig wortwörtlich erfüllt worden. Derjenige Teil meiner Visionen, der sich auf die Erde, das Außen bezog, ist bisher nur teilweise erfüllt. So bin ich zum Beispiel immer noch finanziell nicht vollkommen unabhängig. Aber ich spüre im Moment großes Vertrauen, daß dies geschehen wird.

Sehr glücklich bin ich über die nahezu vollständige Heilung meiner Hautkrankheit, die mir 15 Jahre lang ein treuer Begleiter war, und auch über die Verbesserung meiner Beziehungen zu Vater, Mutter und Schwester im Laufe dieses Jahres.

(Christoph Liek, Köln)

Die Wahrnehmung meines Lebens hat sich grundlegend verändert.

Seit einigen Monaten habe ich das Gefühl, bei mir zu Hause zu sein. Ich spüre ein tiefes, ruhiges Gefühl von Glück in mir.

Wenn ich in Konfliktsituationen gerate, ist mir meist sehr schnell deutlich, worum es geht, und ich stecke nicht mehr so sehr in meinen Gefühlen, sondern sehe sie mehr als kleine (oder große) Stufe, um weiter zu gehen. Und wenn ich nicht weiter weiß, zieht es mich in die Stille und zu mir selbst – und dort fühle ich mich mit meiner Einsamkeit, Traurigkeit oder Ratlosigkeit gut aufgehoben und gut beraten.

Ich habe eine alte Beziehung losgelassen und das Wunder erlebt, in Liebe loszulassen und zu sehen, wie sich dadurch immer mehr Liebe entwickelt. Eingebettet in dieses unendliche Ausmaß an Liebe kann ich jetzt gerade offenen Herzens das Abenteuer einer neuen Liebe erleben.

Jetzt im Moment kann ich sagen: Auch wenn einiges noch nicht meiner Idealvorstellung entspricht, fühle ich mich vom Leben geliebt und genährt. Und ich erlebe eine Zeit, die relativ frei von Angst ist, Geld, Gesundheit oder Liebe zu verlieren. Außerdem brauche ich im Durchschnitt ca. 1,5 Stunden weniger Schlaf als vor dem Jahrestraining. Je mehr sich mein Herz für die Liebe geöffnet hat, desto wacher bin ich geworden.

Am wichtigsten war es für mich, den Mut zu haben, mich in meiner Verletzlichkeit zu zeigen und vor der ganzen Gruppe über meinen erlebten sexuellen Mißbrauch zu sprechen. Ich habe dort erfahren, was es heißt, Vertrauen zu spüren. Dieses Vertrauen hat mich immer wieder ermutigt, mich zu zeigen, immer wieder den Sprung zu wagen ins Nichts, ins Unbekannte.

Es gab keine einzige Sekunde, in der ich gezweifelt habe, daß es richtig ist, was ich tue. Nach zwanzig Jahren war es mir möglich, meinem Vater wiederzubegegnen, und ich habe heute viel Zärtlichkeit für ihn und seinen Lebensweg. Ich habe erlebt, wie eine vollkommen negativ belastete Erfahrung ins Licht geht. Ich weiß jetzt, wieviel Freiheit im Verzeihen liegt. Wichtig ist für mich auch, daß ich mich heute zum ersten Mal in meinem Leben als eine starke, attraktive und empfängliche Frau fühle.

Vision der Freude ist für mich ein leuchtender Stern am Himmel, in dessen Nähe ich gern noch eine Weile verbleiben möchte, um hin und wieder in seinem Licht aufzutanken und selbst meine Liebe und mein Licht zu ihm hinströmen zu lassen.

(Ansu Pascale Gräbener, Bielefeld)

Das *Vision der Freude* – Jahrestraining hat mich immer wieder und immer mehr mit mir, mit meinem Innersten, in Verbindung gebracht, es hat mir immer wieder neue Räume geöffnet, mir immer wieder Mut gemacht, meiner innersten Stimme zu lauschen und meiner innersten Wahrheit zu folgen – leicht, mühelos und mit Freude.

Ich bin jetzt liebevoller mir selbst gegenüber und schaue nicht nur andere, sondern auch mich mit den Augen der Liebe an.

Das Wichtigste (wenn ich das überhaupt so sagen kann) war wohl die Stille – und die Tatsache, daß Meditation auch durch das Training zu einem Bedürfnis für mich wurde und mittlerweilen ein fester Bestandteil meines Lebens ist; daß ich wirklich verinnerlicht habe, daß niemand außer mir selbst die Verantwortung für mein Leben trägt; daß alles, was ich brauche und wünsche, in mir ist und es keine Begrenzungen gibt, außer die, die ich mir selbst erschaffe.

Mein Bewußtsein hat sich im wahrsten Sinne des Wortes erweitert. Wenn ich früher dachte: «Oh schön – aber das ist für die anderen und nicht für mich», so ist es heute so, daß für mich viel mehr vorstellbar geworden ist, und das fühlt sich offener, lebendiger und weiter an.

Vision der Freude bedeutet für mich einen Abschnitt meines Lebens, der mich zeitlebens begleiten wird, und sie hat ein bißchen den Charakter einer Wahlfamilie. Viele schöne und intensive Erfahrungen, liebenswerte Menschen, Erfahrungen von Offenheit, Freiheit und des «Alles darf sein», Mut zu Mut und Risiko und vor allem zur Liebe.

(Ira Daniela Strauch, Frankfurt)

REDE ZUM ABSCHLUSS EINER *VISION DER FREUDE*-TRAININGSGRUPPE

von Gerd B. Ziegler

Jede Jahresgruppe unseres Transformationstrainings war und ist für mich, während ich sie begleite, wie eine Geliebte. Ich liebe sie zunehmend bedingungslos, so, wie sie ist: Mit ihren Stärken, mit ihrer Schönheit, mit ihren Eigenarten und auch schwierigen und herausfordernden Seiten. Und jede Gruppe hat reichlich von allem! Das ist es, was die Intensität unseres gemeinsamen Energiefeldes ausmacht, die Lebendigkeit im Wechselspiel von Spannung und Harmonie, von Nähe und Distanz, von Herausforderung und Frieden. Daran wächst jeder Beteiligte, daran erstarken und reifen wir gemeinsam.

Ich betrachte uns als Freunde, als Geliebte, als Weggefährten, die sich in einen gewissen Rahmen begeben haben, in dem ein besonders intensiver Austausch von Geben und Nehmen und echter, essentieller Begegnung stattfindet. Freiwillig öffnen wir uns miteinander für besondere, ja außergewöhnliche Erfahrungen, die den Prozeß von Bewußtwerdung bei jedem Beteiligten beschleunigen. Man könnte das Jahrestraining mit einem Durchlauferhitzer vergleichen, der dem fließenden Wasser eine erhöhte Schwingung und damit eine ganz neue Qualität verleiht. Das vorliegende Buch mag eine Dokumentation dafür sein.

Als Leiter und Begleiter der aufeinanderfolgenden Jahresgruppen erlebe ich, daß jede neue Gruppe auf einer bestimmten Ebene eine Fortsetzung der vorherigen darstellt. Dies mag einerseits an meinem persönlichen Wachstum liegen, andererseits aber auch an dem Energiefeld (morphogenetisches Feld), das eine Trainingsgruppe nach dem Abschluß aller sieben Trainingsabschnitte hinterläßt. Tatsache ist jedenfalls, daß Dichte und Intensität unseres Energiefeldes ständig fühlbar wachsen, auch wenn es viele Momente während unseres gemeinsamen Prozesses gibt, in denen ich schon oft dachte: «Das kann nun wirklich nicht mehr übertroffen werden. Mehr ist in meiner Vorstellung nicht möglich.» Doch staunend begreife ich nach und nach, daß die Räume, die wir erforschen und erfahren können, tatsächlich unendlich und unbegrenzt sind, wie unser wahres Selbst, auf das wir ständig während unserer Arbeit ausgerichtet sind. Je weiter und tiefer unsere Selbsterkenntnis voranschreitet, desto umfassender eröffnet sich das Mysterium des *Lebens*, das Wunder des *Seins*, das uns durchdringt und bewegt und von dem wir andererseits ein Teil sind. Das *Ganze* ist in uns enthalten, so wie wir in *ihm*.

Ihr wart in vieler Hinsicht wunderbar, und wenn ich einzelne von euch wiedersehe, sind die Erinnerungen an das besondere

Energiefeld sofort auch präsent. Natürlich ist das ein – besonders schönes und intensives – Stück Vergangenheit, an dem wir nicht festhalten wollen. Ihr wißt ja: Die *Vision der Freude* ist nach wie vor für euch da und entwickelt sich weiter, genauso wie auch Ihr. Es gibt viel zu tun, und jede(r) einzelne ist eingeladen, mit ihren/seinen ganz besonderen Qualitäten mitzuwirken, um diese Schwingung in unserer Welt zu verbreiten.

Wir sind und bleiben tief und essentiell verbunden. Als Ausdruck dieser liebe- und freudevollen Verbundenheit möchte ich Euch die Sätze schenken, mit denen ich die AYAM-Meditation beende:

«Möge die Urkraft deines wahren Selbst dich weiterhin durchdringen, dich heilen, dich schützen, dich leiten! Möge sie durch dich denken, sprechen und handeln! Möge dein Leben immer mehr ein Ausdruck deiner tiefsten und höchsten Wahrheit sein! Mögen wir gemeinsam den Himmel auf die Erde bringen.»

VISION DER FREUDE – MEDITATIONEN

– von den Autoren des Buches entwickelt –
auf CD oder Kassette

1. *Vision der Freude* – Herzmeditation
   – Eine Reise ins Zentrum der Liebe –

2. *Vision der Freude* – Yin
   – Meditation zur Öffnung für Licht und Freude –

3. *Vision der Freude* – Yang
   – Meditation zur Öffnung für Kraft, Zentrierung und Stille –

4. *Vision der Freude* – Transzendenz
   – AYAM – Die Urkraft des wahren Wesens –

5. *Meditative Gesänge des Herzens*
von Vatika B. Jacob in Vorbereitung auf CD

Eine ausführliche Anleitung zur Durchführung dieser Meditationen ist jeder CD bzw. Kassette beigefügt.

Geleitete Meditationen

Zwei weitere CD's enthalten insgesamt vier gesprochene Meditationen zum Entspannen und stillen Nachvollzug.

A. Geleitete Meditationen I
 – Himmel und Erde verbinden –
 – Wer ich in Wirklichkeit bin –

B. Geleitete Meditationen II
 – Die Erfahrung von All-Einheit –
 – Mitgefühl und Liebe –

Alle CD's oder Kassetten sind erhältlich bei:

Vision der Freude
Mehlstraße 39
D-50374 Erftstadt
Tel & Fax: 022 35 – 53 57

oder:

Wassermann-Zentrum
Hengstberg 17
D-74417 Gschwend
Tel: 071 84 – 92 800
Fax: 071 84 – 92 80 80

INFORMATIONEN ZUM KURSPROGRAMM

Wir, Vatika B. Jacob und Gerd B. Ziegler, laden unsere Leser herzlich ein, die Arbeit der modernen Lebensschule *Vision der Freude* persönlich kennenzulernen und für ihr eigenes Leben zu nutzen. Das aktuelle Kursprogramm kann angefordert werden bei:

Vision der Freude
Mehlstraße 39
D-50374 Erftstadt
Tel & Fax: 022 35 – 53 57

oder:

Wassermann-Zentrum
Hengstberg 17
D-74417 Gschwend
Tel: 071 84 – 92 800
Fax: 071 84 – 92 80 80

Ebenso können Einzelsitzungen mit Vatika B. Jacob gebucht werden.

Wir freuen uns auf eine intensive und freudvolle Begegnung.

Vatika Brigitta Jacob

ist Mitbegründerin und Leiterin der modernen Lebensschule «Vision der Freude». Seit 1990 arbeitet sie engagiert als Seminarleiterin und spirituelle Lehrerin. Theater- und Diplompädagogin; Trainings und Ausbildungen in verschiedenen Bereichen der Humanistischen Psychologie und Spirituellen Therapie, u.a. in tantrischer Körper- und Energiearbeit, Tai Chi, Tanz, Gesang, Atemarbeit, Massage und Meditation.

Durch ihr breites Spektrum an therapeutischen, gruppendynamischen und kreativen Methoden schafft sie eine einzigartige Atmosphäre von Intensität, Lebendigkeit, Leichtigkeit und Nähe und läßt damit die Prozesse von Heilung und Transformation sinnlich erlebbar werden.

Gerd B. Ziegler

gehört international zu den Pionieren im Bereich Spiritueller Therapie und Bewußtseinsarbeit. Seit 1977 ist er als Gruppenleiter, Therapeut, Trainer, Buchautor und spiritueller Lehrer tätig. 1989 gründete er die moderne Lebensschule *Vision der Freude* und begleitet sie nun als Supervisor. Gerd B. Ziegler ist der Autor der drei meistgelesenen Bücher zum Crowley-Tarot:

Tarot – Spiegel der Seele
Tarot – Spiegel deiner Beziehungen
Tarot – Spiegel deiner Bestimmung

sowie der Herausgeber von *Tarot für 365 Tage*.